臺灣歷史與文化 研究輯刊

十 編

第 13 冊

客家文學在台灣的出現與發展
（1945～2010）

黃玉晴 著

花木蘭文化出版社

國家圖書館出版品預行編目資料

客家文學在台灣的出現與發展（1945～2010）／黃玉晴 著 —
初版 — 新北市：花木蘭文化出版社，2016〔民105〕
序 4+ 目 10+290 面；19×26 公分
（臺灣歷史與文化研究輯刊 十編；第 13 冊）
ISBN 978-986-404-794-9（精裝）
1. 臺灣文學　2. 客家文學　3. 文學評論
733.08　　　　　　　　　　　　　　　　105014942

ISBN-978-986-404-794-9

9 789864 047949

臺灣歷史與文化研究輯刊
十　編　第十三冊　　　　　ISBN：978-986-404-794-9

客家文學在台灣的出現與發展（1945～2010）

作　　者　黃玉晴
總 編 輯　杜潔祥
副總編輯　楊嘉樂
編　　輯　許郁翎、王筑　美術編輯　陳逸婷
出　　版　花木蘭文化出版社
社　　長　高小娟
聯絡地址　235 新北市中和區中安街七二號十三樓
　　　　　電話：02-2923-1455 ／傳真：02-2923-1452
網　　址　http://www.huamulan.tw 信箱 hml810518@gmail.com
印　　刷　普羅文化出版廣告事業
初　　版　2016 年 9 月
全書字數　223139 字
定　　價　十編 18 冊（精裝）台幣 36,000 元

客家文學在台灣的出現與發展
（1945～2010）

黃玉晴 著

作者簡介

黃玉晴，作者目前為國立臺灣師範大學公領系博士後研究員、南臺科技大學通識中心兼任助理教授，已開設多門相關客家文化領域的課程。過去曾任中學教師，也曾協助客家電視台海外紀錄片的拍攝，要為台灣客家原初的認同撒下種子，更企圖連結至海外，顯現台灣客家的特殊性。長期關注台灣客家族群的發展，舉凡族群關係、族群認同，或因這些要素而延展的文化相關活動，都是作者研究的對象。

提　　要

　　過去研究文學史，常將文學主題視為先驗存在，忽略了文學本身為何被需要以及存在的意義，也看不到「讀者」的視野和「接受」的過程。「客家文學」在台灣的出現與發展，有其歷史意義，歷來台灣社會變遷中，有過不同時期的「客家」意涵，已在 1990 年代走向族群化，並以發展族群文學的方式參與台灣。從 1990 年代、2000 年代到 2010 年代的接受表現上，客家文學已成為體現族群存在的代表，在趨向地球村的今日，為客家族群保存語言文化、傳統生活的縮影。

　　本研究可分為四部分：（一）「客家」名稱，在台灣社會經過清代、日治的社會建構，在戰後與 1930 年代於廣東出現的客家論述匯流。1980 年代台灣政治鬆動，「客家」在 1990 年代轉為族群政治，更在 1988 年還我母語運動過後，提出以「客家文學」參與台灣社會，要求同為「台語」、同為「台灣文學」。（二）對於「客家文學」的內涵，1990 年開始由學者專家提出定義，在身分、題材、語言各方面皆未有共識。而具各方高度共識的客家作家，如吳濁流、鍾理和、鍾肇政、李喬和鍾鐵民等，這些前行代作家的作品早在台灣社會出現，經過客家運動之後，讀者的「接受」評論，便開始帶有「客家」視野。（三）1988 年之後，受到運動啟發而出版的作品，因為關懷家鄉、書寫母語，強化了對於族群的認同與意識。代表作家有吳錦發、曾貴海和藍博洲；女性作家有杜潘芳格和利玉芳等。2000 年過後，隨著制度上的變革，由客委會和客家電視台等單位，接手進行客家認同的形塑，備受文壇肯定的作家，如甘耀明、鍾文音等，相繼被網羅為客家代言。（四）2010 年前後，不但有官方舉辦的母語文學獎、桐花文學獎；亦有民間自發的客語文學獎出現。從徵稿的條件到得獎作品的主題和內容，凸顯當代對於客家文學的想像與過去不同，客家文學和客語文學有著相似卻又歧異的發展路徑。對作家身分、使用語言、題材方面的討論，顯示新的客家文學定義出現，並對過去的定義提出挑戰與省思。

序

蕭新煌

中央研究院社會學研究所特聘研究員

國立中央大學客家學院講座教授

客家族群認同是一個既是原生又是建構的「集體意識」。說它是原生是因為身為客家人都知道也會說自己是客家人；說它是建構是因為身為客家人更要知道去爭取客家族群在國家一體的體認下能有文化傳承、語言地位，和與其他族群之間的平等待遇。

建構的客家集體認同在台灣是從 1980 年代中期開始，1988 的還我母語客家運動是關鍵。從此，客家語言、傳播、文化創意、宗教信仰祭典、鄉土產品、學術研究、音樂、文學都受到各界的注意和關心，這一切都可以用「建構的真實」來描寫。這不是說這些客家文化元素原先不存在，或都是突然創造出來的，而是說從 1988 後，那些元素終於重見天日、冒出光譜，成為台灣多元文化的重要一支流。這個運動也告訴全台灣人民，少了客家文化元素的台灣，就會讓台灣文化失色。

看客家文學在台灣的出現和發展，也當如是觀。黃玉晴博士的這本新書就是從上述這種客觀脈絡下執筆。這本由博士論文改寫而成的專書，確實有助我對「客家文學」的認識，更有助我進一步對它的解讀。在客家運動(1988)和客家族群國家政策化(2000)之前，客家作家早就在創作出版，有關客家族群文化和社會內涵的文學作品也不是沒有，但「客家文學」一詞的確是在客家運動之後，甚至是在客家國家化、政策化出現後，才被定位和賦予更豐富和明確的意義。

從此，客家文學被賦予傳遞「客家視野」、「客家關懷」，而且還要有代言客家的立場。但它並未自稱獨立於「台灣文學」之外，並強調它是台灣文學之中可辨識同中有異的一支文學脈系。至於是不是一定要以客家籍作家作為

前提，並不重要；要不要有「客語」撰寫，倒是持肯定和鼓勵態度，也似乎沒什麼爭議。重點是要求作品中要有足夠的客家文化元素和相關詞彙，否則難稱得上是客家文學。

玉晴在書的結尾還指出幾個她發現經常用來構成客家文學幾個重要內涵和特色：主題凸顯客家族群文化生活特色，尤其是家鄉和女性；使用的詞彙多以客家食物為多；最後就是期待能多用客語創作。

在我看來，這本「客家文學在台灣的出現與發展」是一本值得許多關心客家文學、台灣文學、族群運動的有心讀者一讀的好書。我樂意為它寫序，更樂意推薦。

序

鍾秀梅

國立成功大學台灣文學系副教授兼系主任

　　玉晴的書即將出版，一來欣喜，二來惶恐，心情上上下下。回顧 2014 年上半年，當她急著博論畢業考時，我建議她再晚一個學期，將論文慎思熟慮，好好寫，不料她熱淚盈框，兩人僵持了好一陣子。我的不安也要等到口考那天，其他四位口試委員一致肯定為止。

　　玉晴的論文貢獻，從少數的客家文學研究中獨樹一格，並問題化「客家」和「客家文學」在台灣的出現。她認為「客家文學」的出現是社會建構的，並隨著客家社會內涵的變動而有所調整。但是到了上世紀八十年代末期，文學成為認同政治的戰場，她認為具有客家意識或投入客家運動的作家抵抗國家語言政策與福佬沙文主義，並透過文學上的角力，使客家族群爭取成為台灣一員的途徑。

　　玉晴認為，直到九十年代末，客家文學的特點為連接客庄、勞動與抵抗，並將族群的語言與文字保存為書寫策略。但至 2000 年，客家運動訴求一一落實、客委會與客家電視台的成立，國家文藝單位（如國藝會）與地方政府的資源挹助等，客家文學的寫作策略有所變化。她認為新生代作家缺乏客庄經驗，因此，鄉野傳奇、家族照片和遷移都市故事成為題材，多元的想像空間擴大，脫掉了客家意識型態的包袱，文學表現與想像更為大膽。

　　到底 2010 年前後，官方母語文學獎、桐花文學獎的設置，對客家文學的發展起了何種作用？玉晴從得獎作品中分析，這些題材中，客家女性、往昔客庄生活、食物成為主要關注的對象，有別於鍾理和的人民性、鍾肇政、李喬將土地、鄉土情感拉高到國族主義的認同、或是鍾鐵民以降的敘事風格，尚未成名的新一代作家輕薄短淺化的寫作趨勢，會不會是另一種危機？

　　近幾年來，文學、文化研究乃至其他人文社科領域的發展，認同政治成為顯著的主題，我所指導的幾位博生的論文亦即圍繞於性別與族群認同的課題。多年論文指導的經驗，此種趨勢也讓我存在不安感。大衛.哈維在其《資本社會的十七個矛盾》一書認為，1989 年之後，反體制運動、乃至學術界受傅科等思想家影響，「在後結構主義的旗幟下重新組合後現代碎片，而後結構主義偏好認同政治並規避階級分析，其多數內容極度費解……」，雖然，學生們的論文不致於難讀，但是，終覺得她（他）們可以複雜化或更深入階級的社會關係中，不僅僅只是研究態度，問題是如何改變社會。

　　對於玉晴的期待也是如此。客家社會近百年在全球資本主義體系中是非常受到剝削壓抑的族群，無論是下南洋投入原物料的生產的奴工或是美洲建鐵路的華工，那怕是客家史詩〈渡台悲歌〉都是血跡斑斑。期待於玉晴在認同政治的基礎上更進步。

目次

表目錄

圖目錄

第一章　緒　論

第一節　研究問題與目的

一、研究問題的提出

　　本研究動機在於，爲何文學史的研究，常會忽略文學史的建構如何被需要與命名。例如葉石濤（2012）的《台灣文學史綱》，前二章提及從傳統舊文學到新文學運動的展開，接著第三章之後標題就直言「台灣文學」〔註1〕，似乎台灣文學已是大眾慣常的用法，如何從舊文學逐漸發展至台灣文學名稱的出現，以及爲何社會需要台灣文學出現的緣由，並未曾在文中作討論。「原住民文學」的出現，同「原住民」正名運動相關，其發展的歷史，迄今尚未超過二十年，「原住民文學」的內涵，卻可以追溯到距今非常久遠的年代作品，從遠古的口傳故事談起。但是今日我們論及的「原住民」，和過去所說的「番」、「平埔」、「高砂」等等不同名稱，內容不盡相同，更遑論今日台灣的原住民族，已從日治時期的九族，將擴增至十六族，裡面涉及的語言、文化，更是較過去豐富了「原住民文學」的內涵。

　　本論文的主題──「客家文學」的發展，也類似「原住民文學」的出現。在談「客家文學」之前，必須要問，「客家」名稱是一個恆長久遠的概念嗎？相關「客家」文學名詞的定義，是怎麼來的呢？爲什麼需要？背後驅使「客家文學」出現的社會能動力量，如何促使「客家文學」的發展？

〔註1〕相關章節請參考葉石濤，2012，《台灣文學史綱》。高雄：春暉。

　　以作家鍾肇政的《馬黑坡風雲》爲例，具有客家身分的鍾肇政，由於此書書寫的年代是日治時期，故事是台灣原住民抵抗日本殖民統治，發生位於霧社馬赫坡的一段台灣史。如果要將之分類，這本書應該放在原住民文學，還是客家文學之中呢？按照作品內容，他書寫的是原住民題材的小說，因此可以是原住民文學；但是他的身分是客家人，應該納入爲客家文學才是。於是問題出現，究竟是以作者身分、作品內容、還是某種社會建構的意識所驅使，如何歸類作品的族群文學屬性，是研究者好奇的起點。

　　原住民文學的出現，和原住民運動相關。1994 年原住民展開正名運動，在該年的 8 月，李登輝總統已率先將山胞改稱爲原住民，直到 1997 年國民大會修憲成功，從此在憲法上的山胞改爲原住民族。原住民歷經一連串社會運動的爭取，才擁有今日在台灣社會的名字和地位；客家人雖然不需要爭取正名，卻也經歷過 1988 年的還我母語運動，試圖挽救日益流失的母語和文化，以及在台灣社會的地位與能見度。從原住民運動可觀察到，原住民的創作文學主題通常可分爲三大類：一爲抗爭訴求主題；二爲傳統文化的記錄保存；三爲回歸部落，從基部做起。（李玉華　1995：44）因爲現代性致使傳統文化失落，原住民以運動的方式要求正名、挽救母語、回歸部落，並從文學創作中尋求認同和支持。

　　同樣地，客家運動的能動者，憂心傳統文化的失落，也積極以社會運動的力量，來達到復興族群文化的目的。在創作的主題上，和原住民族有相似的族群想法：第一種爲運動論述，可由《客家風雲》等雜誌，看到殷切的訴求；第二種爲傳統文化的介紹，由《客家雜誌》等相關報導，看到對於傳統客家文化的紀錄；第三種爲書寫客家庄，從愛鄉、扎根的角度，重新認識客家，特別是在母語的保存上。由此可見，客家文學和原住民文學的浮現，與族群的認同政治息息相關。

　　對於「原住民文學」的定義，可以分爲三種說法：一、血統論（葉石濤、孫大川主張）；二、原住民相關題材論（浦忠成主張）；三、血統、族群文字、原住民題材論（瓦歷斯・諾幹主張）。（曾有欽　2011：4）文學內容包括原住民的傳說神話、口傳文學，創作不限定採用族語、日文或漢文表達。但是中文創作的「原住民文學」如何呈現族群色彩？作者只要身分是原住民即可？在「身分」、「語言」、「題材」三類不同主張，經過二十年發展歸納，較爲明確的共識，就是身分、血統不可退讓。（孫大川　2003：9）因此，原住民文學很

重要的條件即是，作者要是原住民。

　　另外舉「眷村文學」為例，1980 年代開始，許多外省第二代身分的作家，以他們過去所居住過的眷村生活為書寫題材，只要符合以下幾點特色，便可說是眷村文學。一、作者出身眷村，或具眷村生活經驗；二、作品的內容發生地點在眷村，或與眷村意識有關；三、作品內容發生地點不在眷村，但故事人物須出身眷村，或與眷村有關。（張汝芳 2010：4）眷村文學以作者的身分和作品內容來界定，必須具有眷村經驗，並以此成為小說題材者，才符合眷村文學的定義。

　　參照「原住民文學」、「眷村文學」對於作者和作品內容的要求，寫作者的身分是否符合，為首要的條件。意即原住民文學需是原住民作家的作品；眷村文學的作家需有眷村經驗，那麼「客家文學」也應當要由客家人來創作才是。但是客家文學中的「身分」、「語言」、「題材」等問題，卻遲遲未有共識。即使如客委會所舉辦的「桐花文學獎」，似乎也無法為客家文學界定範圍，不限定身分、書寫語體，只要內容相關桐花、客家文化等，讓客家文學是什麼，顯得更為模糊不清。

　　1990 年代之後出現在台灣社會的「客家文學」、「原住民文學」、「眷村文學」等文學新名詞，縱然有眾聲喧嘩的一面，也令人好奇這樣的時空底下，為何需要多元文化襯托台灣文學的多樣性？是意識覺醒？或族群政治機構化的結果？文學創作行動意味著什麼？客家文學在 1990 年代所出現的「台語」語文之爭下，客家語是否也是台灣話的論點，刺激著客家人在意是否被列為台灣的一員，身處於台灣社會的哪一位置？

　　台灣「四大族群」的論述從 1980 年代末期到 1992 年之間逐漸浮現，提出族群之間應該維持「差異但平等」的理想關係形態，強調政府有責任促成及維護此種關係形態。（王甫昌 2013：64）當族群認知到差異，進而感受到不平的待遇時，可能會發展出捍衛族群自身權益的行動，例如原住民運動、客家運動等。和族群運動息息相關的原住民文學、客家文學，隨著運動的發展而承擔母語復興和族群書寫的工作。政府分別在 1996 年、2001 年設立原民會（2014.1.29 改稱原住民族委員會）和客委會，目的為了促進弱勢族群權益，並確保族群關係形態。鑒於此，台文學者鍾秀梅（2013：80）作出提醒，認為台灣社會的「四大族群」論述，可能會抹煞內部的多元發展，而在 2000 年之後進到國家的管理機制，如原委會、客委會這樣的單位，以政策收編過去

族群認同運動的實踐，可能也是另一種形式的暴力，這是在發展族群政治下，應注意的情況。

　　台灣社會自進入族群政治之後，以族群意識所凝聚的客家論述，常被視為挑動族群敏感神經，加上過去被汙民化的義民情結，在當代的「客家」內涵涉及政治立場之爭。若只以血緣、文化認同所喚起的全球客家想像可以成為族群嗎？那麼強調族群書寫的客家文學，可以超越國家認同，還是僅限於台灣客家呢？這樣的族群概念和文學創作能說是自古就有嗎？那在台灣是從什麼時候開始？本研究要透由客家文學名稱在台灣的出現，說明「客家」和「客家文學」在台灣的發展過程。客家族群在台灣不同時空的社會建構歷程底下，以客家文學作為參與台灣身分政治的方式，發展出在台灣社會的獨特性，對於作家和書寫內容的要求，以及相關的客家文學獎得獎作品內容，可看到客家文學之於客家族群的重要性，以及未來的發展走向。

　　論文內容所要討論的問題可分為以下三點：

　　1.「客家文學」的生產，如何被定義、操作？而「客家」所代表的意涵，是本質的先驗存在，還是歷經社會建構？當以族群為名的「客家文學」一詞在台灣社會出現，為什麼有其必要性和特殊性？

　　2.大眾對於客家的看法，和作家的作品內涵表現，如何反映客家？特別是當作品使用不同的書寫語體，可分為「客語文學」和「客家文學」，其內涵是否相同？所創造的形式與內容有何特色？從定義、作家身分，到書寫內容，如何呈現當代共識的客家題材內容？

　　3.客家文學和客家運動的關係？「客家作家」如何歷經一次次的接受過程？前行代作家如何成為客家作家？具客家意識的中生代作家如何構築文學論述？未來台灣的客家文學可朝哪些走向發展？透過文學得獎作品的內容分析，可以再重新檢視當代的客家文學內涵，新生代作家的客家想像，是否同時也是對於中生代作家客家論述的挑戰？

二、研究的意義和目的

　　學者呂正惠（1992：75～90）認為，1980 年代是舊有體制的迅速瓦解期。從社會結構來說，1970、1980 年代的變革可以說是一種現代資產階級的生活方式對於封建社會的挑戰，台灣社會面臨轉型。特別是 1987 年解嚴之後，台灣文化界開始普遍的談論所謂「消費社會」或「後現代社會」的理論，並試

圖以此來界定台灣社會的性質。學者彭瑞金（1997：213）則從文學方面觀察
到，1980 年代以後的台灣文學，隨著社會的轉型而出現許多新的議題，如政
治、第三世界、消費、女性、環保、人權、原住民等少數民族文學、母語文
學等，多樣化文學時代的來臨，象徵文學自由、寬容時代，已伴隨台灣社會
的轉型而來臨。

　　1980 年代既是舊有體制迅速瓦解期，也是族群、母語的文學時代來臨，
對於客家人來說，如何在新時代參與台灣社會，是重要的課題。本研究分為
兩大主軸，一在政治上；二為文化上。「客家」的身分如何從過去被理解成為
今日的族群概念，進而以族群的身分認同參與台灣。接著，1980 年代開始在
台灣社會出現的客家文學，如何在一次次的接受過程當中，由生產和消費的
概念，發展客家文學內容，以及未來可能的走向。本論文的研究意義和目的，
以下分項說明：

（一）強調客家族群同為台灣一員

　　1988 年的客家還我母語運動，引領客家文化復興運動浪潮，更提出以客
家文學來標舉客家族群身份。回顧 1990 年代初期的客家語文運動者言論，對
台灣文學意指福佬文學、台語即為福佬語等提出批評。本研究旨在說明，客
家文學出現的意義，客家族群因為被「台灣」意義排除在外的焦慮不安，因
此對於客家文學的定義和討論，目的在顯示客家人想要爭取同為台灣一員，
語言表現同為台語一支的期望。

　　戰後以來，在「省內」、「省外」，以及「台語」、「國語」的對峙期間，「省
內」的台灣人共同一起爭取以「台灣」被標題的權力，這是以台灣為優先性
的「台灣人」意識。當新來的政權實行所謂的「國語政策」，同為被壓抑母語
的「省內」客家人，自然和福佬人站在同一陣線，為復興本土語言、文化而
努力，但客家人卻在此運動期間感受到，福佬人忽略了同為台灣一員的客家
人，身為台灣族群中間少數的心情。

　　事實上，從清代的「義民」問題，就一直呈現「客家」在台灣社會的不
確定性和不安。晚到的粵民必須與閩人競爭資源，甚至受到排擠，若不依附
主政者，無法取得留在台灣的正當性，是故，被承認為台灣的一份子，一直
是「客家」的首要課題。於是當 1990 年代，客家人認為身分再度被台灣的定
義所忽略，當「台語」、「台灣人」的內容意義被福佬人所獨得，族群情緒的
失落、族群利益的被忽略，自然引發一場論戰，要為客家族群在台灣的定位

而發聲。

本論文目的在說明「客家」名稱和意義在不同時期的社會建構歷程，以及在 1980 年代之後被理解成為族群概念的過程。1990 年代的台灣話文爭論，促使客家文學成為族群書寫的可能，其重要的代表意義在於，是客家族群可以一同參與台灣政治的方法。

（二）客家文學存在即代表客家族群存在

本研究說明客家文學對於客家族群的重要性，不但保存語言文字，更是族群維繫文化認同的方式。只要客家文學持續存在，客家族群就會存在。

客家運動還未發生以前，台灣也還未有客家文學名稱之時，已經在文壇開始創作的客家人作家（以下稱前行代作家），以及這些作家所寫的作品，後來因為有了客家文學的出現，而使用客家的視角討論之。當客家運動開啟之後，受到意識鼓舞的後繼作家們，如何更豐富客家文學的內容，以及吸引更多的作家加入客家文學行列，客語書寫者如何以創作保存母語，這些以文學形式來表現客家的方法，即是客家族群存在台灣社會的證明。

（三）文學獎的寫作挑戰過去客家文學的定義

從 1990 年代為客家文學定義到現在，已有二十多年，但在作者身分、作品內容方面，未見更細緻的分類。因為過去未曾設置過客家文學獎，所以本論文即以相關客家文學獎得獎作品來討論，這些經過客家文化復興運動洗禮後的創作者們，因為投稿對象為相關客家的文學獎，勢必創作視角即和前行代作家當初的寫作想法不同，加上主辦單位有來自官方的教育部和客委會，也有來自民間自辦的台灣客家筆會等，文學獎間接影響著未來客家文學可能發展的走向和內涵。

從前行代客家作家的作品中，所整理歸納的客家文學內容和特色，也依此分析歸納文學獎的得獎作品主題。在文學獎作品中的常見客家詞彙分類，觀察客家特色的展現。文學獎對於作者身分、作品內容的寬鬆規定，除了能讓新一代作家有一同參與客家文學的可能，更是新一代對於過去所定義的客家文學，所提出的挑戰。

第二節　研究文獻回顧

「客家文學」的出現，已成為文學社群或教育機構再生產的一環，截至

目前爲止，多是對於客家作家的文學研究〔註2〕，但針對「客家文學」的定義和內容，台灣的學位論文尚未出現研究的專論。潘錦忠（2013）的碩士論文《台灣客家文學之研究——以新文化史的角度爲中心》，是以新文化史的角度去檢視客家族群，由敘事的觀點討論民間文學、女性形象、族群書寫等。然而新文化史注重再現與實踐，所以由日常生活中，如口傳歌謠、女性主義、客家意識等面向，來看客家文學。本文意在探討客家文學的出現與發展，並非視客家文學爲已然的事實，而是透過多重因素的社會建構而來。

　　林惠珊（2010）的碩士論文《客家文學中的女性形象與主體敘事》，也相同以文本中的女性形象來展開對話，並舉杜潘芳格、利玉芳和張芳慈等作家爲例，說明作品中的女性形象。由此可見，到目前爲止僅有的二篇以客家文學爲主題之學位論文，重心不約而同地都放在客家女性的討論上，顯示客家女性對於研究客家文學的重要性。由於過去較多的研究，主在討論客籍作家的生平和作品，並無全面對於文學本身的定義和內容作深入討論的研究。多的只是參考現行對於客家文學的定義，直接引用之後，便進行主題分析，如以上兩篇相關的學位論文即是例子。也因爲如此，過去對於客家文學定義和內容的研究文獻較爲缺乏，也正是本論文所亟欲補充和提出貢獻之處。

　　本節以客家文學的相關著書爲主要討論對象，針對目前已出版的客家文學專書、學術單論進行研究回顧。

一、文學與族群書寫

　　美國學者 Benedict Anderson 在《想像的共同體：民族主義的起源與散布》中，對歐洲自十六世紀以來民族主義運動的起源進行分析。他發現文學與報紙是提供民族想像凝聚的重要媒介，報紙提供的是一種「即使是『世界性的事件』也都會被折射到一個方言讀者群的特定的想像之中」，而這樣的折射是能夠穿越「時間的穩定的，堅實的同時性（simultaneity）」而形構出「一個想像的共同體」。

〔註2〕多篇論文例如：楊嘉玲，2001，《台灣客籍作家文學作品改編電影研究》。台南：成功大學藝術所碩士論文。張典婉，2002，《台灣文學中客家女性角色與社會發展》。台北：世新大學社會發展研究所碩士論文。楊素萍，2010，《李喬「寒夜三部曲」之客家女性形象研究——以葉燈妹爲核心》。中興大學台灣文學研究所碩士論文。余昭玟，2002，《戰後跨語一代小說家及其作品研究》。台南：成功大學中國文學系博士論文。

　　Anderson（2010：122）發現，荷裔南非人在 1870 年代成功地把南非荷蘭方言轉化爲文學語言，取了去除了歐洲概念的名字的波爾人（Boer）牧師與文學家，成了荷裔南非人（Afrikaner）民族主義的先驅。可見，語言與文字是形塑民族意識的重要關鍵，可以觸發民族自我文化的生成，文學的出現，便是要將文字與語言更進一步地轉換成文學語言。客家文學，作爲將族群語言轉換成爲文字的族群書寫，亦爲另一種「想像的共同體」。

　　類似的概念，也反映在日本學者小森陽一（2002：333～341）的文章中，他認爲日本的現代民族主義與近代出版業之間有密切關連。從大正 13 年（西元 1924 年）開始，各式各樣針對「消費市場中的大衆」的出版品，包括雜誌、文學全集、通俗小說、百科全書等等，慢慢地創造出了一個由閱讀行爲所凝聚的「全體日本國民」的印象。這其中包括有資本主義、印刷技術、官方政策、作家群的意識形態等許多面向——如何創造出民族主義。中國學者陳平原（1990）的《中國小說敘述模式的轉變》，討論了現代中國文學的社會性格，新的文學出版方式如報紙、印刷技術、國家控制與干預、文學作爲出版品的市場力量、被引進的西方文學典範等等，都造成了寫作篇幅、作品形式、資助文學的機構的全面改變。

　　美國學者阮裴娜（2010：165）（Faye Yuan Kleeman）在其著作《帝國的太陽下：日本的台灣及南方殖民地文學》一書中，強調：

> 語言是傳播集團文化的主要工具，以及國家身分認同的象徵。語言有表現民族性和表達國家認同的力量。由於語言在定義個人、族群和國家時扮演不可或缺的角色，以語言爲基礎文化可說是培育共同身分認同的溫床。語言和文化一樣，在持續地影響彼此的領域、改變他者的同時，也改變自己。這個轉變除了透過和平的相互影響與援用，如移民與流離，當然也透過戰爭所產生的威權統治，以及其他政治過程而產生。

　　阮裴娜（2010：206～210）認爲，1930 年之後，身爲日本殖民地的台灣，受到日本言文一致運動的啓發，開始進行「我手寫我口」的話文運動，但是書寫的文字在當時被認爲粗糙。如阮氏所言，語言是種身分認同的象徵，選擇不同的語言，也就代表不同的意識。「以吳濁流和鍾肇政爲例，他們首先以日語創作，然後再翻成客家語（筆者認爲是客語思維，並非書寫能力），然後

再翻成標準中文」〔註3〕。雖然統治者的語言，對吳、鍾氏而言，是他們所要接受的認同，但是他們透過書寫表現出來的文字，是含有日文字彙和台灣話的混合體，成爲帶有台灣特色的證明。也因爲我手寫我口的提倡，使得族群的書寫成爲可能。

綜合以上，文學具有反映社會的作用，而且透過文學作品，可以塑造一個新的民族印象。同樣地，客家族群意象的再現，透過作品不斷被書寫，進入到現代之後，因爲各項新興的科學技術出現，作品形式的多元多變，讓客家文學之新文學類型浮現。客家文學的出現，可以塑造什麼符合時代需求的新印象？包括原住民文學、眷村文學等新題材文學，以族群爲書寫主題的作品，透過作品所建立的族群想像，讓族群的歷史、形象、變遷，與當代起了特殊作用。

族群書寫，也就是跟「族群」相關的文學書寫，它既包含著「書寫主體」——書寫者的位置，也指涉著書寫的「對象」——書寫者的族群（也包含著自己），然而不論是「書寫主體」或是「書寫對象」，都必然與「身份」認定，脫不了關係。事實上，書寫者的「身分」，也正是當代文化或文本視角下的文學研究，經常納入思考的第一個議題。族群書寫本質上即一種訴諸「身分」的概念，透過身分的界定，凸顯族群的文化特質，以抵抗某種主流且帶有大一統觀點的民族觀或是國族觀，這點對於弱勢族群來說，尤爲重要。（陳國偉2005：12～13）所以在判定是否爲族群文學時，勢必會先檢視書寫者是否具該族群的身分，繼之再觀察文本中是否聚焦在「族群」的相關議題上，是以先有族群的書寫主體，然後才有族群的書寫對象，書寫主體係重要的前提。因此，書寫客家文學者，必要是客家族群。有了書寫客家的主體，方能有以客家文學爲名的書寫對象。

台文學者陳國偉（2005：164）指出，「解嚴前的客家族群書寫，主要強調台灣性的優先」，其書寫身份往往著重在台灣身份，而非客家身份。早期的龍瑛宗、吳濁流、鍾理和等，雖然作品裡隱隱約約透露著客家身分，卻沒有刻意被強調。彭瑞金（2006）也指出，當代的作家，如鍾肇政與李喬等，在他們的作品中積極地「主張台灣人對於台灣土地的主體意識」。更早期的賴和跟呂赫若，其文學作品更是具有濃厚的台灣觀點。因此，早期的客家族群作家並非以「客家人」的族群身份出發，而是以台灣身分進行作品的書寫，所

〔註3〕同上註。

以這些作品可稱之為台灣文學。依照陳國偉的解釋，至少在解嚴之前，客家族群身分還未是書寫者的關懷重點，因此書寫主體更強調台灣的優先性。一直要到 1988 年之後，也就是客家意識的崛起，才開啟客家族群的書寫，也才有所謂客家文學的實質內容。

二、客家文學專書

客家文學編著專書，只有 1998 年作家黃恆秋出版的《台灣客家文學史概論》，和 2007 年學者邱春美出版的《客家文學導讀》；還有幾篇論及客家文學定義、內容的單篇學術論文。由於已出版的專書僅此兩本，所以一般討論到「客家文學」的文章，多會引用專書的說法來做參考，也就是論及相關客家文學研究時，目前多以此為定義。以下是對這兩本客家文學專書的內容討論：

（一）《台灣客家文學史概論》（1998）──黃恆秋

本書緒論介紹客家族群和文化，第二章以下介紹客家文學的內涵，包括客家文學的定義、演進，以及客家文學的類型。而客家文學類型方面，分為傳統文學和新文學，再依時代介紹該時期的作家與作品。特別的是，本書對於客家民間文學的分類，是獨立於客家文學類型篇章之外，而自成一章，表示黃恆秋不認為客家文學類型包含客家民間文學。

黃恆秋依照羅香林對於客家族群的描述，同意客家族群帶有原鄉性格而移民台灣。姑且不論台灣客家是否還如 1930 年代的客家人性格，即使客家人因為勤儉、勞動而聞名，但是以台灣文學發展的生態來看，黃恆秋認為台灣沒有理所當然的客家文學作品。作者舉了兩個事實來證明：

1.在台灣新文化運動草創時期，白話文和台灣語文問題幾乎是同時發生的，其間又牽連著鄉土文學、方言文學論爭，當時客家人與客語的推動，可用「缺席」來形容。當施文杞「對於台灣人做的白話文的我見」反對「以自己的方言寫做白話」，黃石輝「怎樣不提倡鄉土文學」及郭秋生「建設台灣白話文一提案」等，對操作台灣話文創作新文學的看法最具代表性。黃恆秋認為所謂「台灣話文」是指福佬語文，客籍詩人作家只能算旁觀者，直到日人發佈禁制令後，曾有鍾理和撰文贊同適當選用方言加強文學地方色彩，鍾肇政也在其「文友通訊」中談論，相對於過去福佬作家的投入與實踐，客家顯得貧乏。

2.客籍作家在文學方面的成就雖然豐盛，至多只能稱為「客家人作品」或

「客屬作家作品」，而難找到「以客家的觀點」或「以客語的傳承和表現」，做爲旨趣的文學趨向。

黃恆秋有意建立起自己的文學觀，亮出在台灣文學裡的客籍作家「身份」，表明「客家文學」就是台灣文學，「客語」就是台語的情境。事實上，筆者認爲在日本時期所發生的話文之爭，「客家」人未必缺席，或是說當時未有所謂的「客家」，但應有操相關客語的人士參與，只是當時的台灣只有台灣人概念，未有如同今日族群的分類，因此，台灣客家文學史的過去不是空白，是還未曾開發。

1930 年代呈現的「台灣人」意識，可以當時的話文運動爲例子，強調將台灣話以口語文字表現，除了展示身分的認同，也代表對於殖民政府的抵抗。而 1990 年代所強調的客語書寫，所呈現的是客家意識，以及對於客家身分的認同。但是抵抗的對象，除了是實行國語政策的國家機器之外，還有以福佬語爲中心的台灣文學。因此，黃恆秋的文學觀，也就是爲了表達，客家文學就是台灣文學，客語即是台語，甚至後來他編輯客語創作集的名稱，就採用「客家台語」爲詩選之名〔註4〕。

另外，在文中提到只是「客家人作品」，難找到「以客家爲觀點」、「以客語的傳承和表現」，作者舉「文友通訊」的例子，便是很好的說明。當時的客語被定位成「方言」，也就是除了統治者的語言之外，僅代表地方的語言。在相對於統治者的「台灣人」和「方言」的概念，在大眾的流通書寫園地，自然被認爲沒必要表現出來；但是當客語被定位是國家語言的其中之一時，當然母語的書寫和流通，便成爲一件重要的事情，作品也才可能較容易出現以「客家」爲優先的考量。

1. 對客家文學定義的討論

黃恆秋認爲，客家文學必須具備「文學的」、「客家的」雙層基礎。「文學的」包含詩、散文、小說、戲劇等文體。「客家的」就是內含客家意識，描述客家人及其生活文化；亦能操作客家語言，而能「言文一致」。在本書第二章之中，黃恆秋舉黃遵憲、李金髮、黃藥眠和蒲風四位，從清末民初的「嶺南詩人」、「廣東詩歌」中，去找「客家人」、「客家文學」，感受他們對「家鄉事」、「家鄉人」、「家鄉話」的體認和實踐。

〔註 4〕龔萬灶、黃恆秋（編），1995，《客家台語詩選》。台北：客家台灣雜誌社。

　　細部區分，黃恆秋所主張的客家文學雙層基礎，「文學的」範圍在詩、散文、小說、戲劇等文體，這已是現代文學的分類方法，是否代表黃氏的台灣客家文學史，要從現代文學的範疇談起？若是如此，即不應包含古典詩作。但其爲「客家的」主張所舉例的代表，卻是清末的大陸文人，既不符合台灣客家文學史的討論範圍，也不在現代文學的範疇之中。前文談到台灣日治時期客家的「缺席」，是否應從台灣內部的文學生產著手？此外，舉黃遵憲等四位代表，是以黃遵憲「我手寫我口」，可作爲客語書寫啓蒙者，既然「客家的」意義包含客家意識，描述客家人及其生活文化，黃遵憲的竹枝詞只符合類客語書寫的痕跡，但主題不見得是客家的。第二位李金髮，使用白話文書寫，因作者是廣東梅縣人，就算是「家鄉人事」的作品；第三位黃藥眠也有類似的情形，被稱作「關心故鄉事業」，彷彿這樣便是客家文學。而第四位蒲風，他寫的是外國的敘事，例如〈魯西北的太陽〉、〈林肯——被壓迫民族的救星〉，雖被作者強調有客語基調，但是內容不見「客家的」描寫。而黃恆秋在前文感嘆僅有客家人身分的寫作，爲「客家人作品」或「客屬作家作品」，因爲難找到「以客家的觀點」或「以客語的傳承和表現」，那以這四位文人的例子，要如何表現客家文學中「客家的」概念？

　　另外，黃恆秋舉例「客家的」四位文人，乃是「嶺南詩人」，作品乃「廣東詩歌」，所以便自行將他們的身分轉換成「客家人」，作品爲「客家文學」？其實原先嶺南、廣東的稱呼應該是「地方」的概念，卻被自行轉換成「族群」的概念，筆者不由得必須要釐清，台灣客家文學到底是地方文學，還是族群文學？既然黃恆秋認爲「文學的」、「客家的」雙重客家文學基礎，是相對寬鬆的客家文學定義，寫作者的身分不那麼重要，只要使用客語書寫，有客家史觀，就可以是客家文學。可是依照其舉例嶺南四位文人的例子，卻還是要在文後強調文人的客家身分，才能顯示與他們作品相關的「家鄉人事」，顯然作者客籍身分的「確認」，對於判斷是否爲客家文學來說，還是非常的重要。

　　以清末的「嶺南」文人爲例，因爲抽離了甲午戰爭台灣割台之後的殖民情境，並不在台灣客家文學的脈絡。台灣客家文學的發展，是因爲要求「客家文學」也是台灣文學，「客語」也是台語的情境而來，如果客家文學主題可以擴充至中國、甚或全世界，卻也顯得突兀。台灣客家文學是相對於時代的需求而發展，自然文學發展的範圍和定義，也要在台灣文學的討論之中。

2. 對客家文學發展的討論

黃恆秋將客家文學的發展，分成三階段說明：

第一是啓蒙期，以山歌詩爲代表；第二是茁長期，從山歌過渡到唸歌，例如勸世歌、渡台悲歌、姜紹祖抗日歌和兒歌等；第三則是昌盛期，強調我手寫我口和母語解放運動，作品以杜潘芳格的客家詩爲始，陸續有劉慧眞、馮輝岳、范文芳、黃恆秋等，以四縣、海陸客話的作品發表。

以黃恆秋所分的客家文學發展三階段，發現山歌和唸歌等詩作，趨向客家民間文學內涵。而黃恆秋並未將客家民間文學列入客家文學類型之中，反而另成一獨立篇章，但是從杜潘芳格的現代新詩來看，第三階段則是現代文學創作時期。也就是說，如果將客家文學的文體，以詩、散文、小說等現代文學形式來討論發展，則第三階段的詩作，才算是客家文學類型，第一、二階段稱爲客家民間文學，以黃恆秋的分法，這些是不同的文學類型，怎可一起併之討論，還爲之分期？

另外，如果從杜潘芳格的客家詩母語寫作，是進入昌盛期的代表，那麼這三階段就不能稱作客家文學的發展三階段，否則例如鍾肇政等作家，該置於哪一階段？黃恆秋指出 1980 年代母語文學運動，李喬、林柏燕等人已有夾帶客語語法的作品，而鍾肇政《怒濤》更直接反映 1940 年代台灣民眾的語言現象，以日語、客語、福佬語交相對話，是小說界的新示範文體。代表母語寫作自 1980 年代開始，才方興未艾，應該也不可直接列爲昌盛期，因此，過去對客家文學的分類法和討論內容，需要重新檢視和評論。

黃恆秋所著的這本關於台灣客家文學史的整理，以發展階段來看，其實他可能要表達的是客語文學的發展。作者舉出許多早期民間文學的例子，之後便以客語詩的創作爲興盛期，得見黃恆秋關懷的，始終在於客語創作的發展歷程上。如果專書的定位在於，台灣「客語文學」的發展史上，自然不需要另外將民間文學自成獨立篇章，也可直接以此三階段來描述客語文學的發展歷程。只是作者的企圖心，在先前所討論的文學觀表現上已說明，訴求客家文學即是台灣文學；客語即是台語的想法，因此，書名還是定調爲客家文學。但也同時由此看出，客語文學和客家文學的差別。

3. 對客家文學代表作家的討論

黃恆秋的《台灣客家文學史概論》，可分爲傳統文學和新文學兩大類。傳統文學以清代的五位文人爲例；日治時期以五個詩社爲例。新文學的部分，

以日治時期、五十年代前後、鄉土文學時期、大陸及海外來台作家、現代詩人們、跨世紀文學旗手爲分類。雖然不清楚黃恆秋爲何在緒論說明過去客家的缺席，又要強調傳統文學有客家的身影，但是清代舉五位文人爲例，日治時期舉五個詩社爲例，顯然比較基礎不同。況且台灣清代的文人，許多只是流寓在台的教育者，並非台灣客家人，文章內容也無關客家，不知其代表立論爲何？例如清代傳統文學的文人吳子光等，原鄉在粵東，來台後的創作，內容多是憂國憂民的作品；真正在台出生的文人吳湯興和丘逢甲，也沒將客族的意識放到詩作當中。如果早期的文人，連所謂的「客家」意識和概念都不具備，自然他們的作品也就無從由「客家文學」的角度進行討論。

客家文學如何在台灣成爲符合定義的討論，是作者血緣、祖籍地爲客家庄就算，還是作品內容需要相關？是介紹文學類型還是介紹作者？還是作家身分爲客家即是客家文學？由黃恆秋對客家文學的定義中，始終看到理想和現實的拉鋸。作者希望理想的客家文學有客家觀點和客語的表現，但是所舉的例子，卻又無法貼切符合其意。清代文人並無客家觀點的表現，僅能以原生的客家身分作爲表述，再來看看日治時期的表現：

日治時期從北到南號稱有二百多個詩社〔註5〕，也有許多詩社是以客家庄爲根據地的，書中所舉的五個詩社作品，只有在栗社賴江質的作品〈苗栗十八鄉鎮歌〉中，看到關於客庄的描寫：

> 通宵三義大湖遙，路隔獅潭想造橋。
>
> 浴罷泰安公館宿，卓蘭苑裡惹魂消。
>
> 三灣頭份竹南連，景寫南庄雁寫天。
>
> 苗栗後龍新屋抱，銅鑼敲破西湖煙。

其他詩作則偏近擊缽吟唱的風格，仍爲當時的多數。而以傳統文學的作家分類來看，客家人的身分，應是決定作品是否有關客家的重要依據。

新文學部分，依照 1994 年《台灣作家全集》所分類的作家時代〔註6〕，賴和、呂赫若、龍瑛宗等人爲日治時期的作家，不過黃恆秋將吳濁流也放進

〔註5〕依連橫〈台灣詩社記〉所載，一九二四年，全台詩社共有六十六社。〈台灣省通志稿學藝志文學篇〉記載，一九三六年，全台詩社一百七十八社。而據廖一瑾統計，全台詩社超過二百八十社，成立於日治時代者有二百社。廖一瑾，1993，《台灣詩史》。台北：文史哲出版社。

〔註6〕此爲鍾肇政所主編，前衛出版。

日治時期的分類之中。而通常分類法有戰後第一代，又稱跨越語言的一代，除了吳濁流之外，尚有鍾理和和鍾肇政等人，黃恆秋是以五十年代前後來劃分，且舉例作家還包含林海音入內。接著第二代作家如李喬、黃娟和鍾鐵民等人，黃恆秋則是以鄉土文學時期來作區分。但是以時間順序為分類的方法卻在這項之後，出現改採作者出生地分類，討論由大陸及海外來台的作家。或許這些在原鄉祖籍同為「客家」的作家們，我們可稱之為「外省客家」，甚至「海外客家」，但是在他們的作品當中，恐怕實質提及台灣客家的部分少之又少，又如何可以被歸於台灣客家文學史之中呢？

對於現代詩創作者們，黃恆秋也選了十一位詩人，以杜潘芳格首開客語寫作先例。除了華語之外，如范文芳、黃恆秋等人的母語詩，日後領引如劉慧真、邱一帆、葉日松等人投入母語創作行列。

對於黃恆秋所分類的客家文學類型，每一分期所舉出的文人、作家，經過討論之後，發現作家的血緣身分，仍是作為決定是否為客家文學類型的重要參考，即使內容少了客家風味，或是非台灣土生土長的客家人，但是只要觸及客家身分，即為客家作家、客家作品。縱然學術界認為「文學的」、「客家的」雙重基礎，不重是否為客家人身分，是目前最寬廣的定義，但是分析內文，顯然作者還是非常看重所謂的「客籍」身分。

黃恆秋在書中感嘆，從日治時期到現今，客家籍文學家所面臨到的困境，是客家意識的薄弱、母語的失落，以及族群使命模糊等因素。在台灣文學史上，雖然陸續出現教人懷念的客籍作家，而始終沒有真正飽含客家意識、主導族群使命的「客家作家」誕生。在感嘆之際，有沒有可能因為對於「客家」概念的不同，而導致的不同見解？那些作家是因為客家意識薄弱，還是因為沒有機會進行意識發展？客家的範圍有多大？對一位客家人來說，可能是一個客庄、一個客家鄉鎮，甚至是世界客家。但是當你說我們「客家」時，是代表你一人的觀點，還是全台灣客家人的觀點？甚至是全世界客家人的觀點？為什麼遠在地球另一端的他國客家人，會出現和你有同樣的觀點？甚至你一輩子都可能沒機會訪問該國。「客家」是個概念，而台灣的客家什麼時候成為一個總體的概念，也就能說明一個總體概念下的文學可能如何發展，但是當這個整體的概念尚未發展成熟，「客家」概念只是各自解讀時，怎能說客籍作家的困境是因為沒有客家意識，對族群的使命感模糊？至今尚無真正飽含客家意識、主導族群使命的「客家作家」誕生？或許真正的困境，是因為

尚未將「客家」的概念整理清楚，所以即使振聲疾呼要建立客家文學，卻始終無法決定作者身分、書寫語體，和作品之間的關係，客家文學可用什麼方法在台灣社會展現、欣賞，以及未來可以如何發展，相信這也是本論文試圖要回答與整理的方向。

（二）《客家文學導讀》（2007）——邱春美

邱春美的《客家文學導讀》，將客家文學分為民間文學、現代文學和古典文學三部分。民間文學收錄如諺語、童謠、山歌、戲劇等；古典文學收錄有詩歌（棟對、詩詞）、散文（碑記、祭文、書序、佚事）、小說（嶺南逸史）、戲劇（三娘教子、桃花女鬥周公）等；現代文學則依詩、散文、小說等類型，收錄多位客籍作家的作品。

1. 對於客家文學分類上的討論

根據黃恆秋的分類，民間文學不在客家文學類型當中；而邱春美的客家文學，則是包含民間文學、現代文學和古典文學。不過在此架構之下，除了現代文學就是按照詩、散文、小說、戲劇等現代文體的格式，對於民間文學和古典文學的分法，卻是讓人困惑。例如黃恆秋的傳統文學，是以清代等傳統文人的漢詩作為選錄，但是邱春美的民間和古典文學之中，都選有詩歌和戲劇，但無法清楚區分其中的差別。參照《客家文學導讀》各單元的導論說明，民間文學具有集體、口耳和流變性。黃恆秋的民間文學選有念唱歌、勸世文、傳仔、戲棚頭、竹枝詞等，而邱春美的民間文學收有諺謠、詩歌、戲劇和史事、傳說，二位編者對於民間文學的想法不盡相同。尤其深具客家民間特色的勸世歌，不在《客家文學導讀》中收錄，戲劇卻散見在各客家文學分類之中。例如古典文學的戲劇，以三娘教子和桃花女鬥周公為收錄，這類的民間故事，未必即是古典文學，也未必就是相關客家，不能因為改寫為客語，就列入客家文學。另外，對於軼事，其實也可歸為民間文學的口傳故事，但在本書的分類裡，是屬於古典文學之列。諸如以上幾例，有別黃恆秋的分類，導論中也未對古典、現代、民間文學等作清楚的定義說明，讀者恐怕還是無法進一步了解客家文學的內涵。

對於客家現代文學部分，選錄作家如吳濁流、龍瑛宗，但是選錄作品內容旨在討論關於台灣文學的看法，似乎沒有如鍾肇政的《魯冰花》，或是李喬的《寒夜》，那樣具有客家風味。除去古典、民間文學的收錄，客家現代文學

的篇幅只有三分之一，但是選錄的內容顯然需要更加強與客家的連結性。在現代文學的導論裡，提到兒歌和戲劇，也說明客家大戲來自客家山歌和採茶戲的演變，而這些兒歌、客家戲故事等是否應該收入民間文學之中更為適合呢？現階段對於客家文學的分類、定義，還有許多地方尚待釐清，那麼作為導讀的專書，不足之處也就相對反映出未來客家文學在台灣的發展，尚有補充、說明的空間。

2. 客家文學的未來發展

客語學者羅肇錦於序中提到，「客家文學已在台灣被搬出檯面上談論了二十多年，除了傳統客家相關作品，以及蒐集採訪出版的民間文學外，當代使用客家話創作的作品，仍然非常少。現階段還不敢在研究所裡，堂而皇之的開出關於客家文學的課題，因為客家文學研究還沒有到成熟的階段」。依此序文之意，表示羅肇錦也同意客家文學的名稱，是自 1988 年還我母語運動之後才被熱絡討論，是客家文化復興運動的一環，二十多年前羅肇錦也才開始為《客家》雜誌主持座談會，邀請與會來賓共同討論，客家文學可以的走向，以及可能包括的內涵。

既然客家文學尚在生成之中，研究也還未成熟，自然還有許多地方有待討論和補足。邱春美也在自序中說到，「客家文學依民間、現代、古典分類，選錄作品檢視其中反映的客家文化，由文本檢視文化意涵。客家文學發展至今日，不宜停留在「客家文學」定義打轉，應該呈現文學作品，讓作品自然代言」。這本《客家文學導讀》，將客家文學視為一門已經形成的學問，以選錄的作品來請讀者入門了解。不過選錄的作品就如前段所言，未必可以自然代言客家文學，客家文化要由文本去顯露文化意涵，可以透過哪些方法或項目檢視？客家文學的特色有哪些？呈現特色的代表作家和作品為何？應是未來更能呈現客家文學內容的方法。

三、客家文學單論

「客家文學」被提出後，「客家文學」的名稱也開始出現在學術論文中，雖然有質疑者，也有支持者，但是「客家文學」一詞，如今已成為一個被使用的名稱。以下舉學者彭瑞金、語言研究者涂瑞儀和作家學者王幼華三人，以他們相關於「客家文學」看法的單篇論文做討論：

1. 彭瑞金（1991～2000）

（1）只是指客籍作家的文學表現

彭瑞金（1993）以〈台灣客家文學的可能性及其以女性為主導的特質〉和〈從族群特性看客家文學的發展〉等論文，在 1990 年代初期，對「客家文學」的內容展開對話討論。對於彭瑞金所提出的「客家文學」意義，「發現客族人所創作的文學作品並不一定符合積極意義的客家文學。自有新文學運動以來，無論戰前、戰後，客族優秀作家人才輩出，客族作家的作品，無論質與量，在台灣文壇都可以無愧地掃除客族在台灣人口比例的少數弱勢，但卻無改於嚴格的客家文學並未誕生的事實。就新文學運動談客家文學，也仍然無法就客家意識去標舉客家文學，仍然只是指客籍作家的文學表現。」也就是說，客家文學的範疇在於新文學之中，總觀這些作品，雖是優秀的客籍作家所寫，但是因為無特意呈現客家族群意識，所以彭瑞金不認為客家文學存在。

同時彭瑞金也認為，過去的台灣新文學運動史裡，沒有一位客籍作家是先標舉自己客族身分，或以客家精神為前導再從事創作的，甚至如賴和、呂赫若等，都是在身後，史家從他們著作裡、生平中的蛛絲馬跡探索，才恍然於他們的「福佬客」身分。而龍瑛宗、鍾肇政、鍾理和，就作品分析，可以找到朦朧的客家族群文化特質，卻沒有一位作家是以「客家人」作為文學出發的。

確實如彭瑞金所憂心的，1990 年代以前，客籍作家雖有優異的文學表現，但創作時，並非刻意標舉自身的客家身分，只能說是客家人作品。筆者也同意，過去在台灣尚未發展以「客家」作為族群的代稱和想像，如何可以標舉「客家人」身分作為文學出發觀點，即使當時有創作，因為不具客家意識，自然客家文學並不存在。但是自 1990 年代之後，許多寫作者的客家意識被強化，未必無法發展具有客家意識的創作，可由 1990 年代之後的出版作品看出蛛絲馬跡，也是本論文的寫作目的。

（2）不可掀開「台灣」的屋頂

彭瑞金解釋，討論「客家文學」，前面需要冠上台灣二字，因為散居世界的客家人號稱有五千萬至一億之多，遷徙到台灣的這一支，並不能代表全世界所有的客家人，而且經過三百年以來的揉雜，早已形成一支特殊的族系，也就是台灣客家人。因此彭瑞金強調，如果要談客家族群在台灣的文學成就，不能掀開「台灣」的屋頂。

「客家文學」存在的先決條件是客家在台灣社會是否有其「族群文化的

獨立性」，而台灣的現況，讓彭瑞金（1991：193～3）不認爲台灣社會裡（閩客）族群差異大至足以分立文學。因此，彭瑞金始終不贊成客家文學要分立於台灣文學之外，因爲客家文學的出現，只能說是過去台灣客系作家的文學成就，鼓舞了1990年代出現的新客家人運動。（彭瑞金，1995：71～72）「新个客家人」，主要在強調願意留在台灣共同奮鬥，和過去的種種切割，爲台灣客家人之意。是故，客家文學應包含在台灣文學之內。

筆者同意研究客家文學，不應掀起「台灣」屋頂。世界各地的客家，都有不同的發展背景和條件，台灣客家之所以特殊，在於政治上歷經不同的政權轉移，族群意識的形成，也和政治的發展息息相關。客家在世界的其他地區，語言尚未發展至國家語言的層次，自然在發展族群書寫上，不會和台灣有相同的情形，各種族群意識浮現的情況不一。

（3）客語文學不等於客家文學

彭瑞金（2000：19～37）於〈遞變中的台灣客家社會與「客家文學」〉文中提到，客家人在新文學運動裡有過不凡的貢獻，也表示客家人在台灣民族、文化運動裡沒有缺席，袖手旁觀。因此發展文學方面，可能可以做爲台灣客家人參加台灣社會的一條新路徑。過去有人認爲發展客語文學，是將自己的族群特性區隔的好辦法，如果客語文學取代了客家文學，新定義新定位的客家文學，必然喪失過往在台灣文學中存在的意義和地位，遑論客家文學在台灣社會運動史裡的意義。客家文學從來就不是客語文學，而即使是未來，客家文學與客語文學也不可能合而爲一。

客語文學和客家文學，在1990年代便開始做了區分，客語文學強調使用客語創作的重要性，但創作者不必然要是客家人；而客家文學則是注重作者的身分，並要求作品的內容需是符合客家內容才算。因此筆者同意，客語文學不等於客家文學，可是彼此會在同爲客家作家、使用客語創作客家內容的條件下匯流，只有在這樣條件下的客語文學才會和客家文學相等。

2. 王幼華（2008）

王幼華的〈客家族群的定位與文學史撰述〉一文，分成兩個主題：一爲客家族群的定位；二是文學史的撰述。針對「客家」族群的定位解釋，王幼華在文章的一開始即表示，「族群」乃是1980年代左右出現在台灣的名詞，也尚符合台灣目前現狀。王幼華認爲「客家」具族群意涵乃是1980年代之後的事情。所以王幼華應當同意自清代以來的各種「客家」相關論述，內容、

對象也應和 1980 年代之後在台灣出現的族群意涵不同。

（1）對客家文學的看法

王幼華論及「客家文學」的出現，和台灣本土意識興起有關。當「台灣文學」被認定爲台語文學、使用台灣話的時候，竟然並未包含客家，於是「客家文學」作爲族群意識浮現起了作用。王幼華也提到 1990 年決定「客家文學」走向的座談會；也提到彭瑞金對於客家文學的質疑，不認爲在吳濁流、鍾理和、鍾肇政、李喬等幾位作家之後，下一代的客家子弟還寫得出客家文學。但是王幼華認爲彭瑞金太過擔憂，那些彭瑞金認爲即將消失的客家文化，如「山歌、客話、大腳女子、糍粑」等，以目前每年舉行如桐花祭這樣的活動，將會使得例如「桐花、花布、八音、客家食物、戲劇、禮俗」等，重新賦予一種新的面貌。新面貌的客家文化，是否也同時意味新的客家文學？許多後起之秀，也打破了彭瑞金的顧慮。

（2）贊同黃恆秋的客家文學史觀點

對於客家文學的定義，王幼華採用黃恆秋的觀點，認爲這是較寬廣的一條道路。而對於黃恆秋文學史的撰述方式，也看到起點自清代，接著是日治時期，之後的論述不按年代，或以文學類別、相關作家或潮流等方式交雜論述，只能稱此爲其「獨創」，非各類文學史所常見。

王幼華整理非常多文獻，將「客家」由中國和台灣做了很好的連結，從而忽略了日本統治者在台灣的因素，其對戶籍和語言的分類，影響日後的台灣社會。而論及客家文學的部分，沿襲黃恆秋專書的論點，但是對於客家文學未來可能的發展，沒有提出進一步的觀點。

3. 涂瑞儀（2010）

涂瑞儀的〈二十年來台灣「客家文學」一文之討論（1988～2008）〉，整理自 1980 年代之後的二十年，台灣社會對於「客家文學」內容的討論。文章可分爲三部分討論，即 1980、1990 和 2000 年代三階段來回顧。

（1）1980 年代

1980 年代的「客家文學」和客家運動關係密切，「客家文學」負擔著「復興客家」、「拯救客家話」的使命。

台灣解嚴後，《客家風雲》跟著在同年創刊。林柏燕（1987：26～29）在《客家風雲》第二期，以〈從水滸傳看客家文學〉來討論「客家文學」的內容。以語言觀點切入，談《水滸傳》的特殊語彙。可是林柏燕認爲，語言雖

會影響文學，卻不能領導文學。文學假使過度賣弄母語，反而會使小說本身顯得空洞無物。文學應該重在內容和意識的表達，能為讀者接受、了解、產生共鳴。所謂的「客家文學」，應以「客家意識」為指標，語言的使用為第二重要。林柏燕認為客家文學不一定全然使用母語，以呈現客家意識為優先。

莊石明（1988：61）在《客家風雲》第八期發表〈客家語新詩〉：「要拯救客家話，唯有多多推廣，大家多多使用，不但要講也要寫，寫到文學作品中。」因為看到文壇上許多Ho-lo人嘗試用Ho-lo話創作以後，遂將「拯救客家話」的期望寄託在「客家文學」上，鼓勵客籍作家嘗試用客語創作，提出「台語文學不應限於福佬台語」的主張。

因此，1980年代的客家族群認同，致使「客家文學」和「客語文學」的發展關係呈現互動或競逐關係。母語的流失，讓客語復振運動者希望能夠以客語創作來「拯救」客家話，特別是感染到Ho-lo話的推廣運動。但是客家文學的發展是否同客語文學有著不同特色？

（2）1990年代

1990年代的「客家文學」定義，漸漸回歸到文學本身。《客家雜誌》在1990年舉辦「客家文學的可能與限制」座講會〔註7〕，將「客家文學」和「客語文學」分開來講，聚焦在「客家文學」上進行討論。雖然黃恆秋較贊成將「客家文學」和「客語文學」放在一起談，不過林柏燕、羅肇錦、涂春景等，認為「客語文學」在現實考量下有推行的侷限性和困難，而「客家文學」可就「文學」面先講。

羅烈師在1999年於《客家文化研究通訊》第二期發表〈台灣地區客家博碩士論文述評（1966～1998）〉整理了三十多年來與客家相關的博碩士論文。其中，以文學為主題，和客家相關的學位論文有十七篇，以客家觀點出發的論文則有九篇，分別是邱春美《台灣客家說唱文學「傳仔」的研究》、黃淑齡《近四十年來台灣地方音樂文獻之整理與收集》、楊佈光《客家民謠之研究》、方美琪《高雄縣美濃鎮客家民歌之研究》、曾瑞媛《桃竹苗客家童謠之研究》、張禎娟《台灣時令歌謠初探》、彭素枝《台灣六堆客家山歌研究》、陳雨璋《台灣客家三腳採茶戲──賣茶郎故事的研究》、謝一如《台灣客家戲曲流變與發展：從客家採茶戲到客家大戲》等。這九篇論文皆為民間文學研究，作家文

〔註7〕關於座談會的內容，請參見黃恆秋（編），1993，〈客家文學的可能與限制（座談會）〉。頁43，《客家台灣文學論》。台北：客家台灣文學史工作室。

學研究在 1999 年以前是缺席的。〔註8〕

　　也就是說，關於「客家文學」的界定，若以客語進行客家思維的創作，只有民間文學符合定義。客家民間文學是客家人長期口耳相傳的集體創作，內容和客家生活息息相關，所運用的當然是客語思維，完全符合「客家文學」較嚴格的定義。所以在這階段，只有民間文學的部分進入學術討論。然而民間文學和本論文所要討論的現代文學，內涵不太相同，以文學程度來說，口耳相傳的傳統創作，並不似以現代文學爲主的詩、散文、小說等類別進行較嚴謹的書寫，因爲沒有留下文字，自然也有口傳上的錯誤。只有民間文學爲主題的相關客家學術研究，反映出客家研究在文學類別上，還有很多可以探討之處，也相對代表客家文學也可能尚未形成可以研究的專題，也還未有具共識的定義、分類、觀點等，也是本研究試圖要做梳理與解釋的地方。

　　（3）2000～2008 年

　　2000 年至 2008 年的「客家文學」，在創作和研究上，皆有走向「客語文學」的趨勢。例如徐碧霞《台灣戰後客語詩研究》碩論，引用前人對於「客家文學」的界定標準，以客家文學的意涵質素分析表，接論「客語文學」，並無進一步去界定何謂「客家文學」。對於作者的身分、寫作的語體，以及書寫內容等，在目前未有定論之下，大部分客家文學研究者只是進行「客籍作家」作品研究，或直接進入較無爭議的「客語文學」或「客家民間文學」討論。現階段相關「客家文學」範疇的研究，如果觸即到定義問題，都直接引用前人著作的解釋，彷彿客家文學「研究」已是共識，忽略 1990 年代提出「客家文學」一詞，有特殊時空背景需求，也有對現實考量的妥協。本研究也將探討 2000 年之後，客家文學如何重新定義與檢視。

第三節　研究內容與架構

一、研究方法

　　本論文的研究方法，採取歷史文獻和內容分析研究法，主要將整理歷史

〔註8〕2000 年過後才逐漸有相關的研究出現，但作家仍以吳濁流、鍾理和、鍾肇政和李喬的研究爲主。詳情可參考彭欽清、黃子堯，〈文學篇〉。頁 338～339，收在徐正光（編），《台灣客家研究概論》。台北：行政院客委會&台灣客家研究學會。

文獻的來源和步驟說明；內容分析部分，依照各類文本的作用，進行條列、
表格式的整理分析，並對統計結果說明意義。

（一）歷史文獻法

「客家」在台灣的意義和變遷，需借助歷史文獻來整裡耙梳，並對「客
家文學」在台灣出現的歷程，運用歷史材料來進行演繹。分析或解釋過去所
發生的現象，借以發現一些了解過去、現在、甚至預測未來的法則，也是歷
史研究所能提供的。

以客家意識和認同為主題宗旨的相關客家雜誌，客家文學專書和單論，
由各方資料都能認可的共識客家作家、及其生平、作品，聯合知識庫、四大
報，還有全國各類相關客家文學獎的得獎作品等等，都是此研究需要運用的
文獻。

各文獻資料的收集和運用如下：

1.參考目前相關客家研究的歷史文獻：如施添福的〈從「客家」到客家
（二）：粵東客家稱謂的出現、傳播與蛻變〉、李文良的《清代南臺灣的移墾
與「客家」社會（1680～1790）》、邱彥貴在《台灣全志》寫的〈客家人〉、陳
麗華的〈談泛台灣客家認同──1860～1980 年代台灣「客家」族群的塑造〉
等，還有周鍾瑄的《諸羅縣志》、劉璈的《巡台退思錄──卷二》、蔣師撤的
《台游日記──卷四》、盧德嘉的《鳳山縣采訪冊》、王瑛曾的《重修鳳山縣
志》、陳文達的《臺灣縣志》、藍鼎元的《平臺紀略》，及必麒麟的《老臺灣》
等，從清代、日本時期的討論，解釋何為今日台灣客家，以及分析形成客家
文學的社會因素。

2.客家文學專書：如黃恆秋的《台灣客家文學史概論》；以及邱春美的《客
家文學導讀》，還有相關的學術單論等。對其客家文學定義、發展歷程，和歸
納客家文學作品的著作做一討論整理。

3.將吳濁流、鍾理和、鍾肇政、李喬和鍾鐵民等作家的生平著作列出，選
取和客家主題相關的評論文章，做一表格整理，依照年代和主題的分類排列，
找出和客家運動的對應關係。

4.將各類關於對客籍作家的介紹專書、官方建立的資料庫等列表，如黃子
堯的《台灣客家文學史概論》；邱春美的《客家文學導讀》；鍾肇政的《客家
台灣文學選》；李喬的《台灣客家文學選集 I──詩散文》、《台灣客家文學選
集 II：小說》；以及台灣客家文學數位資料庫（lit.hakka.gov.tw）、客家文學史

料系統等官網所載的作家名單列出，交相比對後，找到具大家共識的客家作家。

5.將《客家風雲》、《客家》雜誌等相關文學討論的部分做整理，特別是1990 年，爲客家文學的發展曾開過座談會，其會議發言紀錄，整理成表格，說明各發言人的看法。

6.參考新聞、四大報紙，特別是聯合知識庫的檢索，整理「台語」、「客語」、「閩南語」等相關資料，製成表格列出。而詳細的新聞標題內容，以整理在附錄二。

7.搜集各地區相關客語文學獎的比賽資訊。

（二）內容分析法

內容分析法是將蒐集、採用的資料，依據立項分類的規準，客觀而有系統的分析出其中所代表的意義或隱喻的趨勢。Holsti（1969）對於內容分析的定義爲，「經由客觀性與系統性的認定訊息的具體特徵，用以達成推論的任何技巧」〔註9〕。

關於本研究所要分析的內容，共分成四部分：一是對於 1990 年代「台語」問題的討論，從相關論述言論中進行內容分析。二是將各類對於客家作家的分類方式，以及論述內容分析，整理出符合多數共識的作家條件和客家書寫內容。三是參考兩大相關客家文學獎得獎作品，依主題、使用腔調和語體，以及相關的客家詞彙等，分析當代客家文學特色。四以客語創作集的出版情況，《文學客家》和客語文學獎得獎作品等內容，同樣依主題，以及相關的客家詞彙等作分析。以下爲分項說明：

1.針對 1990 年代對於「台語」問題的討論，除了將客家雜誌的相關論述整理，例如媒體報導、讀者投書、社論等，整理成表格，並對這些論述進行內容分析。

2.將過去相關客家文學作家和作品的討論作整理，例如客籍作家名單、作品等等，分析構成的定義和條件，歸納生產者對於客家文學的界定。以相關的學術論文、已出版的客家文學選等等，整理出共識客家文學的客家內容。

3.參考各類的全國性相關客家文學獎，如教育部母語文學獎、客委會桐花文學獎、客語文學獎等得獎作品，檢視其內容、主題，以及整理其客家詞彙，

〔註 9〕定義來自 Holsti, O.R., 1969, Content analysis for the social sciences and humanities. Reading, MA: Addison-Wesley.

來看客家的展現，通過這些得獎的文學作品來分析目前客家文學內涵和未來走向。

4.客語創作可由歷年作品集的出版概況、《文學客家》季刊和客語文學獎的書寫內容，了解目前客語文學的發展概況。

二、相關理論運用

理論運用部分，本文首先就客家的身分，對「族群意識」進行討論，再以社會建構論來看陸續在台灣社會出現過的相關客家論述，乃至於客家文學的相應出現。筆者認為從「客」、「客家」，到客家文學的出現，都有其社會建構的歷程，進而形構成為當代的台灣客家文學。另外，本文將以接受美學理論，來討論客家作家、作品和讀者之間的接受過程，並對客家文學的定義、作品特色、客家作家的認同、客語的書寫，以及客家特色的展現，進行其接受過程的論述。

（一）族群理論

1997 年開始，中華民國憲法新增第十條增修條款，國家開始制訂和族群相關的公共政策，特別是「客家」、「原住民」、「鄉土教育」、「社區總體營造」方面，從此台灣邁進「多元文化」國家行列。從法律規範、政府的公共政策制訂，顯示在 1990 年代族群、文化的議題獲得重視，而尊重多元文化的思考，更為當代重要的世界潮流。

1. 族群定義

族群（ethnic group），通常是指共同組成一個大社會中的群體，主張或相信自己有某種血緣上、體質上、文化上、意識上，或其他的共同特性，如宗教信仰、語言、風俗習慣等，可和其他人進行有意義的區分。（張茂桂 2003：216）既然族群是一種特殊的人群分類方式，涉及「我群與他群」的區別方式，進而影響「人、我」如何交往、如何相互對待的社會規範；所以，人群的分類方式，是受到當時文化與社會制度的作用，不但包括對自我的「認同」，也包括對他者的「認異」。這種族群身份/認同的概念，在 1990 年代之後，成為台灣社會逐漸習慣使用的政治語言。

今日台灣的客家族群，是經過特殊的歷史過程，由省籍轉變為族群的分類，而被稱之為「族群」。在今日的解讀裡，是必須具有共同政治意識（political consciousness），能成為政治動員的主體，我們稱之為族群政治（ethnic politics）

或族群的政治化（ethnic politicalization）的現象。而此一現象所形成的基本條件，卻是在歷史過程中，靠群體的互動關係、以及政治、社會的結構形成，自然的特質反而是在政治動員過程中建構的。（劉俊斐 1995：16）

社會群體在不同歷史階段，或不同的社會交往過程、情境之中，都可能形成相對應的人群分類方式。不同時代，因爲社會組織方式不同，也可能產生不同的族群分類形成。不同的分類法，影響人們的互動形式。（張茂桂 2003：216）台灣在不同的歷史情境當中，隨著當時的需求而演化出符合需要的分類方式；然而，族群分類絕對不可能是「自然」產生的結果，也不是什麼「科學」可以「客觀」決定的項目。族群分類方式，包括「族群」本身是否存在這個問題之內，族群的形成和使用，其實是許多力量所「建構」形成的。而在這裡所討論的建構，即是不斷被界定、敘述、討論、進而使用在「社會組織原則」裡面，逐漸被定型化、被接受當成「理所當然」後的結果。

族群如何存在，如何被分類，都和當時的一些社會條件有關。例如，台灣的「原住民」被當成一個族群的分類，是 1980 年代政治社會運動建構的結果，在過去，並不是今日大眾所慣常所使用的一個族群名稱。漢人的「閩、粵」、「漳、泉」分類械鬥時期，是不可能有這樣一體的概念，當械鬥停止之後，此概念才逐漸可能。而過去清代的「台灣人」概念，日治時期的「台灣人」概念，也和今日所謂的「台灣人」意義不同，內容更和戰後來台灣的「外省人」相對。（張茂桂 1995：182～183）

2. 族群意識

「族群」通常是弱勢者的人類族群分類想像（王甫昌 2003）。如果我們把弱勢的「族群意識」內涵仔細作區分，會發現三個不同層次的分類意識元素。

（1）差異認知：

即指族群意識的內容通常指自己與別的群體文化、祖先來源或歷史經驗上的差異。

（2）不平等認知：

指的是族群間的成員，意識到自己的群體受到不平等的待遇。他們通常認爲成員因爲文化（族群）身分而受到不公平的待遇。

（3）集體行動必要認知：

人們一旦意識到自己與別人在文化上不同，也認爲自己因爲這些差異，

受到不公平待遇，有些人則認為應該採取集體行動，藉以改變這種不公平狀態。這個元素必須考慮，一是外在政治情勢是否容許這樣的挑戰，即集體行動成功的判斷；另一則是如何激勵族群成員，讓他們願意付出個人代價參與族群集體行動。

社會學者王甫昌將族群意識分為此三層次，在族群的想像中，族群成員認為祖先有其共同遷移之處，而這些共同的經驗與處境，使他們發展出我群的認同。「族群」往往是一群為了要採取集體行動改變自身所處的不利地位，才透過重新詮釋歷史及建構新的認同而所產生的人群分類方式。而一般人所認定的「族群團體」中，其中有大部份的人是素未謀面的、也少有機會面對面的互動者。但是，族群意識卻使人們認為，這些陌生人與自己屬於同一族群，彼此之間有一種類似家族的血緣或文化連帶關係。這種親近關係的建立與維持，其中有較大的程度其實是「想像」（imagination）的結果。（王甫昌 2003）如果發現剛認識的陌生人與自己有相同的族群背景，則馬上會有一種莫名的親切感產生，這便是族群意識油然產生、或是稱之為具有較強族群意識的例子。桃竹苗的客家人，會因為族群意識，而對六堆客家人產生親切之感。

再者，王甫昌提出，建構論所強調的，是族群意識的發生，往往是弱勢者為了改變自己的不利處境，或對抗優勢者，而透過集體行動建構的結果。由這樣的觀點來探討，比較能跳脫族群文化「內容」上的爭議，而得以去觀察族群互動關係的社會脈絡。不會只注意族群的「過去」，而忽略了族群的「現在」與「未來」，族群意識的建構，不是在喚醒一個「沈睡的」、「既存的」族群認同，而是在創造一個「嶄新的」、「從未真正存在過的」群體分類思考方式。

族群意識的內容包含了群體間差異的察覺、族群不平等的感覺與參與政治行動的意願，要產生到第三者，前兩者是必要條件而非出充分條件。客家還我母語運動的出現，即是客家人察覺在台灣社會被當「客」，而非「台灣人」；加上主流場合竟然只有國語和 Ho-lo 話，聽不到母語，被排除在外的不平等之感，油然而生，於是最後走上街頭，參與政治行動，塑造新的客家認同。

（二）社會建構理論

社會建構論是 1966 年柏格（Peter L. Berger）和拉克曼（Thomas Luckmann）透過《真實的社會建構：一個知識社會學的觀點》（The Social Construction of Reality: A Treatise in the Sociology of Knowledge）引介入社會學界的觀點。其

旨趣乃是在發現社會真實和社會現象被建構之「方式」，不止僅描述其所造成之結果、影響或分析起因、作用等。將社會上被建構的真實（reality）看作為一個持續的動態過程，真實乃是由人再生產行動的解釋和知識所構成。社會建構論將社會真實和社會現象，視之為由人類所創造、制度化，甚至將其納入所謂由來已久的傳統，其後代也就會將這個被創造的制度看成是一個自然而然的過程。社會建構描述者為主觀而非客觀，亦即，當我們能察覺真實時，它已不是現實之原樣。

「客家人」一直存在台灣社會的這議題，若以社會建構論來討論之，並不只是要說明如何歷經五次民族大遷徙而輾轉來台，或是根據認同而建構的歷史。「客家」這一名稱如何而來，為什麼客家會成為這一群人的名字，是自稱還是他稱，這一群人本身就相似、還是不同，他們欣然接受這個名稱，還是曾有過抗拒到接受的過程？「客家」名稱，從過去到現在的意義是否相同，或者包含的人群、語言，有可能是一個持續變動的過程，如何成為今日作為一個族群面貌的客家，出現在台灣社會之中？這些疑問是社會建構論所關心的發展過程。

社會建構論觀點作為一種社會觀察，其特點在於：根據被觀察者對問題所下的定義，來作為解釋社會現象之論點。而往往實際情況與認知層面其實是有所差距的，應該做更細緻之區分，社會建構論較強調的是社會現象之認知層面。對於社會問題之理解，社會建構論者認為，最關鍵的問題在於：「問題的基本定義為何」，以及「我們對所居處的世界是如何賦予意義」。也就是說，社會問題最重要的是「怎樣」（how）而不是「什麼」（what）。以問題的聲明（the claim themselves）、聲明者（the claim-maker），以及聲明之過程（the claim-making process）來分析社會問題。（Brockman 1987）對立的聲明所產生之聲明競爭，也因此磨塑出社會對該問題之認知形象。

搜查文獻，顯然台灣過去並沒有「客家文學」名稱，卻在 1980 年代出現之後，宣告過去其實一直都有此說。筆者關注的，並非客家文學過去存不存在，而是其為何被客家人所需要，進而現身。而客家文學本身如何地被定義，被誰所定義，被誰所追隨？以前的作家、作品，和後來的作家、作品，如何呈現客家文學內涵？定義的變動以及被建構，也就是台灣社會所賦予客家文學出現的意義。

社會建構來自話語建構，是人的心理，不是客觀現實反應。話語理論針

對話語本身做文本分析，日常生活包括實踐，話語建構人的思想、行動，在社會框架中，關注不同話語間的對立，爭奪話語權，說明話語做爲建構資源，又在社會過程被建構。（楊莉萍 2006）如果客家文學是一個被社會所建構的過程，那麼話語本身，以及其所建構人的思想、行動，都會是一種「被發明的傳統」。

（三）接受美學理論

1. 理論介紹

1966 年「康斯坦茨學派」創立，學派的創始人有姚斯（Hans Robert Jauss, 1921～1997）、伊瑟爾（Wolfgang Iser, 1926～2007）等人，此學派以德國南部博登湖畔爲活動中心而得名，康斯坦茨研究小組先後於二十年的時間出版了《詩學與闡釋學叢書》12 卷，對於德國和世界都產生重大的影響。除了是對先前文學研究流派的反動，亦將文學理論的中心轉移到對文學的「接受研究」、「讀者研究」與「影響研究」。

1967 年，姚斯（Jauss）發表了〈文學史對文學理論的挑戰〉一文，被認爲是接受美學成爲一個獨立學派的重要文獻，著有《走向接受美學》、《藝術史與實用主義歷史》、《恢復愉悅》等作品。姚斯（1987：26）認爲：「一部文學作品，並不是一個自身獨立、向每一時代的每一讀者均提供同樣觀點的客體。他不是一尊紀念碑，形而上學地展示其超時代的本質。他更多地像一部弦樂譜，在其演奏中不斷獲得讀者新的反響，使本文從詞的物質形態中解放出來，成爲一種當代的存在」。以往的文學研究著重在作者中心上，以作者的創作意圖爲根據，後來雖然中心轉向文本上，以文本的語言結構爲準，卻長期忽略了「接受者」——也就是讀者的研究。在作者—文本—讀者的運作鏈上，讀者是歷來被研究最少的，卻是構成文學歷史重要的一環。

接受美學（aesthetics of reception）也稱爲接受理論或接受研究。「接受」一詞自中文的字面意義來看，往往容易被認爲屬於被動的狀態，實際上「接受」含有交流意味，也可視之爲一種生產、消費關係。讀者既非消極、被動的接受，而是構成文學史的能動因素；讀者在接受過程中，參與了作品意義和價值的創造。文學史就是文學作品的消費史，是被讀者接受的歷史，作品的意義來自讀者的接受，其歷史性也就體現於歷史的閱讀行爲之中。「接受美學理論」的出現，突破以往的文學理論，將原本著重對作家、作品研究的核

心，提昇至讀者身上（金元浦 1998：8）。

除了奠基接受美學為獨立學派的姚斯之外，接受美學另一重要人物是伊瑟爾（Iser），主張一種審美反應或審美效果的理論，著有《閱讀現象學》、《本文的召喚結構》、《暗喻的讀者》等作品。伊瑟爾在 1970 年發表的《本文的召喚結構》強調，本文中有一連串的潛在意義，透過讀者的參與才得以實現。伊瑟爾一派強調「文本分析」，著重研究文學作品的內部結構和審美特質，及其在閱讀過程中，作用於接受者的方式和讀者作出反應的方式。「隱含讀者」（implied reader）概念是一種文本的結構，它不是真正現實的讀者，甚至也不是理想的讀者，而是一種與本文結構方向相吻合的讀者。那些文本裡的「空白」、「未定點」，即是讀者需要透過閱讀，才能使得那些隱含、不確定的意思得到解答，讀者對文本的閱讀過程就是一個再創造的過程（Iser 1991：217～278）。

姚斯和伊瑟爾分別代表「接受研究」與「效應研究」兩大方向。「接受研究」關注讀者的期待視野與審美經驗，致力於建立新的文學史理論；而「效應研究」則是注重接受過程中的本文研究，關注閱讀者本身和這一過程的交流。（章國鋒 1993：50）二人皆肯定文本的不確定性，並認為閱讀也是一種創作的過程。「讀者中心論」強調讀者的能動作用、閱讀的創造性，強調接受的主體性，作品的意義是讀者從文本中發掘出來的。（Jauss 1987：1～2）同時也強調讀者參與、建構的作用和重要。

接受美學從宏觀歷史角度探討社會背景對讀者的影響，也重視微觀的個人經驗。姚斯從文學史出發，探討整個社會的接受層面，注重集體性與廣闊性的社會背景，是一種宏觀的研究；伊瑟爾從讀者的閱讀現象出發，注重讀者閱讀活動的心理研究，是一種微觀的研究。對於客家文學而言，族群的文化、生活和發展，是讀者在閱讀相關客家主題之際，最為關切的事。接受美學有別以往將作者、文本為核心的研究，轉而關注到讀者的閱讀過程，也是本研究說明客家文學內涵的理論方法。

1980 年代末開始的客家文化復興運動，激發客家意識、增強族群認同，而客家文學的產生，也代表以族群為題材內容的文學創作已經開始被重視。但在客家運動之前，其實已有可觀的客籍作家作品，在運動之後，讀者可以如何重新經過再閱讀，達到預期和從中感受的新融合。甚至後來的創作，能因為讀者對於族群議題的關切，作者和文本也有更貼近族群文化、生活和發

展的創作和理解，筆者選擇姚斯的接受研究。

2. 接受研究

　　姚斯的接受美學理論強調文學應被視為產品與接受的辯證過程。「美學的內涵就在於讀者對一部作品的第一次接受，包括由比較閱讀過的作品，對其美學價值的體驗。」（Holub 1994：62）接受美學傾向以讀者為中心的審美理論，起於對文學研究典範的革新。新的文學觀指出「作品不再只是由作者單獨完成的，而是由作者和讀者共同創造的」，「讀者是文學活動中最重要的決定性環節」。作品的意義並不是在作者完成文本時就已產生的，而是在閱讀過程中由讀者完成的（Lau, Wai-Ling& Mok, Helen Wa, 2001）。

　　文學獎得獎作品的研究，即是以讀者為中心的審美理論。專業作者和評論者的性質過於接近，有時往往是同一人；而面對廣大的讀者群經常不知以何方式得知其接受觀感，這些問題可以透過文學獎的競賽方式獲得解決。參與文學獎的寫作者，過去很可能即為讀者，利用文學獎參賽，可表達他們對於客家文學的看法，並且反映在作品當中。由作者和讀者新創造出來的文學觀，可以直接挑戰過去單獨只由作者決定的作品走向。

　　姚斯（1987：25）認為「第一個讀者的理解將在一代又一代的接受鍊上被充實和豐富，一部作品的歷史意義就是在這過程中得以確定，他的審美價值也是在這過程中得以證實」。姚斯（1987：37）描述接受史的形成過程：「第一讀者」，指的是「以其獨到見解和精闢的闡釋，為作家作品開創接受史、奠定接受基礎、甚至指引接受方向的那位特殊讀者；從此，這位『第一讀者』的理解和闡釋，便受到一代又一代讀者的重視」。客家文學內容，也往往因為第一讀者的闡釋，而使得作家和作品，受到一代又一代的讀者重視。

　　對於接受過程，姚斯提出「期待視野」（horizon of expectation），指的是接受者從現有的條件出發，對文學作品所能達到理解範圍的預期結構，相對強化讀者的作用。期待視野的形成包括：一、接受者過去曾閱讀過、自己熟悉的作品獲得的藝術經驗，及對各種文學形式、風格、技巧的認識。二、接受者所處的歷史社會環境以及由此而決定的價值觀、審美觀和思想、道德、行為規範。三、接受者自身的政治經濟地位、受教育水平、生活經歷、藝術欣賞水平和素質。在文學接受活動當中，讀者的素養和經驗等會形成一種潛在對作品的審美期望，直接影響讀者的閱讀接受及效果。

　　「期待視野」決定了讀者對作品內容與形式的判斷標準，以及對作品的

基本態度和評價。但期待視野並非固定不變，一直處在不斷建立和改變的過程中，也決定某一文本與形成流派的後繼諸文本的關係。（章國鋒 1993：42）歷史上對作品的看法累積成傳統，這構成讀者的先在理解，但讀者又會因個人不同的背景因素對作品做出解讀，這種傳統評價與當前文學體會不間斷交融的過程，可謂之「視野融合」。對讀者來說，閱讀、觀賞作品即是連續不斷建構、修正、再建構之期待視野的過程，參與過程的經驗建構才是形成作品意義的全部。（林珮淳、范銀霞 2004）

　　什麼樣的作品內容，會使讀者感受到客家風情，進而認為作品是客家文學？這依照讀者過去的經驗，可能來自客庄印象、生活環境、以及個人的社會歷史觀。有人認為寫作者是誰很重要，如果他的期待視野決定，作品的寫作者是客家作家，自然他會在閱讀過程中體會到他認知中的客家風情，最後將作品視野融合成為客家文學。當然也有人覺得作品中，一定要有客家元素，才算是客家作品。帶著這樣的期待視野進行閱讀，看到如山歌、八音等描述，便能累積過去對客家的經驗，認同作品為客家文學。顯然讀者的接受過程，能決定作品的時代意義。

　　姚斯認為，在作家、作品和讀者的三角關係中，讀者不是被動的接受過程，閱讀是讀者想像再造的過程，作品透過讀者被重新賦予新的意義，這樣一來，讀者在姚斯的理論中被提升到重要的地位。另一方面，姚斯著重對藝術作品的歷史本質加以考察，他從歷時性與共時性兩個方面考察文學的文學性問題，也就是說，只有當作品自身所包含的歷史連續性，不僅通過作者也通過讀者，達到相互作用來調節時，文藝才能具有過程特性的效果史，所以文學史是一個審美接受與再生的歷史。（朱立元 2004：61）客家文學經由歷時性和共時性兩方面來看，作品通過作者、也通過評論者，可使客家文學的發展，也能成為一個審美接受與再生的歷史。

三、研究範圍

　　本論文研究範圍在二次世界大戰之後，意即國民政府播遷至台灣後，所以在研究時間方面定為1945～2010年，也就是「客家」一詞，普遍在台灣開始使用之後。

　　另外，本研究所討論的客家文學範圍，以現代文學（新文學）為主，有現代詩（或稱新詩）、散文、小說（有些添加戲劇）等文學類別。區分客家民

間文學和古典文學（舊文學），除了是依據「客家」概念的形成歷程而來，最主要乃是從客家文學定義出發，選擇能以作書面表現的現代文學形式分析文本。其他詳細操作方式，將於本研究的各篇章提出說明。

四、章節安排

第一章緒論將研究論文的問題提出，說明本篇論文進行的意義以及目的。回顧相關文獻，將目前對客家文學研究的專書、單論等資料做整理。研究進行的部分，以研究方法、本論文中所要運用到的理論作整理，以及對應本論文所要研究之篇章架構、範圍，及章節安排。

第二章主在闡述今日「客家」意涵在台灣社會的轉變。客家一詞如何在台灣社會出現和普遍，清代本貫主義、日治時期方言主義的影響，以及從戰後到族群概念的被使用，不同階段各有不同關於「客家」的生成內容。

第三章在說明「客家文學」何以在台灣社會被提出的原因。從 1988 年還我母語運動的洗禮，被開啓的族群意識，進而產生多元共存的台灣客家論述。隨著台灣社會的轉型，客家人進入認同政治的階段，這種種的社會關係，促使著客家人要以台灣人的身分爭取權益，並且保存族群的語言和文化，進而影響到以族群爲名的客家文學出現。

第四章以目前大眾對於客家族群的印象和特質，說明客家文學的內容，表現客家族群意象和客家文化意象、形象，來凸顯族群特色。討論現有的客家文學定義，由族群身分、書寫內容，再找出各方高度共識的客家作家，從「客籍」作家到「客家」作家，發展「客家」文學到「客語」文學，來看當代客家文學的生成內涵。

第五章在說明當代客家作家的接受過程，舉吳濁流、鍾理和、鍾肇政、李喬和鍾鐵民爲代表，在 1990 年代之後，以客家的角度來其討論作品，彙整出讀者認爲客家文學內容的特色。對於 1988 年之後出版作品的客家作家而言，因爲受到運動洗禮而加強客家意識，反映在作品上，以吳錦發、曾貴海、藍博洲爲例；女性作家則以杜潘芳格、利玉芳作討論。2000 年之後，客委會等隸屬政府的行政單位相繼出現，透過資源將名作家納入客家作家的行列，如甘耀明、鍾文音等，以其對於客家文學的想像來豐富客家文學。

第六章討論相關客家文學獎得獎作品的客家展現。介紹各類相關客家的文學獎，並將得獎作品依照主辦單位不同而作區分，分別爲官方和民間兩大

類。而教育部舉辦的文學獎書寫語體爲客語，客委會的桐花文學獎則是語體不拘，而民間自辦的「客語文學獎」強調客語書寫的表現。經表格整理，分析作品主題、內容和客家的展現，整理當代讀者對於客家文學的認同和想像，以及未來客家文學可能發展的走向，並對此提出省思。

　　第七章結論，將前文所提出的問題進行整理，提出研究發現，以及說明研究侷限。

五、研究分析架構

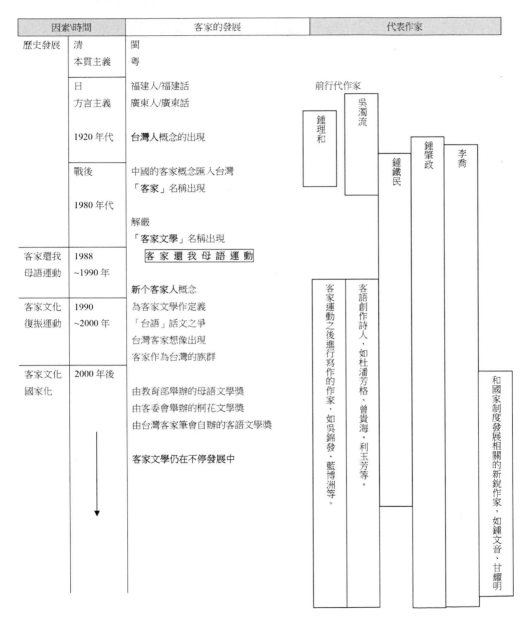

因素\時間		客家的發展	代表作家

歷史發展　清
　　　　　本貫主義

閩
粵

日
方言主義

福建人/福建話
廣東人/廣東話

前行代作家

吳濁流

鍾理和

1920年代

台灣人概念的出現

戰後

中國的客家概念匯入台灣
「客家」名稱出現

1980年代

解嚴
「客家文學」名稱出現

客家還我母語運動　1988
　　　　　　　　　~1990年

客 家 還 我 母 語 運 動

新个客家人概念

客家文化　1990
復振運動　~2000年

為客家文學作定義
「台語」話文之爭
台灣客家想像出現
客家作為台灣的族群

客家文化　2000年後
國家化

由教育部舉辦的母語文學獎
由客委會舉辦的桐花文學獎
由台灣客家筆會自辦的客語文學獎

客家文學仍在不停發展中

鍾鐵民

鍾肇政

李喬

客家運動之後進行寫作的作家，如吳錦發、藍博洲等。

客語創作詩人，如杜潘芳格、曾貴海、利玉芳等。

和國家制度發展相關的新銳作家，如鍾文音、甘耀明

圖1、研究分析架構圖

第二章　「客家」意義在台灣社會的遞嬗

　　當代「客家」描述的是一個族群身分，一群來自中國的移居漢人。祖籍地在嘉應州、汀州、部分潮州、部分惠州、部分漳州之先住民後人，即可被稱為清代移民到台灣的客家人。依據文獻描述這群清代移居台灣的客家人時，是早已有一批人叫做「客家人」〔註1〕，還是說「客家人」這名稱和概念是遷移到台灣之後才產生的，隨著漢人社會的建立與變遷，演變成為現今我們所稱作的客家，以及認知中的客家人？

　　本章目的在說明「客家」一詞，如何進到台灣社會，以及如何被使用。過去文獻中所出現的「客」、「粵」、「廣東人」名詞，又是如何的在台灣社會被使用和認知。

第一節　清領時期——本貫主義〔註2〕下的「客」

　　歷史上，從人種體質、基因檢驗結果，而對客家人產生可能是異族/漢人

〔註1〕歷史解釋是要將過去所發生的事情與現在進行對話，讀者也習慣使用當代慣常的語言，本文雖然試圖說明族群乃新興觀念，不可將目前所理解的涵意隨意套疊在過去看似雷同的名稱上，但為了解釋現今的族群關係，仍以台灣社會具有共識的四大族群概念來進行說明和書寫。當出現「客家」的符號稱謂時，即代表在討論過去可能成為現今客家的內容，但並非今日的客家族群概念。

〔註2〕本貫主義主要是依據籍貫而言，此說法是參考自施添福，2011a，〈從「客家」到客：一個族群稱謂的歷史性與地域性分析〉，中央研究院臺灣史研究所第三屆「族群、歷史與地域社會」學術研討會附錄，（2011.09.23～24）。在以下的內文中，會再做討論和說明。

血緣的爭論。語言學家透過語言分析，以客語保留中原古音的角度來肯定，客族必然具有漢人血緣。然而「客家人」是不是漢人，該怎麼歸類，曾經是論戰的主題。姑且不論漫長的五次大遷徙過程〔註3〕之中，如何保有血緣的純淨，語言如何不受到環境的影響等問題，在本文討論的「客家人」，是目前在台灣社會所共識的四大族群身分的一類，也就是早在清代便開始前來台灣拓墾的漢人移民身分。「客家人」身分，似乎原鄉落籍在哪，是不是客家地區，便會決定目前在台灣的這一批漢人，清代的祖先是否為客家人身分。既然祖籍本貫是影響後來台灣漢人是否具有客家身分的重要依據，那麼本節的討論就從原鄉籍貫對移民身分的標註，進行溯源，討論「客」一詞是如何在清代的台灣社會中被認識的。

一、「客」字的使用意涵

對於「客」這個字，歷來解釋眾說紛紜，有些認為血緣可上推至先秦，也有人主張從明清時期才開始，甚至還有學者提出外來之說，「客」並非傳統漢人。〔註4〕對此，歷史學者施添福（2013：5～8）展開細緻的討論，並分成兩種定義，為的是解決客家研究長期以來，因為對於稱謂含義的混淆，以至於產生許多無謂的學術爭論。以下說明：

（一）以戶籍制度的籍貫概念，也就是本貫主義來看，客家的客，指的是寄寓、暫居、離開本貫遷徙他地的異鄉人或外來人，甚至是不入戶籍而到處遷徙的流民。客相對的是居住於本貫的主戶、土著或本地人而言，於是在本貫主義下的客稱，如客戶、客民、客人、客籍等，必是通稱，而非專稱。

（二）以鄉音方言概念，也就是方言主義來看，客家的客，指的是使用客方言的人，必是專稱而非通稱。

（三）以歷史演變來看，客家從本貫主義向方言主義轉移，至今尚未完全取代。長期不同意義的混用和共存，造成客家指涉的實體，有認知上的落

〔註3〕 羅香林所論之五次遷徙，首先是受五胡亂華的影響，中原避難的漢族開始向南遷徙到豫鄂南部與潁淮汝漢諸水之間。其後遭黃巢之亂，便從河南、安徽遷徙到江西或閩南，或是從贛北或贛中遷徙到贛南、閩南或粵北。不久因元人入侵，宋室南渡，再度由贛南、閩南遷徙到粵東、粵北。明清之際滿清入關，自粵東、粵北遷徙到粵中，及四川東部、中部和廣西、台灣部份地區，或是自贛南、閩西而徙於贛西。最後一次則是在清同治年間，因人口激增，乃再向外發展，故自廣東中部與東部遷徙至廣東全境，或是到海南島。

〔註4〕 詳情可參閱羅香林、房學嘉、江運貴等人的著作。

差，爭論也就由此而生。

施添福（2013：8～38）認為，從唐代以降到清代，「客」稱謂都屬於本貫主義的用法。本貫主義之下的各種客稱，非種族、民系、方言群或族群的標籤，更不是羞辱性的賤稱，只是戶籍登記或保甲組織制度下的一種法定身分稱謂。是故，清代以前，歷來文獻上所出現有關「客」的稱謂，皆屬於本貫主義下的用法。如此來看過去文獻上所出現的客，指的是異鄉人或外來人，客稱必是通稱，而非專稱，並非專指本文所談的客家人。

因此，當台灣清領初期的文獻上提及，例如「潮人尤多，厥名曰客，多者千人，少亦數百，號曰客莊」（周鍾瑄 1962：136），和「廣東潮、惠人民，在台種地備工，謂之客子，所居莊曰客莊，人眾不下數十萬，皆無妻孥」（藍鼎元 1723：63）。一般而言，粵乃惠州、潮州、嘉應州者，才可能是今日所稱的客家地區，但是潮州府、惠州府等地，前言已提及，並非全區都是客家人所居住的地方。文獻上所出現的潮、惠之民，即指過去住在潮、惠地區的人，未必就是指客家人；而文中謂之客子，居曰客莊等稱呼，也只是當時相對晚到者的本貫主義稱法，不一定是專指客家人，更非討論在今日族群定義裡的客家人。

現在我們來看一則經常被拿來討論的例子：「土客風俗，宜究其異同也。台灣本無土著，生番即其土著。然自閩之漳泉、粵之惠潮嘉，自內地徙居，歷年已久，悉成土著。而台地所稱客庄者，乃是指粵人所居而言，是閩又以粵為客矣。」（盧德嘉 1993：13）文中清楚說明，由閩、粵移民而來的漢人，在台灣居住時間久了，自然也漸成土著。所以載文第一句的客，是泛指閩、粵，皆是相對於土著之意。而載文的後段，因為看到閩人稱粵人為客，後人藉由此文，常將清代文獻中的客解釋為客家人，粵人就是客人。但誠如先前的討論，既然前一句「客」，是相對於今日的原住民族的「土」，則客的意思該指當時移墾的漢人而言，不分閩、客，屬於本貫主義。而後一句的「客」，雖是指粵人，但這也是當時的閩人所相對應晚至台灣的粵人之稱，是故，後人解釋粵人即為客家人，是帶著今日閩、客關係所生成的概念，去解釋當時的閩人和粵人。但根據文意，在當時所稱的「客」，應為相對於土著而後來者之意，非單指特定群體。

文獻表明有「客」卻也同時出現「粵」，因此不能簡單地將客和粵等同今日的客家人。例如，「按台民皆客籍，各樹黨類，漳與泉仇，漳泉合又與粵仇。」

（蔣師轍 1997：127）文中可看出「客籍」泛指台民，指涉對象可以是漳泉粵，並非特指客家人。再看，「營勇均係客籍，去留無常，三年准假，已成通例。」（劉璈 1997：85）在這裡的「客籍」，所指的是暫時來台而未入籍者，也非今日客家人之意。如此，「各處客籍墾民往來不定，其有回莊者未計，合併稟明。」（臺灣銀行經濟研究室 1963：13）也就可以了解到，「客籍」一詞在文獻書寫的當時，只是普通名詞，並不代表專稱客家人，也就是這裡所談的本貫主義概念。此外，文獻中除了客籍，還同時會指陳「閩籍」、「粵籍」等，顯見「粵籍」這名詞，在當時才是屬於分類範疇的專有名詞。是故，對於客家族群，這在後來台灣社會所新興建構的觀念，並不能取代過去文獻之中的「客」，也不等同於「粵」。只能說明當時的社會背景下，「粵籍」才是該時空指涉某一群人的專有名詞。

二、閩、粵分立形成原因之探討

　　1683 年以後的清領時期，台灣漢人分類清晰的匯流入歷來的籍貫分類體系中，1912 年之前，大部分清朝國民的身分標籤，就是其戶籍所在地，作為納稅義務、參與科舉考試等權利的依據。（邱彥貴 2011：294）客家人居住的地區跨越閩、粵，而當時的身分認同，首重籍貫。於是，在本貫主義之下，是否居住客家地區並不顯得重要，重要的是可以參加科舉考試，以及繳稅的籍貫身分，因此閩、粵的差異逐漸被強調。而常人也習將閩、粵的分立，視為後來客家、閩南的先聲，有一脈相承之意。本小節分段在討論清代本貫主義之下，「客家」身分不需被彰顯，閩、粵分立被重視且形成之際，代表的意涵、內容需要被重新檢視，甚或予以拆解，以重建當時社會之面貌。

（一）科舉員額

　　重視科舉名額這項史實的最大意義，在於它揭示了「閩」與「粵」，讓兩籍分立的觀念源遠流長。以下內容說明在清代臺灣執政者的認知體系裡，臺灣的人群就是分成閩、粵兩者，沿用到後來，也成為全台普同的人群認知架構。

　　依據歷史學者林文龍（1999：5～10）的著作，關於科舉制度的「解額」，亦即舉人名額，在清廷統治臺灣之初，即曾詔令於閩省解額當中，將臺灣另編字號，保障一個名額。這一辦法初次實施不過十餘年，至康熙三十六年（1697）便被廢止，直到雍正七年（1729）才又恢復。但是短短的六年，舉

人名額便上增爲兩名，由於參加鄉試的生員人口持續增加，台灣粵籍童生也日漸增多，惟恐壓擠到閩籍的名額，是故科舉考試對於籍貫的強調尤其重要。雍正五年（1727）所批准的考試法：「現住台地，有田產、家室、入籍已定之人」，准其在台應試，並未限制粵民不得在台考試，只要有固定籍貫即可。巡台御史楊二酉認爲，在台閩人動輒以「隔省流寓」、「客民」爲由，攻訐、排擠在台粵人，以維護科舉名額，其實是很不恰當的舉動。爲避免粵人應考，使得閩籍生員錄取率降低，奏請朝廷讓台粵籍生員增加名額。（李文良 2011：231）

　　乾隆六年（1741）四月二十九日閩浙總督德沛的〈奏擬臺籍粵民考試辦法〉題本論道：

> 今既據臺、鳳、諸、彰四縣親加考驗，實在粵童堪以應試者共有七百一十二名，則人數已多，相應准其一體與試。應請於歲、科兩試，將粵童另編字號，四邑通較，照小縣之例，共取進八名，附入府學管轄……既與臺童之定額不至有虧，而粵童之有志上進者均得蒙作人雅化矣。所有取進粵生，自應准其一體鄉試。但臺籍生員鄉試，向係編列臺字號，取中二名。若將粵生一例編入，未免有占臺額。若議請加額，則粵童定籍伊始，應試無幾，又未便另編字號。應俟數科之後，數滿百人，再行題請，另編字號，取中一名。如此庶粵民上進有階，彼此各有定額，並無侵占，均屬相安，永無滋事。

　　由德沛之奏疏可知，乾隆六年（1740）時，臺灣、鳳山、諸羅、彰化四縣可堪應試之粵童已達七百一十二名，於是核定四縣縣學每科合共錄取八名入學爲生員，俟粵童滿百名後，便另編字號取舉額一名。這是朝廷首次正式明列粵籍參加鄉試，但是仍計入閩籍的名額之中。

　　康、雍年間兩次大規模的社會動亂，讓原本被稱「客」的粵籍移民，找到突破閩人防堵他們入籍的辦法，就是協助政府平亂〔註5〕取得「義民」身分。粵籍移民經過官方造冊和登記，完成入籍台灣的手續，也開始登記土地。從雍正五年（1727）到乾隆六年（1741）十五年間，台灣漢人社會內部因爲科舉應考資格紛爭，所導致的長期衝突、對立之情緒，使得閩、粵省籍之間的區別，因爲學額爭奪而漸趨明顯和固著化。（李文良 2011：235～236）

〔註5〕清代主導台灣粵籍政治、文化等試務的鳳山縣粵民，和他們在清初在朱一貴事件期間的表現有關。

不管語言的使用差異，「粵」籍的身分被刻意強調，主要在科舉考試上的靈活考量，既可選擇在廣東應試，也可留在台灣參加考試，所以依照籍貫的身分作表示，是當時人群的認知，也是區分入台權益的身分，例如科舉考試資格等，使得閩、粵的分立被強調，語言上的差異並不顯得重要。

（二）分類械鬥

台灣清代械鬥的主要形式，有閩粵、漳泉、同姓、異姓、職業團體械鬥等類型。（唐聖美 2002：86）後人常由文獻紀錄裡頭頻繁的閩、粵械鬥，當作解釋閩、客素來對立的證據。因社會遷移，龍蛇雜處的移民社會，常會因同宗、同祖籍地的緣故而形成團體或組織，進而聚集在一起共同居住。歷史學者陳春聲（2006：57）認為，「傳統所宣稱的一群人，例如蘇州人、開封人或泉州人，指的多是郡望、籍貫的代稱，並沒有形成什麼特殊團體的意思，更不是一種族群的分類」。是故，被稱做閩、粵，漳州人、泉州人、潮州人等稱呼，這些聚集而居的一群人，以及所居住的地方和村莊，只是意味著是由某一郡望、籍貫的人一同居住，並沒有什麼特殊社會集團意涵。

筆者認為當時嘉應州等地的人，僅會自稱粵人、嘉應人等，並不會被使用「客家」和其他籍貫來記錄械鬥，客家並不是代表籍貫的一種人群分類。從清代時期所發生的幾次民變證實，因為聚集在同一地域居住的人群，為了保護家園而自行組成團體抵抗，例如：六堆組織忠勇軍的成立，是因為要對抗朱一貴為首的騷亂，演變到後來被官方簡化分類成為是閩粵械鬥。官方所分類的閩粵械鬥，也只是以「閩」「粵」來描述不同祖籍之間的對抗，並無族群對立意味，顯示在當時，對於地域上的分野，僅有以祖籍地為代表的區分。

依據歷史學者林偉盛（1993：49～58）對清代分類械鬥所做的研究中，發現除了閩粵械鬥之外，還有為數尚多的漳、泉械鬥，但是並無閩客械鬥的紀錄。照理說，漳州、泉州同屬於閩籍，漳泉械鬥應當屬於同籍來源的省內械鬥，並非僅是閩粵差異而造成的互相對立。因此，台灣清代住民彼此發生衝突的原因，未必是因為省籍差異的緣故！另外，有械鬥被稱做漳泉粵械鬥，但何不被簡稱為閩粵械鬥即可，而要以漳泉粵的代稱來區分人群。如果漳州人中有客家身分，為了要和泉州人對抗，使用漳泉械鬥來強調分類（羅肇錦 2000：17～39）；由此說法，在漳泉粵械鬥裡又說不通，因為如果粵人是客人身分、漳人也是客人的身分，他們為何需要彼此對立械鬥？除非在當時，他們並不標榜所謂的「客」身分，只是以籍貫來看待，甚至出現今日身分為漳

州客聯合漳州福佬，一起攻打粵籍客屬的情形（黎淑惠 2003：239）。由此得知，原鄉的居住地，才是影響清代台灣人群歸類的分類法，並非如同今日閩、客的分類，而產生同仇敵愾的族群想像。有的只是籍貫、地域概念，沒有族群概念。

王甫昌（2011：185～187）將林偉盛整理的六十件械鬥案，和作家許達然整理的一百二十五件械鬥案等紀錄重新檢視，其中林偉盛整理的十七件漳泉械鬥、十九件閩粵械鬥；以及許達然整理的二十五件漳泉械鬥、三十六件閩粵械鬥資料裡，發現被分類的所謂閩粵械鬥，其實包括：1.漳與泉粵械鬥：例如乾隆 51 年（1786）的「林爽文案」；2.漳粵與泉互鬥：例如乾隆 55 年（1790）的「張標案」；3.泉粵械鬥：例如嘉慶 4 年（1797）葛瑪蘭爭奪墾地引起械鬥；4.泉粵番與漳鬥：例如嘉慶 11 年（1806）及嘉慶 14 年（1809）葛瑪蘭爭奪墾地引起械鬥等。

過去被認為同屬「閩籍」的漳泉，在面對語言風俗差異較大的「粵人」，卻不見得彼此衝突，有時還會相互結盟。反而同籍的漳泉內部，卻互是械鬥主角。若是輕易將這些簡化歸類為「閩粵」械鬥，而忽略了漳泉分類，只能同時相對反映出，當時的清代官員、日本統治者或者後世史家對於人群的分類觀點。

清代台灣漢人移民社會，對漳、泉或更仔細的祖籍縣份區分，仍是當時重要的社會分類界線，例如在過去教科書上所記載的：「漳州人多奉祀開漳聖王，泉州三邑人多奉祀觀音佛祖，同安縣人多奉祀保生大帝，安溪人多奉祀清水祖師爺，客家人則多奉祀三山國王」（陳其南 1987：114；李亦園 1985：47；王世慶 1972：12～13），不但影響著台灣漢人的民間信仰，還說明了對於祖籍分類層級的不相對等。1926 年（昭和元年）日本政府對台灣漢人舉辦了「台灣在籍漢民族鄉貫調查」，說明日治時期，統治者想了解漢人除了閩粵之外，還有更詳細的祖籍來源，調查結果大致依州屬區分，可是對於泉州府，卻還有進一步的安溪、同安、三邑等縣級之分；但對占了39.2%人口比例的漳州府卻無細分，顯見即使到了日治時期，統治者都還未對漳州府以下的縣級產生興趣。

福建的漳州府，雖都稱作閩人，可是有一部分地方是客家地區，成為後來台灣客家人的原鄉之一。對於上段提到漳州府下的縣級不作區分，得見台灣直到日治時期，統治者對於可能說客話的漳州人，還比不上說閩話的泉州

人，來得吸引目光，顯見不同的語言群體，一直都不是對人群的分類方法。泉州府以下的安溪、同安、三邑地方，之所以有清楚的人口統計，或許和1853年的頂下郊拼分類有關，也可由此顯示出，官方的這項調查有其政治上的目的。（王甫昌 2011：216～219）漳州府的移民，即使有可能語言不同，似乎並沒有發展出會令當權者特意關注的焦慮感，所以不特別對人口超過三分之一的漳州進行縣級以下的分類調查，卻對語言可能相同的泉州府進行縣級分類。

閩、粵分類械鬥，在過去雖然被當作證明閩、客族群存在緊張關係的歷史記憶，但是今日閩、客關係的生成，是戰後才有的概念，延續日治時期方言主義的分類，未必就是過去清代閩、粵分類械鬥的結果。畢竟在本貫主義的概念之下，「客家人」的跨省身分，並不是當時講求祖籍分類下，會被刻意凸顯的身分別，尤其以統治者對於漳、泉不同的縣級分類觀點，更為當時的「客家」身分未受重視，提出了說明。

（三）清代方志的「客家」書寫

臺灣首次修史熱潮出現在「康熙五十年」，其意義定位在一府三縣之地方行政的確立（吳密察 1997：9～12），也代表後人可由方志紀錄，了解清代的台灣社會相。康、雍時期，清朝對台灣的認識只有在西半部，尚未對台灣有全面性的認知和了解，只能依照官派文人所撰述的方志進行認識。過去方志文字中，一直未曾出現過「客」字，康熙五十年後，出現了縣級的方志，有關「客」的描述，也跟隨著出現。康熙二十三年開始實施渡海禁令，禁止惠、潮等地的粵民前往台灣，為何康熙五十年的方志開始出現「客」？

康熙時期所陳述的土／客之分，以及在縣級方志被強調的「客」，其實是廣東省潮州府山區的「山客」（李文良 2011：170）。參考歷史學者李文良先前的研究發現到，清代方志裡所書寫的客家相關記載，李認為只是一套「出自閩南文人〔註6〕前後相承的「客家書寫」，他們將對於鄰省廣東潮州府的負面觀感帶來台灣，因此這些方志的客家書寫都呈現了負面的形象〔註7〕。在方志裡，「客家」的「祖籍」被化約在廣東潮州府，這種客家祖籍的單純化對日後

〔註6〕陳汝咸、藍鼎元、陳夢林、蔡世遠、阮蔡文等漳浦政團，而後方志的繼述者如藍廷春與王瑛曾。

〔註7〕被稱為「客家」之人，所共同具有的五項文化特徵。第一，「好事輕生」、「健訟樂鬥」；第二，聚眾而居，村落的規模往往高達數百人甚至千人，被特稱為「客莊」；第三，出賣勞力維生，即「傭工」、「佃丁」；第四，「無家無室」；第五，祖籍為廣東潮州府，特別是大埔、程鄉、鎮平等山區的縣分。

臺灣漢人的祖籍觀念帶來深遠的影響。」（李文良 2003：163）也因為方志對「客」的紀錄，延伸「客家」一詞便被等同於「粵」（廣東人），而「閩」也同時成為講閩南話之人的代稱。

李文良的文章，從清初的方志來看後來閩、粵分立的生成，同時也在文中載明，台灣於康熙五十年代的時候，這群被稱為「客」的「客家」，並不是指稱在語言甚至文化上具有同質性的客家人（李文良 2003：148）。觀看清初的文獻，「客家」之所以並不能直接等同於「講客家話的漢族民系」或是客家人的理由，是因為清初文獻的「客家」祖籍幾乎等同於「廣東潮州府（含雍正十一年後獨立的嘉應州）」，並非我們今日所理解的客家分布範圍。

台灣使用較多的客語，是嘉應州的四縣客語，況且，現在被認為「講客話的漢族民系」，至少還包括福建省汀州府的客家人。明明清初渡臺禁令曾規定「粵籍」人民不得來臺，但這些被政府明文禁止來臺的廣東潮州府客家，其在臺人數卻遠遠高於同樣屬於「純客住縣」、未被禁止來臺的福建汀州府客家人。所以李文良的解釋是：清初的「客家」相關記載是出自福建省漳泉人之手，是閩南人不想把同省的汀州人歸入負面形象的「客家」之列，或是把臺灣的汀州人直接視為潮州客家了。

上文分別提到李文良 2003 年的單篇研究論文，和 2011 年出版的專書，發現李在研究過程中將「客」字的本貫主義概念和方言主義概念混淆。李文良提出文獻中的「客」，只是潮州的山客，也同意討論的是一群在文化和語言上並無同質性的「客家」。基於本貫主義，如果從潮州祖籍概念，經由方志書寫後，化約成為後來的「粵」概念，此點為李所提出的貢獻。但是李舉出方志撰寫者為閩南文人，是說閩南話的一群人，代表已進入方言主義概念在討論。接著提到這些文人對於「客」會造成社會動盪的隱憂，於是將過去對潮州人負面的觀點訴諸在方志當中，但不想因此讓同為閩籍的汀州人，也成為負面的印象。漳泉人為什麼擔心汀州人會影響外人對閩南人的觀感？汀州在閩西，並非閩南，除非李已經把福建省都列入今日說閩南話人的「閩」概念中，而帶到清初只有本貫主義概念的時空裡解釋。再說，基於本貫主義的理解，對於「客」的解釋，本來就是一群沒有戶籍的流民。流民本身的行徑往往容易發生偷盜行為，清初文獻裡關於偷牛、竊盜行徑的客子之意，未必即是今日在族群範疇裡所討論的客家人。

從清代方志對於「客家」的負面書寫，去討論「閩」、「粵」概念的形成，

透過閩南文人，對潮州山客的描寫，最後成爲閩、粵的區隔。雖然單純的潮州山客，並不能夠代表後來形成的客家，閩南文人的想像也絕非後來的閩/閩南概念，但是從方志的記載，卻左右後來的客家形象，如能進一步回歸到閩、粵相對應的籍貫分類法，回應本貫主義下的分類，可能才是更貼近清代當時的漢人社會圖像。

第二節　日治時期——方言主義下的「客」

　　在方言主義下討論的「客」，是專指說客方言的群體，和過去本貫主義下，不專指特定群體的意義不同。施添福認爲方言主義的客家概念萌芽於嘉慶二十年（1815），直到十九世紀末和二十世紀初，客家從本貫主義向方言主義轉移，至今尚未取代完成。以方言主義來看，也就是鄉音方言概念，客家的客，指的是使用客方言的人，這是專稱而非通稱。（施添福 2013：5～8）

　　清代文獻裡所記錄的「客」，多爲本貫主義下的概念，所以當時區分人群的，以閩、粵稱謂爲主。1895 年後，台灣由日本政府所統治，對於人群的分類，則是延續清政府的閩、粵分籍概念。但是對於日久他鄉成故鄉的清移民而言，隨著分類械鬥的終止，以及科舉考試的廢除，已逐漸淡忘祖籍地名，因此有許多時候的分籍，是以語言來做區分。1905 年的日人臨時戶口調查結果，確定漢人「祖籍省分」與「使用語言」之間的交錯關係（王甫昌 2011：229），後文會再作討論。

　　在此先舉一段文獻，這是施添福（1998：2）對「何謂客家」所提出的質疑：

> 查台灣鳳山縣屬之南路淡水，歷有漳、泉、汀、潮四府之人，墾田
> 居住。潮屬之潮陽、海陽、揭陽、饒平數縣與漳、泉之人語言聲氣
> 相通，而潮屬之鎮平、平遠、程鄉三縣則又有汀州之人自爲守望，
> 不與漳、泉之人同夥相雜。（王瑛曾 1962：343）

　　根據上文，今日北部有許多傳統認知的客家庄，在清治時期可能會被六堆人認爲是不諳客語的，因爲他們彼此在過去，並不認爲是聲氣相通之人。在引述的文獻當中，雖分別有閩、粵兩類人群，其中卻有更細緻的分類，使用的語言不同，無法成爲一種類屬。當時南部六堆的潮屬鎮平、平遠、程鄉三縣人和汀州人是爲語言同類屬的人；而漳、泉等祖籍地的人則認爲來自於潮陽、海陽、揭陽和饒平的移民，與他們才是語言同類屬的人。也就是說，

早期南部的客家人認爲現在部分北部的客家人，例如饒平客所使用的客話等，和他們不是屬於同類屬的人群。今日被稱作客家地區的饒平、揭陽等地，爲何在當時不被鎮平、平遠等地的客家人認爲是同夥呢？答案可能在於使用的語言不同。

　　台灣漢人移民多以原鄉祖籍地的本貫主義概念爲身分區別，但是也有以語言是否相通來決定是否爲同類屬人群的例子，例如本段所討論的情形，也就是方言主義的概念。以是否聲氣相通、是否互爲守望的想法認定彼此，過去鎮平、平遠、程鄉三縣人和汀州人被認爲是同群體的人，成爲今日所說的客家人；而潮陽、海陽、揭陽和饒平人在當時卻不被視爲同夥相雜，這與今日判別說海陸和饒平客話者，即爲客家人的情形完全相異。日治時期的分類方法，已漸由本貫主義，轉向方言主義，廣東人的概念，其實便是指這群多數說客語的人群。

一、日治時期的戶籍分類──福、廣的出現

　　依據《新竹州郡街庄志彙編》中的《大園庄志》：「庄內移民多是閩人，以泉州、漳州爲主，彼此間的相互對峙、鬥爭始於乾隆四十九年，後粵人進入，於乾隆五十二年發生大規模械鬥。日治時期，閩粵兩種族觀念已經相當淡薄，和平相處。」（大園庄役場 1985：20）過去清代集體械鬥的情形，在日治時期已逐漸不復可見。「日治時期，政府以鐵公路的建設把全島貫穿起來，利用殖民的行政警察系統，讓台灣開始有了國家的形式」（林美容 1990：93～106）。進入國民社會之後，全台島民都收歸被統治階級底下，祖籍地觀念不再被突顯。爲了有效控制台灣人民，建立了戶口制度，將漢人（本島人）分爲廣東人和福建人，漢人的人群分類，由原本的祖籍地域概念，被強化至福或廣兩類人。

　　在日本政府的想法裡，祖籍在廣東的即是廣東人，客語被稱作廣東話，說客語的人也就成爲了廣東人。但依據史學家陳漢光（1972）〈日據時期台灣漢族祖籍調查說明〉，福建西邊說客語的汀州人，在這被歸爲是福建人；而有部分說福佬語的潮州人，被歸爲是廣東人。日本當權者運用國家的力量，強行將本島人分爲兩大類，不管使用的語言或者是認同，所有的漢人按照日本的分類進行籍貫調整。分類成福、廣兩大籍貫，讓原本說廣府、潮汕和客語的人群，通通變成了廣東人，也就是說，曾在前文中所提到，鎮平、平遠、

程鄉三縣人和汀州人是為語言同類屬的人；而漳、泉等祖籍地的人和來自於潮陽、海陽、揭陽和饒平的移民，是語言同類屬的人。到了日治時期，因為「福」、「廣」的二分法，讓鎮平等三縣人要和揭陽、饒平等地的人共同被寫上「廣」的籍貫，但是汀洲和漳泉等地的人卻要在籍貫上被反映出為「福」，這讓後來查閱日本時期戶籍資料的研究者，會將原本在當時不被認為是相類屬的人群，透過日本的分類，理解成是有共同籍貫的分類，也就是祖籍、語言間產生的交錯關係。

另外，歷史學者陳麗華（2011：15～18）按日治時期籍貫別統計發現，廣東省移民數均高於按種族別統計的「廣東種族」人口數。換句話說，移民自廣東省的人與被定義為廣東種族的人，並不完全是同一批人。之所以出現這種不對應的情況，與部分來自廣東省潮州府、惠州府的移民在選擇種族身分時，棄「廣東人」就「福建人」有關。陳文特別舉南部潮州庄的陳氏家族，祖籍來自廣東省潮州府普寧縣，族人陳朝海在戰後編修的族譜中提到：

> 馬關條約簽訂，臺灣橫遭痛割，由是日寇君臨於斯土，立採隔離奴役政策，在驅使鞭役如皂隸與夫矇蔽錮塞的交替運用原則下，凡恆操閩南語者，統稱為「福建人」，而長用（按：原文如此，當為常用）客家語者，概稱為「廣東人」，初不問「福建」「廣東」兩省的語言究有何差別，於是處此皂白不分、涇渭不明的顢頇「倭奴政策」下，我等常用閩南語而籍隸於粵東者，竟搖身一變而不自覺地承認為「福建人」，事之可扼腕兼喟嘆的，孰有甚於這個嘛？是以每一思及，長為之髮指！

南部有不少來自廣東省潮州府的移民自認為「福建種族」，這與屏東平原地區長久以來不同語言群體的分類有很大的關係，更是方言主義概念的展現。地方人士已經基於語言習慣、居住地域及歷史因素等，靈活地做了選擇，有別於清代的祖籍區分。不管過去在清代的移民身分為何，日治時期登記的戶籍分類，可讓移民使用語言分類來選擇身分，不單能使用祖籍身分分類，以福建人和廣東人的身分留在戶籍資料當中，也能隨之成為後來的戰後身分認同的參考，同時更轉換為後來族群身分的概念。

二、「客家」人不等於廣東人

1915 年，桃園地區的警察官志波吉太郎，為進行人口調查，編寫了《廣

東語會話篇》，指出其書中記錄的是「四縣語」〔註8〕。1919年，時任臺灣總督府國語學校教師的苗栗人劉克明，為有興趣學習客語的人編撰《廣東語集成》，在他的分類中，於「四縣」話之外新增了「其他」類別的說明：臺灣的廣東語可以分為四縣（興寧、長樂、鎮平、平遠）、海陸、堯平、永定、風順、河婆等種類。其中四縣話佔大部分，海陸與堯平話次之，其他則數量極少。〔註9〕1932年，臺灣總督府出版了《廣東語辭典》；1933年，臺北第二師範學校的教師菅向榮及新竹州警察河野登喜壽（1928年警察官練習所廣東語特科畢業）也分別出版了有關廣東語的書籍（陳麗華 2011：20～21）。顯示當時稱客語的方式，即是說廣東語，而說廣東語的人即是廣東人。

　　1899年由兩位日本人及臺南閩籍舉人蔡國琳（1843～1909）等人編修的《臺南縣志》記載：粵族又稱為客家族，其莊稱為粵莊或客莊，移民自南中國廣東，是鳳山原野上的一大種族，具有特殊的風俗習慣。這些是日本初期，將清帝國下人群的籍貫分類觀念與種族觀念融合的最佳例證。在蔡國琳等人的觀念中，「粵人」、「粵莊」都是以原籍指稱的人群，「客莊」是相對於作為本地人的「閩莊」而言，並不帶有種族含義。但是帶有種族觀念的日人，則將粵人等同於「粵族」，客人等同於「客家族」，從而將二種不同的觀念混同起來。

　　擔任《臺灣日日新報》記者的新竹人魏清德，赴香港遊覽時便發現「地皆廣東語，與臺灣之廣東人全異，故余弗能通」（潤庵生 1911）。香港的廣東話乃是廣府話，而臺灣的廣東話是客家話，雖說同樣是廣東話，但彼此不能相通。1937年中日戰爭爆發，臺灣總督府徵召臺灣人隨軍至各戰場，以為被稱做廣東人的客家人，既懂日語、又懂得「廣東話」，可以在戰場上作為通譯，但真正上戰場執行後才發覺到問題。如一位六堆地方人士回憶〔註10〕：

> 中日戰爭一開打時，許多客家子弟被誤以為會說廣東話，於是紛紛被徵調前往大陸廣州一帶擔任「通譯」。但因為語言不通，只得用漢字交換訊息，過了半年，才又全員被徵調回來。

　　此時的日本人和地方人士，終於也才意識到在臺灣地區的所謂廣東話，

〔註8〕參考自〔日〕志波吉太郎，1915，《廣東語會話篇》。臺北：臺灣日日新聞社。
〔註9〕劉克明，1919，《廣東語集成》。臺北：新高堂發行。
〔註10〕參考自黃麗霞等編輯，1999，《戀戀庄情事——萬巒人的老照片》。屏東：藍色東港溪保育協會。

和廣東省內大多數人講的「廣東話」（廣府話）並不相同。客家人的原鄉雖然很多是來自於廣東，說是廣東人也不爲過，但是客家話不等於是廣東話，如果直接統稱爲廣東人，自然便會犯了如同日治時期統治者類似的誤會，而將廣東人的概念放在客家人的身分上。

日治時期的廣東人概念，雖然是日本政府因爲不理解台灣「粵人」組成的複雜性，以爲這群說近官話語言的粵人，就一定是廣東人，也忽略客語不等於廣東語的情形。不過也因爲在日治時期有了戶籍認定的變化，使得原本在清代只依籍貫分閩、粵的台灣漢人，從此多了一些彈性選擇。可繼續依照祖籍地來劃分廣東人和福建人，可是也能運用方言主義，將說同樣語言的人視爲同種戶籍的人。再加上1930年代廣東客家意識發揚，影響同爲漢人移民的台灣客族，最晚至二次戰後，台灣已開始使用客家人的說法，將日治時期廣東人的概念，與帶有民族主義意識的客家概念匯合。

三、羅香林的客家論述

長期以來，台灣或中國的客家研究者，因爲受到人類學家羅香林的「客家溯源論」或「客家學」的影響，大都直接將史料中的「客民」等同於「講客話的漢族民族」或客家人，視其記載爲記錄客家遷徙的「事實」進行解讀，不自覺將文獻中的「客民」書寫抽離文獻原本該有的脈絡和意義（李文良2011：138）。而羅香林著書出版的時間，正值台灣的日治時期，其促成著書的時空背景，未必恰是台灣社會人群的寫照，卻成爲日後所有客家人所遵循的源流史。

羅香林（1992：1）在《客家研究導論》的第一頁說明：南部中國富有新興氣象，特殊精神，極其活躍有爲的民系，一般人稱他爲「客家」（Hakkas），他們自己也稱爲「客家」。從這本書開始，「客家」一詞成爲自稱，「客家研究」成爲一種新興的學問，甚至有人主張以「客家學」名之。

嘉慶十三年，和平人徐旭曾（1751～1819）在惠州豐湖書院，以東莞、博羅土客械鬥事件，乃召集門人，告以客人來源，及其語言習俗所以不與粵內其他漢人相同的緣故，其著〈豐湖雜記〉，是最先提述客家源流問題的作品。但是徐文通篇一千多字，始終都用「客人」名稱述寫，而沒使用「客家」一詞，羅香林的論著便直接將此文視爲「客家」論述的開始。

1850年，客民系的洪秀全、楊秀清，建立太平天國之後，廣東西路的客

系和本地的廣府系，發生劇烈鬥案，交相凌辱，多年不解。兩廣總督葉名琛令鶴山知縣沈造舟，統率客勇，搜剿餘匪，這些多屬本地系人的匪首、附匪，乃散布謠言，謂客挾官鏟土，遂「仇客分聲」，殺掠客民，客民起而報復，形成械鬥局勢。初起於鶴山，繼及開平、恩平、高明、高要、陽春、新會，終於新寧，相鬥以新寧最烈。同治六年，廣東巡撫蔣益灃，議令土客聯合，將所有田畝，畫分疆界，彼此互易，一場鬥案，始告結束。（羅香林 1922：2～4）

如此看來，過去被稱作「客人」之人，多是因為和土民械鬥之故，遂被強調「客」名，是種他稱。為了自保，選擇與官府合作，對抗匪民，這和台灣的清代客移民，有相類似的境遇。從過去到著書完成的期間，羅香林將客家問題分成四個時期（羅香林 1922：3～10），並建立一套溯源的方法，成為日後研究者的參考模式。以下的整理，是對四個能進一步促成客家形成的時期介紹：

（一）第一時期：1850～1904

此一時期是各種相關客家問題的萌生期：例如梅州人溫仲和修《嘉應州志》，闢〈方言〉一編，敘錄客家方言和其流變；光緒 26 年（1900），梅人鍾用龢，以誣客作犵的《四會縣志》，做〈土客源流考〉一文，寄登香港報紙；黃遵憲作序、張昱南為刻的〈梅水詩傳〉，略論客家及客語的源流；龍門劉士驥，稟辦汕頭同文學堂風潮案內，夾帶客家、福佬所由糾紛的問題。對於討論客家歷史語言或記述其他事件而曾論及客家問題者，前後已有三十餘人。

（二）第二時期：1905～1919

光緒三十一年（1905），順德人黃節，於上海國學保存會出版所著《廣東鄉土歷史》，其第二課誤據上海徐家匯教堂所編中國地輿志，謂「廣東種族約客家福老二族，非粵種，亦非漢種」。客族人士大為不滿，聯絡南、韶、連、惠、潮、嘉各屬客人，設客家源流研究會，嘉應勸學所發起客族源流調查會。主持其事的有丘逢甲、黃遵憲、鍾用龢等人。汕頭《嶺東日報》主筆溫廷敬，根據客家史實，與黃氏鄉土史駁詰，客族非漢種駁辯，及與國學保存會論種族問題書等文，可見光緒三十二年間《嶺東日報》。嘉應人楊恭桓做《客話本子》一書；興寧人胡曦，做〈廣東民族考〉一篇；大埔鄒海濱與張煊合著〈漢族福客考〉，丘逢甲作序。種種的源流、考證，還有客話本子等，都是為了駁

辯客人非漢族的說法，以證明客族的中原血統。

（三）第三時期：1920～1930

上海商務印書館初版西人烏耳葛德（R.D. Wolcott）編的英文《世界地理》，於廣東條下，謂「其山地多野蠻部落，退化的人民，如客家族等等便是」客家大同會和留滬的客家人士，發行刊物；汕頭遂有專以宣揚客家文化為目標的《大同日報》出現，最後商務印書館聲明錯誤，立予更正，方才罷休。表示客族得知西人在英文文獻中，提到客家族為退化、野蠻等負面形象，是第三時期透過圖書印行後，才有的經驗。

（四）第四時期：1930～迄今

1930年7月，在廣東的《建設周報》第37期，發表一篇關於客家風俗的短文：「吾粵客人，……分大種小種二類，大種語言啁啾，不甚開化；小種則語言文化，取法本地人」一時客家人士，服務於廣州學政軍各界者，接讀大譁。客家人士，至是益憤，召開全體大會，推舉代表，與建設廳當局進行交涉。幾經調處，始以降調《周報》編者，並切實更正，鄭重道歉。客家名稱因為一次次的負面報導，而作出的自我澄清，漸轉變成為一種對自我的稱謂。

依照羅香林所分類的四個分期，每一時期都有個重要的事件發生：例如1900年，「客」被《四會縣志》當作犵，指稱非漢族人，引鍾用龢作〈土客源流考〉，說明客家的來源。1905年，黃節所著的《廣東鄉土歷史》，提及「廣東種族約客家福老二族，非粵種，亦非漢種」，引發客家人的不滿，成立客家源流研究會。再來就是1920年代，烏耳葛德（R.D. Wolcott）編的英文《世界地理》，於廣東條下，說明「其山地多野蠻部落，退化的人民，如客家族等等便是」，要求道歉更正。最後，是在1930年《建設周報》上所發表的短文，說到客人的語言不純正，甚至是取法廣東本地人的語言文化，再度引發軒然大波，最後仍是登報道歉了事。廣東客家人，對於他人指稱客族非漢族一事，會以源流指正，載明血源出處，甚至要求道歉等方式，顯現強悍的一面。不過同樣也在其中被質疑非漢族的福佬人，似乎就沒如此大張旗鼓的要求正名。

因為一次次的轟動事件，客家人的血源、語言文化被質疑，致使激發客家意識，「客家」名稱也由他稱，轉為自稱，並成立考究源流的組織團體。羅香林的貢獻在於讓1930年代的廣東發展客家論述，也讓在日治時期的台灣少

數知識菁英受到洗禮，最後在二次大戰之後，將發展的客家論述移植台灣，後來影響台灣客家研究非常深遠，陳運棟的著書《客家人》也受到相當程度的啓發。〔註11〕

第三節　戰後時期——「客家」名稱在台灣的現身

　　「客家」名稱進入方言主義之下的概念，時人多以說話的語言，去判定我群和他群的區別，但是多種的客家方言群體，讓全台灣所有的「客家」還未對此名詞有一體的認知。早在台灣開港後，陸續便有傳教士進入台灣，且對台灣人群留下記錄，但是「客家」一詞遲遲未被住民所知曉，甚至變成自稱。日治時期的台灣留學生，受到中國留學生影響，成爲戰後散播客家意識的種子，讓中國與台灣的「客家」意涵於戰後時期匯流。

一、「客家」名稱的出現

　　本章對於「客」字的解釋，採用施添福對於歷來文獻的整理，分爲本貫主義和方言主義。其實「客家」二字並不曾眞正在清以前的文獻中出現，多是客子、客籍、客民等稱謂。不過可在《長寧縣志》上找到：「自福建來者客家音，自江西來這者爲水原因」。雖然「汀人稱之爲客」，但汀人自認是土著，而非客民或客家人（施添福 2013：22～24）。這說明了「客」，一向都是他稱，不是自稱，且多數時候的「客」，只是相對於土著之意，並非專稱。到了十九世紀起，客稱才帶有雙重概念，一是本貫主義的客，一指方言主義的客，認同廣東、嘉應、大埔、豐順等籍貫（施添福 2011：9）。也就是說，開始以「客」字來對地域產生認同，尚未發展可連結其他地方的「族群想像」概念。

　　陳麗華（2011：6～10）的研究中指出，Hakka 一詞，是與說廣府話人群密切接觸的西方人，發現廣府人對於另一群說不同話的人所稱，而這個稱呼以英文記錄發音，成爲「客家」，作爲客語群體的族稱。十九世紀中葉以後，不論是傳教士或客家知識精英，無不認爲是廣府或廣州人給的稱呼，「客家」

〔註11〕陳運棟曾說：「如以《客家人》說我師承羅香林，並沒有錯！」陳運棟說，他早期根據羅香林「北源派」論述，是傾向客家人是由北往南遷徙的族群；但他在《台灣的客家人》已質疑羅香林以血緣論述客家源流。關於陳運棟學術轉向的討論可參考黃靖嵐，2008，〈東部客家？花蓮玉里兩個客家社區的族群關係與認同之研究〉。桃園：國立中央大學客家社會文化所碩士論文。

一詞是貶義的他稱。（施添福 2014：48）是故如黃遵憲（1860～1902）等客家精英，在撰寫涉及客家相關詩文時，並不使用「客家」二字，大多時候，使用的是「客人」這名稱，有時使用「客民」名稱，來作爲此方言群的稱謂。（施添福 2014：49）

　　在外國文獻裡的客家人紀錄，似乎都提及這群人的語言接近官話，雖是粵人，卻說的不是廣府話，而且這群人是純種的漢族。西方人依照廣府人對說客話人群的稱謂發音，將他們稱做是「Hakka」，「客家」一詞在一開始只作爲他稱，並非爲自稱的稱謂。而這些開始記錄客家的西方人，其實一開始也並沒有統稱客家爲 Hakka，而是個別依據廣府人或福佬人等所發的音，將這群說特殊客話的人群記錄下來，從「Keajin」、「Kheh」、「Khih-kia」到「Hakka」，西方人以拼音個別給予說客話的人群命名。

　　1831 年普魯士傳教士郭士立（Karl Friedrich August Gützlaff, 1803～1851）從福佬人口中認識另一方言群「Kih」或「Ka」存在，一群被稱爲客家的人。1838 年在他出版的專書，《開放的中國》（China Opened），稱客家爲「Keajin people」。美國牧師羅啻（E. Doty）和博曼（W. J. Pohlman）的婆羅洲遊記，記錄遇到的三個方言群，即客家（Kheh）、福佬（Hok-lo）和福建（Fuhkeen）。（施添福 2014：50～52）多種記音的拼寫方式，顯示 1840 年以前，Hakka 一詞尚未出現，只單純爲傳教士爲紀錄人群的一種方法。1845 年，英國在香港的殖民地官員薩慕爾費倫（Samuel Fearon），提到香港早期住民中有大量的客家人（Hakkas，他更將他們類比於吉普賽人），其語言、習俗、個性的不同，使其成爲一個特殊的人種（race）〔註12〕，這是文獻上最早使用 Hakka 一詞者。（施添福 2014：53～56）1867～1869 年傳教士歐德理（Ernst J. Eitel, 1838～1908）開始撰述客家研究，稱呼客家爲 Hakka，並且定義 Hakka 即爲漢字的客家（施添福 2014：61～63）。

　　到了二十世紀初期，「Hakka」意同「客家」爲他稱，成爲大部分傳教士、中西方學者的認知。可是並不普遍爲華南知識份子所知，否則就應該不會引發十九世紀末一直到 1930 年代一系列的「說客風潮」〔註13〕。而台灣則要更

〔註12〕　資料參考來自陳麗華所蒐集的 Colonial Office Records（香港中文大學圖書館藏微縮膠卷），series 129～12, 24 June, 1845.

〔註13〕　也就是前文「羅香林的客家論述」中，被討論之轟動客家的四個時期，所發生一系列的關於客族名稱、血源的抗議事件。

遲至戰後，隨著國民政府來台，才將「客家」的名稱在台灣普遍化。

二、外國記錄下的台灣客家

　　參考日人飯島典子（2008：29～37）的〈19 世紀傳教士眼中的「客家人」〉一文，提到有關郭世立（Karl F.A. Gutzlaff）與東南亞華人社會接觸的研究，紀錄在東南亞地區的廣東移民中，有一類稱爲「Kea-jin」（客人），他們講的方言接近官話，定居在臺灣島的內陸以及南洋部分地區。

　　1860 年臺灣開港，前來的西方官員、商人、學者及傳教士等，將 Hakkas 一詞移植到臺灣，用來指稱同樣講客家話的人。1864 年，任駐臺領事的郇和（Robert Swinhoe, 1836～1877；或音譯爲史溫侯），到恆春海岸一帶調查英國船隻遇難事故時，便曾這樣描述：「從山谷返回平原時，我經過一個村莊，在瑯嶠略南、略西的地方。那裡有客家人（Hakkas）居住，是從廣東省北部移居來的。」使用廣東及香港、海峽殖民地等地西人中漸漸流傳的 Hakka 一詞，描述臺灣的客家話群體。

　　西方人對於臺灣「客家」的紀錄，多半基於經驗主義的隻言片語。1863 年以海關官員身分來臺，其後從商的英國人必麒麟（William A. Pickering, 1840～1907），曾多次在島內遊歷，並在 1867 年協助美國駐廈門領事李仙得（Charles W. Le Gendre）處理美船羅發號事件，在此前後，兩人留下了不少有關臺灣南端「客家人」的紀錄。他在 1898 年出版的書中，便注意到臺灣社會的用詞實際上和廣東等地並不一致：「西部沿岸和從北到南的整個的沖積平原，都由來自中國福建省的移民們居住著，他們說的是歐洲人所謂廈門話的一些變體。除掉廣東北部的潮州人之外，中國其他各省的人完全聽不懂這種話，而這些移民叫作 Hok-los〔福佬〕。另外在較低山脈之間的鄉村、在南角，以及在野人地區之邊界的各處地方，我們發現另外一個完全不同的民族（distinct race）叫做「客家人」（Hak-kas），或如 Hok-los 所稱呼他們爲「客人」（Kheh-lang）」。在他們記錄下的「客人」，是一個很奇特的民族，所說的是中國官話的一種（陳麗華 2011：7～9）。必麒麟能清楚地指出廣東的潮州人與福建的福佬人語言接近，而客家話則完全不同。他也意識到在臺灣社會並不是把他們稱做「客家人」，而是「客人」，其所使用的英文拼寫，正是根據 Hok-los 對他稱呼的發音拼寫下來。顯示當時台灣內部還未出現「客家」的稱謂，也不知到外國人已用 Hak-kas，在文獻上記錄這群持特殊語言的人。

　　日本統治臺灣初期，基於認識臺灣的需要，官方鼓勵並贊助各種紀錄、研究、調查與出版，西方人士有關「客家」的觀念因而進入日本初期的日文出版品。如東京帝國大學地質學科畢業的小川琢治（1870～1941）於 1896 年編輯出版的《臺灣諸島志》一書，便是一例：支那移住民中稱爲客家 Hakkas（原註：另外類似客仔而作哈喀）的種族，他們的容貌風俗雖然看起來和其他支那人並沒有什麼不同，卻被支那人看作另外一個種族（小川琢治 1896：167～168）。

　　其實早在 1865 年便開始有西文資料紀錄客家，但是廣東客家的知識分子，要到二十世紀才開始因爲客族的被汙名化，而展開一連串的正名運動，甚至要到 1930 年代才有所謂的客家覺醒，以羅香林的著書做爲時代里程碑。但是台灣的漢人移民，早在清代，甚至更早以前便開始在台灣居住，中國廣東知識界的事不見得有機會知曉，更何況西文文獻？即使外國人如郭士立等，已在十九世紀紀錄過台灣的「客家」，但被記錄者卻未必清楚，因爲那不是在台灣使用客話者的生活經驗。所以，是不是同鄉、是否使用相同鄉音方言，還是當時主要可以用來區分人群的基本方法。

三、「客家」名稱意義在台的匯流

　　1920 年代的日本，正值大正民主時期，處於政治控制較爲寬鬆的社會環境，讓不少留學日本的臺灣青年，在日本受到民族主義的啓蒙，開始從鄉貫和方言意識轉化成我群的自覺意識。當時丘逢甲之子丘念台（時名丘琮，1894～1967）1913 年赴日留學，與臺籍人士在東京帝國大學籌組「東寧學會」。「因爲丘念台不懂閩南語，所以第一步展開聯絡的對象，即爲客家籍的臺灣青年，其次才是閩南籍的臺灣青年」（陳麗華 2011：24～28）。這些最初在東京受到民族主義刺激的客家菁英，不少人在 1920～1930 年代赴中國大陸工作，從而直接捲入了客家意識與民族主義同步發展的潮流。丘念台回中國之後，因爲兼任廣東省立工業專門學校校長，在校內設華僑補習班，專門招收臺籍學生。擔任教師者，也有原屬東寧學會的臺籍客家人。

　　1920 年代之後，殖民地臺灣強調民族融合、經濟發展及中等以下教育普及，使得跨出鄉村、走入城市的客語菁英越來越多。他們積極組織同鄉會，聯結鄉誼。如 1930 年代六堆客家語群體在臺北組織旅北同鄉會，其會長是留日期間曾參與東寧學會的李添春，總幹事則是戰後推動客家意識極爲重要的

人物徐傍興。戰前的社會環境下，客語菁英還不會以「客家」之稱表達自我認同，但他們在戰後卻往往成爲傳播客家自覺意識的主力。著名客家研究學者、廣東興寧人羅香林的客家論說，即是在這一時期流入臺灣社會的，自此，台灣社會才開始出現「客家」一詞，成爲被使用的詞彙。

第四節　本章小結

　　從清代以來的閩粵械鬥記憶，經過長時間不斷的爭鬥和敗逃，最後先民移居形成現今我們所能看到的桃竹苗、六堆等客庄。台灣其實處處客蹤，由各地留下的三山國王廟來看，清代有許多的客籍移民，只是現今找不到在哪，有許多的客家人已被福佬化，變成了福佬客。本文主在澄清清代以來的閩客族群關係並非一蹴可幾，從清代文獻中所提的閩、粵，以及各分類械鬥，所見的只是依原鄉籍貫而做的不同人群描述，並無出現類似今日族群概念，含有族群對立的緊張關係。

　　客家一詞的出現，其實不在台灣生成，更非自清代就帶來台灣的概念，是經過西方傳教士和多方因素的交織之後，方才在台灣使用。客家一詞不是過去台灣粵人的自稱，但在二次大戰之後，正式變成某部分台灣漢人的身分稱謂。是故，運用戰後才開始在台灣普遍使用的「客家」一詞去解讀清代文獻，或者只以文字上所出現的粵或客來說明客家，無法正確理解清代時空背景下的移民眞實情況。

　　台灣的日治時期，戶籍登記分爲福建人和廣東人，雖說日人注意到島內的漢人說著並不相同的語言，卻也無法眞實區分，也才會發生以爲台灣的廣東人可前往中國廣東進行翻譯的錯誤決定。日本時期因爲戶籍登記之故，這是第一次將漢人移民身分正式定著化之始，不管先前是居住在廣東的福佬人、還是住在福建的客家人，彼此可依祖籍、語言來決定身分，而產生日本時期的戶籍身分，即是福、廣。戰後國民政府來台，繼續沿用日本時期的戶籍身分，使得方言主義下的客意涵，也隨之產生了定著。

　　本章節討論「客家」名稱，是戰後才開始在台灣普遍使用，而台灣對於「客」名稱也經歷富雜的演變過程，所包含、代表的意義也不盡相同，是一段漫長的社會建構歷程，轉變而成今日的客家使用名稱和概念。

第三章 以「客家」作爲文學題材的 發展歷程

　　「客家文學」的出現，首要理解「客家」一詞之所以在台灣出現的意義，以及在台灣社會所歷經的概念演變。「客家」名稱雖是在戰後開始在台灣社會被普遍使用，但是在學術上如何討論客家人？根據研究者運用國家圖書館的電子資源，對歷年的碩、博士論文進行搜索，舉凡學位論文標題討論到「客家人」一詞的文章，都成爲被被列入的對象，時間一直記錄到 2010 年爲止，所找到的資料在附錄一表 1-1。

　　以「客家人」搜尋國家圖書館收錄的學位論文資料，發現 1988 年方出現第一篇主題討論到客家人的論文，之後要到 1994 年之後才開始有多篇的產出，繼而在 2000 年之後，研究「客家人」爲標題的文章數量繼續持續增多。爲什麼要到 1988 年之後，學術研究的興趣，轉向「客家」族群研究上？並且到 2000 年之後開始如雨後春筍般的產出？依據附錄一表 1-1 的資料，學位論文所羅列的標題內容，主要關切在於語言、歷史、文化、政治、信仰、產業、認同等各個面向。

　　從「客」字意思的演變、「客家」名稱在台灣的出現，戰後的台灣社會，匯流出客家的歷史意涵。本章旨在說明，客家人開始對自身產生意識，進而行動爭取權益，並以想像的共同體組織動員，而 1988 年所開啓的客家文化復興運動，可說具有很深遠的影響力。因此本章內容，除了說明還我母語運動的影響，也討論還我母語運動之後，客家族群爲宣示也同爲台灣一員所做的努力，並以「客家文學」作爲族群參與台灣發展的方式，有別過去其他不同題材的文學，建構以「客家」族群作爲題材內容的歷程。

第一節　1988 年還我母語運動的影響

　　客家「還我母語」運動大遊行是在 1988 年 12 月 28 日發生。過去客家族群身分認同隱而不顯的原因，有歷史、政治、經濟和文化上的不利條件，壓縮語言和文化上的發展空間（徐正光，1991）。長期「隱形化」（丘昌泰，2005）的結果，最終激發客家意識，促成客家「還我母語」文化運動的出現，而影響至今。首先開啟「還我母語」運動先聲的，是一群旅北的都市客家，發現移居都市的年青客家人已多數不會講客語，公共場合聽不到客語，於是為了訴諸「還我母語」的心聲，而一同走上街頭展開運動。

　　事件一開始是因為 1987 年 9 月，新聞局與無線電視三台規劃「雙語電視節目」，未來將播出閩南語節目與新聞，客語在其中被自動排除。〔註1〕其次，在 1988 年 5 月，新聞局決議讓擁有國家資源和公共利益屬性的公共電視台，開播國語和閩南語節目，政策又再一次地將客語排除在外。一群客家的有識之士，認為客語遭受政府刻意漠視，要求合理的廣電資源分配。1988 年 11 月10 日，「客家權益促進會」成立，透過《客家風雲》雜誌來呼籲各地的客家鄉親，要求大家一同來關心母語的問題，並且利用召開座談會的方式，希望促使新聞局開放母語節目，在當時即受到許多鄉親的熱烈迴響。11 月 19 日《客家風雲》與「六堆旅北同鄉會」舉辦為母語運動暖身的「六堆客家之夜」，正式宣告客家人將為爭取語言權益而走上街頭。

　　時值台灣新興運動〔註2〕盛行的年代，因為舊時代的體制鬆動，政治上的解嚴，多元議題的社會運動風起雲湧。各類議題透過不同的自覺過程而各自凝聚，因為感受到不平的差異感覺，進而一同行動向國家機器爭取平等。客家母語流失的問題，經過多方的串聯〔註3〕，在 1988 年 12 月 28 日「還我母

〔註1〕紀錄來自 1987 的《台灣省議會公報》，第 60 卷第 11 期，頁 1008～1009。

〔註2〕1980 年代開始，台灣社會進入社會力反動的時期，新生的「社會力」逐漸展現在地方性的自力救濟抗議行動中，以及較有組織的社會運動之中（蕭新煌1996: 23）。八○年代台灣的新興社會運動，呈現的面貌複雜且異質，雖有各自的訴求與策略，但都在向現存的國家體制和被扭曲的社會規範與秩序挑戰，最終目標則希望重建新範、認同和價值。新興社會運動共同醞生原因，是長期權益受損，問題始終無法獲得滿意結果，民怒化為波潮洶湧的新興社會運動，針對國家體制的解構，以追求國家與社會關係的重組。

〔註3〕以新竹義民廟為首，利用義民祭典時號召客家人重視母語流失問題，串聯各地客家鄉親走上街頭。義民信仰是台灣客家的特色信仰，對於凝聚客家意識發揮很重要的功能。

語」遊行正式走向街頭，提出「開放客語廣電節目，實行雙語教育、建立平等語言政策，修改廣電法二十條對方言之限制條款爲保障條款」三大訴求。群眾向政府抗議國語政策的霸權，應盡速廢除限制方言的法條，進而保障母語。

　　「還我母語」運動一開始主要乃是針對新聞局的語言政策之中沒有客語的聲音，有識人士想喚醒大眾關心客語流失的問題。但在台灣社會之中，客家人所受到的壓力不只來自國家機器的語言壓迫，生活上還感受到在台灣人口占多數的福佬語言壓迫。導致後來的客家文化復興運動，論述演變爲兩個對立主軸：一是針對國家不公平的國語政策，一個是針對傳統以福佬爲領導主流的政治反對運動（張茂桂，1997：37～70）。以下內容爲還我母語運動所產生的影響：

一、「新个客家人」概念產生

　　以「客家」爲名稱的概念，從戰後發展至 1990 年代，內涵逐漸產生轉變。二次戰後，世界客屬總會在世界各地先後成立各國分會，推廣「客家」不遺餘力，同時也在臺灣島內相關縣市成立各該縣市的客屬分會，加強台灣客屬與中原的連結。解嚴之後，各類社會運動蓬勃熱鬧，「還我母語」運動隨之發生。1988 年客家文化復興運動展開，1990 年「台灣客家公共事務協會」成立，這是第一個以「臺灣客家」爲名的客家組織，並且主導成立客家公益媒體「寶島客家廣播電台」，成爲全球第一家專業的客語頻道。 對於動員期的客家文化運動而言，台灣客協的出現，加速了客家意識的提升，與動員因子的累積（曾金玉，2000：115）。

　　客協理事長鍾肇政（1991：16～18）提出「新个客家人」論述，希望臺灣的客家人要勇於表達自己的客家身份，更要拋棄舊包袱，莫再提洪秀全、孫中山之類的事蹟。「……舊个客家人容易緬懷過去光榮事蹟，怯於在其他族群面前表明自身的族群身分……新个客家人雖然不必刻意遺忘過去光輝，應以積極的態度來面對當前所處的不利處境……以台灣共同主人身分，站在台灣人立場，來爭取客家人的權益」。台灣客協將「新个客家人」理念注入多族群社會，意圖重建客家地位和調整族群關係問題（林詩偉 2005：74～75）。同時也希望是以台灣人的立場，和其他族群共同爲台灣努力，不再緬懷遙遠的過去。

　　作家李喬（1991：33～40）也堅持臺灣客家人要「確立『臺灣主人』意識」，他認爲臺灣的客家人要徹底切割「原鄉意識」與「漢家人」的傳統心態。客家「還我母語」運動繼之所出現的新客家論述，不再強調客家族群的特異性、孤立性或優越感。「參與才能獲得尊重，以客家文化直接參與台灣文化的創造，不是留著孤芳自賞，參與台灣公共事務，共同創造台灣的歷史」（彭瑞金 2000：31～33）。台灣客協主張台灣客家認同，既然生長在台灣，就要認同台灣這塊土地，客家人也要當台灣的主人。他們喊出台灣客家人不再流浪，視台灣爲流浪的最後一站。「還我母語」運動之後所提出「新个客家人」概念，便是要切斷過去老生常談的中原客家歷史，例如羅香林式的客家論述，而將焦點放在今日台灣的客家，去思考客家人該如何和台灣的其他族群一同攜手合作，共同以身爲台灣的一份子而努力。台灣客家的意涵，因爲「新个客家人」概念的提出，和戰後以來普遍在台灣社會所傳播的中原客家論述，產生因社會變遷而改變內涵的新建構論述。

二、「義民」問題的重新被認識

　　《客家雜誌》第 21 期，有篇〈莫從蔣家選民淪爲時代櫟——台灣客家四十年來地方政治優勢地位面臨考驗與挑戰〉，內容提到本省、外省和高山族，當時台灣島上沒有細分客家和福佬。蔣氏父子對於客家人特別情有獨鍾，例如丘念台、黃國書、徐慶鐘等。李登輝祖籍福建永定，是台北三芝客家後裔；邱創煥祖籍廣東饒平，另有劉闊才、吳伯雄等。客家和閩南之間，還無法建立互信共識，許多獨派人士，擔心客家人在災劫發生後，會再度成爲依附政權的「義民」，客家知識分子卻擔心，福佬沙文主義會讓客家話淪爲「永遠的方言」。（黃森松 1991：16～21）此篇文章道盡 1990 年代初期，閩、客的緊張關係，從過去同爲本省人的身分，不分閩南、客家，卻在族群議題被觸及的 1990 年代，各見心結。福佬人擔心客家人會成爲依附政權的「義民」，而客家人面對強大福佬語的壓迫，擔心的是福佬沙文主義。

　　臺灣學者對於「客家」的相關論述，多是延續中國學者羅香林於 1930 年代所提出的客家「中原南遷說」，將客家視爲一支「民系」，屬於中華「民族」的一支。在 1990 年代以前，客家人被視爲是來自中原的「客」，經常和當權者合作，對抗台灣人，而被當權者稱爲「義民」。民間學者陳運棟（1998：102～116）的〈義民乎？不義之民乎？〉，正是以林爽文事件爲例，反駁部份人士

以「民族主義」為基調，認為「義民」是「滿清的走狗，不但不夠格當義民，而且應該稱之為『不義之民』」的說法，他同時也呼籲讀者不要再受連橫「民族史觀」的影響，而把臺灣民變附會於民族大義中看待。

「義民」一詞，是清代協助官府平定社會動亂而獲得賜封的人，「義民」在過去也常常等同於粵民，而「義民爺」的信仰也被視為台灣粵民的特殊信仰。事實上，當時社會動亂中起義協助官府者併不限於粵人，閩籍的漳州人、泉州人也都曾經因為協助平亂而獲得義民的封賞（李文良 2011：173）。「義」的身分首先表現在「個人」──即「民」之上，稱為「義民」。乾隆三年（1738）台灣知府尹士俍編修的《台灣志略》：凡朱一貴事件發生時，曾經協助剿匪有功的「客民」，都經過登記和造冊，而被稱為「義民」。〔註4〕。

人民在敘述戰爭的歷史時，往往將自己和叛亂者區分開來，強調自己和政府軍隊共同平定動亂，藉此呈現王朝認可的身分，即一般所謂的「義民」。「這種借助王朝認可身分的心情，或許能反映部分當時願意成為「義民」者的心理和社會條件」（李文良 2011：171）。清廷官員藍鼎元在《平臺紀略》書中記載：「方朱一貴作亂之時，有下淡水客莊民人侯觀德、李直三等建大清義民旗，奉皇帝萬歲牌，聯絡鄉壯拒賊。」這些下淡水的義民協助清廷抗賊，而這段歷史更被乾隆二十五年在鳳山縣擔任知縣的王瑛曾所詳細描述。他表示，義民絕大部份來自於廣東省鎮平、平遠、嘉應、大埔等州縣人，康熙六十年朱一貴作亂，五月初一日位於臺南的臺灣府治失陷，義民遂於五月初十月糾集十三大莊、六十四小莊共一萬二千餘名，於萬丹莊豎立「大清」旗號，與朱一貴軍隔下淡水河對峙，後朱一貴軍渡河南犯，義民三面合攻，大敗敵軍。制府滿保將為首起義諸民多人為千總，賞銀九百五十兩、米三百石、采緞一百疋；旌其里曰懷忠里，諭建亭曰忠義亭，優恩蠲免差徭（立碑縣門，永為定例）。後又奉旨從優議敘，陸續於雍正十年、乾隆五年及六年頒給守土義民剳付、殺賊義民箚付及擒賊義民箚付共三百餘張。

如此詳細地描述有功的義民，除了是嘉獎意味，豎立榜樣，同時也在反映清政府必須依靠地方的義民協助，才能平定叛亂。而這些義民當中，有少部分是想入籍台灣的粵民，透過義民身分，來得到科舉考試的機會。閩粵移民雖都有義民的褒賞，但隨時間逐漸成為粵籍專屬的記憶和宣稱，義民就是

〔註4〕本論文在第二章第一節中，對於粵民以「義民」身分入籍台灣的歷史因由，作過說明。

粵民（李文良 2011：263～264）。台灣閩粵移民在乾隆初年開始，名字轉向泛稱上的變化，閩粵的省籍劃分逐漸明確化。不只官方文獻，廣東省籍移民接受「粵民」一詞，在文獻上使用「我粵」，來表達對粵的認同。乾隆以後，義民的歷史也因福建省民被排除在「義民」之外，成為等同於「粵民」的歷史表現（李文良 2011：267～269）。

1990 年代的客家文化運動風潮，要求台灣社會重視過去客家人在歷史上的參與，以及應有的地位。而存在歷史中的「義民」問題，也必須重新被檢視，勿讓過去汙名化的觀念持續，也重新整理新的客家義民論述。

三、全台客家想像的建立

前現代少數官吏或政治與文化菁英，因為參與科舉考試有機會接觸來自各省人士的經驗，而以台灣全島為範圍的人群分類概念，一般人較缺乏此分類概念。從日本時代開始，「在意識上把台灣人凝聚為一個整體」（陳君愷，2006）的政治動員，這是台灣首度出現以台灣「所有漢人」作為一個共同整體的人群分類觀念開始，這是議會設置請願運動的結果之一（王甫昌 2011：266）。

根據人類學者林美容 1990 年對於漳泉分立的研究〔註5〕；加上王甫昌（2011）對於 1954 年《台灣風物》所出版的「北投專輯」中，出現各種代表當時漳泉對立的俚語解讀，發現全台各地區的許多地名，都有高度重疊的雷同性，諸多例子都可證明當時人民的生活是極地方化的。從這些研究和例子可看出，儘管生活習慣彼此很相近的閩人，都會因為和對方的嫌隙，而造成後來天差地別的描述，更何況是語言、文化原本就不相同的人群。清代時期的台灣人群，缺乏以整個台灣為範圍的「抽象性」人群分類概念，身分認同更不會在「福佬/客家」此一層次，所看到的只是區域的地方人民，也就是前文提到的本貫主義概念。「在議會設置請願運動以前，台灣在官員、外國人眼中或文獻記載下，台灣漢人移民，雖具有祖籍原鄉的「文化相似性」，但為求在台灣生存，各祖籍人群之間各類型的分類械鬥，使得漢人不易對其他地區的漢人，產生屬於同一個社會群體的歸屬感或認同感，缺乏主觀的「群體認同意識」」。（王甫昌 2011：258～265）

〔註 5〕參考自林美容，1990，〈族群關係與文化分立〉，《中研院民族所集刊》69：93～106。

原住民學者孫大川（1995）認為，台灣原住民之間的「泛台灣原住民意識」，大約是在 1980 年代以後才正式出現，過去多數原住民最多只有部落意識。原住民運動的出現，開始造就台灣原住民的「泛台灣原住民意識」，對於原本語言、文化不同的各族之間，有了同為原住民的想像。「1988 年 12 月「還我母語運動」出現，台灣客家文化與社會運動開啟，也開始正式為以全台灣為範圍的「客家族群」提出族群想像」。（王甫昌 2008：18～19）

過去的人無法出遠門，只能以看到、接觸到的人作為認知，部分文化或政治菁英得因參與科舉制度的可能經驗，有機會發展出例如「粵東」這樣的概念。例如彰化粵籍客家和桃園的閩籍客家，並不將鄰近的閩籍客家與粵籍客家視為同一氣類的自己人，關鍵在於他們籍貫或祖籍不同。（邱彥貴 2007：68～69）從屏東高樹鄉 2007 客庄文化資源普查耆老的訪談內容，可察覺出，這些耆老至今仍不認為非六堆的人為客家，可見得當代的客家想像是後來社會所建構的。1988 年之後，因為運動的串連，全台的客家人不再如過去一般，因為地域、祖籍的不同，就認為對方和自己不同，因為已被建構的全台客家想像，能夠視遠方陌生，甚至腔調不同的「客家」，為同樣身分的客家人。

這樣全台性的客家想像，和過去清代的「客」、「粵」，或日本時期的「廣東人」概念不同。即使可用特殊方言群體來代表，但是南北不同的客話腔調、不同的祖籍區別，如果沒有全台灣性的想像，沒有同為「客家」的意識，無法出現以全台為整體的客家想像，遑論是以整體的台灣客家為訴求。因此，台灣客家文學稱謂所浮現出的想像共同體差異，也焉然產生。

第二節　1990 年代的「台語」話文之爭

官方為了回應客家運動，復興失落的客家語言訴求，客語電視節目「青青家園」於 1989 年 1 月首次開播，客語新聞與氣象播報也於 1991 年問世，由此，展開了台灣內部多元文化的氣息。

首先，是語言政策的調整，不再獨尊國語，希望在廣播、電視中能夠聽到鄉土語言，中小學課程中能夠重視母語和族群文化。而當各族群語言都同樣放在「國家語文」的位置上之時，對於語言的名稱和其代表的意義便開始顯得重要。例如「台語」一詞，在 1990 年代以前被使用，各類台灣語言都在國語之下而被視為方言，因此提及「台語」一詞，不會被認為是個敏感的詞

語。但是當「台語」可能代表的意義為台灣的語言，說這些話的「台灣人」可能等同是全台灣的人時，這些名稱開始變得敏感，而 1990 年對於「台語」的話文之爭也由此而起。

本節在說明 1990 年代之後，對於例如「台語」或「台灣人」等名稱，在今日已有別於過去的時代意義，特別是客家人相對於福佬人而言，「台語」一詞需重新在台灣建構新的社會意涵。也對「台語」、「客語」、「閩南語」等名稱，進行使用次數統計，並討論這些名稱在台灣社會中被使用的意義。

一、方言到母語的肯認

台灣在 1946 年率先成立國語（北京話）推行委員會，強令所有學校以北京話（Mandarin）教學，並舉辦各中小學國語演說競賽，以比賽方式讓學生感知到說國語是一項榮譽，來對比其他方言的低落（許智香 2007）。1956 年開始推動全面性「國語運動」，規定各級機關、學校及人民在各種公共場所一律使用國語，1976 年通過「廣播電視法」，嚴格管制方言的使用，推行以北京話為基礎的國語，其他方言皆非法定語言（黃宣範 1993）。

1980 年代中期，以語言、文化及歷史等幾個和國族認同有關的層面最受關注。1989 年底民進黨當選宜蘭縣、台北縣和屏東縣縣長後，逐行應用每週一至二節的全校團體活動時間，實施母語教學（包括閩南、客家與原住民語）及介紹台灣歷史、地理與鄉土文化的鄉土教學。1990 年後社會上逐漸興起本土教育改革聲浪，教育部也隨之在 1993 年重新修訂「國民小學課程標準」，強調落實鄉土教育，並於 1994 年頒布「鄉土教學活動課程標準」，明訂小學三年級以上，全面實施鄉土活動教學

1993 年，國小三年級首次增設了鄉土教育課程，將鄰近學校的風俗民情納入課堂之中；1995 年，國中將「認識台灣」第一次納入歷史課程中，成為正式教學科目，相對於過去所使用的「中國中心」，書中改以台灣四百年史觀為出發點，特別強調各族群（及其族群語言和文化）的認識、欣賞、保存及相互尊重態度的培養。而從內文細項看來，此處的「族群」主要是指外省族群、閩南族群、客家族群和原住民族（教育部，1994：7）。

將《八十二年國小課標》和《八十三國小鄉土課標》做相對比較，人們還可以看出在《八十二年國小課標》中還使用「方言」一詞，但事隔一年之後就全面改稱為「鄉土語言」。基本上，這兩種稱法也有著不同的象徵意涵，

即「鄉土語」一詞比「方言」更具有肯認閩南語、客家語及原住民語之意。至少，對某些要求改變稱呼稱謂的人看來是如此。

　　《九〇暫綱》的訂頒，讓學生學習方言的鄉土教學活動科已經取消設科〔註6〕。閩南語、客家語和原住民語已和國語一起被置於語文學習領域，並以「本國語文」稱之。如前述的「方言」轉而稱爲「鄉土語」，又從「鄉土語」再變爲「國家語文」，由稱謂的變化來看，這些語言的地位都具有進一步提升的象徵意義。

　　「本國語文」裏有關國語、閩南語、客家語和原住民語的課程綱要內容，人們可檢視看到：第一，閩南語、客家語和原住民語首次有了「自己的」課程綱要，且將族群語言之學習、探索、運用和欣賞等列爲課程理念與目標。第二，除了鄉土語言的學習、探索、運用和欣賞之外，與自身（語言）族群有關的文學和文化等的強調亦更勝於以往。第三，向來視閩南語、客家語和原住民語爲妨礙學習之物的「國語」，到了此一時期也開始提及與鄉土語言、母語有關的學習和對應態度。（教育部 2001a：36～48）

　　2000 年新修訂的「國民中小學九年一貫課程暫行綱要」中，爲配合九年一貫的實施，最大的特色是以合科代替過去的分科教學，不再將鄉土教育獨立設科，而是散落在七大學習領域之間。例如在語文領域中規定國小一至六年級，必須就閩南語、客家話、原住民語等三種鄉土語言任選一種修習，國中則依學生意願自由選習。學校亦得依地區特性及學校資源開設閩南語、客家語、原住民語以外之鄉土語言供學生選擇。在其他學習領域中，也都包含對於鄉土的關懷，以鄉土教育爲主向下紮根，對照 1993 年的課程標準，已更進一步加強鄉土教育之落實。

　　過去國語獨尊的局面，可由中小學課綱的修改，看到客語從不可說的方言，走向「鄉土語」到「國家語文」的位置，依照地區和族群需求，提供學生母語課程。

二、「台語」一詞的社會意涵

　　2011 年 5 月 24 日，作家黃春明在台灣文學館百年小說研討會議上，演講

〔註6〕從課綱的改變可以看到：（1）鄉土語言從原先《八十三年國小鄉土課標》裏的鄉土歷史、地理、自然、語言和藝術等五大類中被獨立出來成爲具有專屬時數的正式課程。（2）學習鄉土語的年級已從原先的「三」年級提早爲「一」年級，增加了兩個學年的課程時數。

關於他對台語文教育的看法，遭到成大教授蔣爲文的舉牌抗議。黃春明認爲母語是生活的語言，不需要刻意另學一套拼音系統；而蔣爲文則認爲，身爲台灣作家卻不以台灣話文創作，可恥！5 月 26 日各大媒體均報導此則新聞，客語學者羅肇錦也在中國時報投書，內容旨在說明「台語」是個令人不安的名詞。各界對於台灣話／語文的定位、母語教育政策，以及「台語」到底包含什麼意義，陸續產生一番爭執和表態，一場論戰儼然到來。他們所爭論的台語／台灣話文是狹隘的單指一般所說的 Holo／福佬話／閩南語，還是包括所有在台灣土地上居住者所說的話？應從台灣整個歷史文化發展來討論，不同的時空對於「台語」一詞而有的不同的解釋。

　　客家的話文運動者，對於時人將閩南語等同「台語」一詞提出疑問，也曾經在當時出現過一段的論戰期。究竟「台語」一詞被建構的意涵有哪些內容、所生成的論述爲何，以下的討論，即是對 1990 年代的「台語」論述脈絡，以及在當代的意涵，進行歷史性的梳理。

（一）「台語」問題的出現

　　1988 年元旦，有別於過去獨用國語宣讀的方式，總統文告使用國語、閩南語雙聲廣播〔註7〕。此舉間接承認「閩南語」〔註8〕在台灣擁有特殊的文化政治地位，激發客家人對於母語在「公共空間」被遺忘的危機感。1992 年許極墩於《自立晚報》上以「百餘年來約定俗成」爲由，主張以「台語」直接指涉「閩南語」是習慣、也是應該被容忍的。引發《客家》雜誌（1992：1）以社論發表聲明：「……站在客家人也是台灣的主人、客家話也是台灣話的立場，我們在此聲明，「台灣話」這個名詞，不能也不是專指閩南話。」形容這種語言形式的閩南中心主義是一種「霸道」而「偏頗」的作法。由於「台語」被直接公開在在媒體上，且定義爲「閩南語」，引起客家人對於「台語」一詞產生問題爭論。

〔註7〕直到 1990 年 1 月 26 日，李登輝總統所發表的除夕談話破例以國語、閩南語及客家語在媒體同時播送一事就有相當程度的象徵性。國家元首於重要公開場合使用方言本身就有著賦予方言正當性的象徵意義，至少肯認了台灣是個多語族的社會。（黃宣範 1993：59）

〔註8〕以下皆使用閩南語來稱 Ho-lo 話，是採客家人習慣使用的稱呼，以區分客家人和 Ho-lo 人對於台語的定義。至於稱呼上的爭執，例如閩南這名稱是國民黨的稱呼，並非眞實 Ho-lo 人的自稱，或是住閩南並非都說此話等等，都不在此顯示意義，只單純作閩／台語上的區分。

根據歷史學者周婉窈（2003）在《海行兮的年代》一書中寫到：「由於在台灣本土語言中講福佬話者佔大多數，日本殖民統治者習慣把福佬話稱作「台灣語」，其情況有如我們今天習慣用「台語」來指稱漳泉混合的台灣福佬話，常不經意地把台灣第二大語言──客家話排除在外。」日治時期，將台灣漢人分爲福建人和廣東人，反應在語言上，似乎就簡化爲台灣話和廣東話。國府時期，則是以中國移民的角度來稱呼，分爲閩南人和客家人，說的話就叫作閩南語和客家話。過去對客家人而言，「台灣話」和「台話」只是單純的一個代名詞，並不會產生什麼心裡面不高興的感覺，因爲它只是個名詞、稱呼罷了，不帶有任何指涉存在。但是，一但將「台灣話」、「台語」定義爲「台灣人所使用的語言」的時候，客家人便要群起而攻之（張顯榮 2008），無法接受爲福佬人所獨佔專用。

以客家學者楊國鑫（1993）的經驗爲例，他提到離開客家庄之後發現，除了自己的母語和國語之外，還有一種語言叫做閩南語。但是「台語」爲什麼又叫做閩南語呢？有人認爲台語應該包括國語、閩南語、客語及原住民語。他舉出有一次義民廟大拜拜時，請了外地的歌舞團的例子。表演者見觀眾沒反應，就說：「我們都是台灣人，爲什麼你們好像聽不懂台語」底下的觀眾雖然都是台灣人，卻是聽不懂福佬話的客家人，當然聽不懂主持人所謂的「台語」。彭瑞金（1996：145、160～176）以〈當客家不再是客家〉、〈是幽靈語言，還是活的語言？〉兩篇文章來說明，在「台灣話」、「台灣人」的意義中，沒有客家人的份，便暴露客家人是台灣社會邊緣人的殘酷現象。因此客家人不會將福佬語稱作台語，以客話說叫做福佬話，國語則稱作閩南語。

一個特定時期的領域知識，是由論述形構中的全體陳述組成檔案而進階形成的（王德威 1993）。「台灣話」一直都存在，日常生活當中也熟知習慣以台語來稱呼福佬話。可是當「台語」一詞被直接透過大眾媒體宣告，例如上述的總統宣告，這樣富有政治意義的動作，使得客家人抗議「台語」等同閩南語，「台語」應該是包含全台灣人所使用的語言，包括客語。諸如此類的相關客家論述便在此時空出現，客家人爲確保自身同是台灣人，也說台灣話，自然不能夠輕易放棄使用「台語」的權利。

（二）1990 年代客家的「台語」論述

1983 年，鍾肇政曾在《文友通訊》中提出一篇〈關於台灣方言文學之我見〉，這在當時被文友們所直言方言文學只有小眾讀者，不值得推廣，鍾肇政

便不再提出以母語書寫的方式。由此例可見，當時的台灣尚在中國民族主義的框架底下（蕭阿勤 2010），對於鍾肇政所談的客語，視爲方言的一支，似乎沒人感到不妥，甚至不會要求將客語列爲台灣話的意涵當中。對於閩南語、台語的語言位置，也同樣視爲是方言的一支，也不需特別談論「台語」的定義。

林詩偉（2005：67～71）的碩論提出，「台語」定義的出現，疏忽了客家人感受，造成的傷害甚至不亞於國語同化政策，讓「台語」成爲客家人「潛在的族群敵人」。當蔣爲文抗議台灣作家不以台灣話文創作時，羅肇錦爲何旋即要以「台語」令人不安的標題爲文，因爲「台灣話文」一詞的內涵及代表意義，也隨議題而間接挑起其背後所暗藏的族群緊張關係。

過去時空下的客家人只是人群的分類，不具政治意涵，1988 年的客家還我母語運動，激發了客家意識，進而讓族群差異，轉爲動員的力量，增進族群認同（黃靖嵐 2008）。當代的族群論述隱含政治角力，特別是客家人中間少數的位置，在語言、文化不斷流失的焦慮下，容易感受到「不安」。「台語」（閩南語）向來在反對運動的政治動員過程中做爲「情緒動員」的語言工具，以「台語」演說成爲有效吸引群眾的造勢手法、喚起共同的我群感受。然而在復興「台語」的過程中，也無形地界定「台灣人」指稱範疇，引發同爲台灣人一員的客家人不滿，認爲客家人不是「客」，一樣是台灣人，說「台語」。因此在台灣微妙的族群關係當中，福佬人一直是客家人相對的他者。

1987 年台灣解嚴，象徵新的時代開啓，各類社會運動風起雲湧，客家人也在其中開始籌辦《客家風雲》雜誌，不和台灣社會脫鉤。但是 1988 年元旦總統的雙語宣告，致使客家人在台灣共迎新時代的時刻，發現遭到遺忘。於是 1988 年底的還我母語運動，除了向國家爭取母語的發聲權，另外一項訴求，主在抗議獨尊閩南語的福佬沙文主義〔註9〕。對於當時「台灣話」、「台灣人」等同是閩南人的說法，羅肇錦（1992：368～9）提出批判，認爲「『台灣話』是找不到定位的符號」，不能夠狹隘的只以閩南語代表所有的台灣話、台灣人。

以下舉出幾例在《客家》雜誌讀者投書和社論中的內容，反映 1990 年代客家人對於「台灣話」、「台灣人」定義，甚至「台語」使用的看法：

〔註 9〕這是客家人感受到閩南人壓迫，而開始出現對福老抗議的沙文主義用詞。

表1、1990 年代《客家》雜誌讀者投書和社論內容

發表出處	刊登標題	刊登內容
《客家》雜誌第 22 期陳秋鴻（北美客協）	新客家人的條件	「我們台灣人，你們客家人」或「台灣話」就是「鶴佬話」來區分客家話。中研院數字統計「本省人佔七十一百分比，客家人佔十四點三，大陸人十三點五，原住民零點八」客家人不是「本省人」。鶴佬人犯了沙文毛病，國民黨中國人則以分化鶴、客爲目的，希望人口多數的鶴佬人委屈一點，讓其他族群一同分享台灣人的光榮。拋棄原鄉情結，立足台灣，是新客家人的條件。
《客家》雜誌第 25 期陳秋鴻（北美客協）	再談語言無罪	求學和出國的經驗，台灣話等於福佬語，會說台語才是愛台灣，這讓住在海外的客家人感受到被壓迫。
《客家》雜誌第 29 期〈社論〉	「台語」正解	從『淺短』『霸道』『疏荒』『偏頗』四方面的理由來看，稱閩南話爲『台語』，不論從歷史事實，住地的久暫或名稱先後都站不住腳。站在台灣人的立場，以「台語」指的是「在台灣所有語言所共同的一種稱號，舉凡台灣這塊土地上的所有使用過的語言」的定義而言
《客家》雜誌第 68 期〈邱德煌〉	台灣人不會說台語	台語四處被亂用，直接將台語和閩南語；或是台灣人和閩南人畫上等號，那客家話要擺哪裡？客家人不是台灣人嗎？閩南人眞正都會說台灣話嗎？
《客家》雜誌第 69 期〈劉鎮發〉	母語情結 VS 無語情結	族群分爲：語言族群、宗教族群、種族族群。客家人和其他漢人特徵無異，唯有從語言上可以區分身分，如果母語不重要，便會有族群危機。各種語言都是以地名來命名，但客家話不是，乾脆改名叫「台家人」。台語既然不能被獨用，閩南裔台灣人就叫台閩人，語言就稱台閩語；台灣客家就叫台家人，語言叫台家話；新住民就叫台新人，語言是台新話，這樣就皆大歡喜了。
《客家》雜誌第 74 期〈羅能平〉	國家認同與族群問題的另一種觀點	台語是共同財產，台灣人包括「閩南人、客家人、外省人和原住民」，但在電視、報紙等媒體都以說閩南話的族群代表台灣人，說國語的代表外省人，而說客家話的族群則很少被稱爲台灣人。台灣話、台語幾乎就是閩南話、河洛話的專用詞。如果說客家話的台灣人要用台語，就會鬧雙胞，只能用客語，有第三公民的感覺。台語是台灣人的共同財產，在台灣說客家話的台灣人非常介意這共同財產被說閩南話的族群所獨佔並據爲己有。

《客家》雜誌 第97期 〈東海客〉	爭與不爭——評『台語與台灣的語言	在客家『方言島』迅速流失的今天，有心想挽救客家語言文化者，<u>均應設法使社會大眾了解『客家話也是台語』</u>
《客家》雜誌 第106期 〈社論〉	加速推動客語爲『法定語言』——響應『台語法定地位促進會』成立	所謂的『母語』、『本土語言』、『台語』種種說法，事實上都是台灣『方言』的代名詞。推動台語爲法定語言（official language）的確是強而有力的作法；<u>『台語』包含原住民、客家、福佬語等，只要台語取得法定語言（或官方語言）的地位，必能透過教育措施全面實施。」</u>
《客家》雜誌 第115期 〈社論〉	誰說沒有大福佬沙文主義	「<u>台灣的客家人在全台各地走動時，經常碰到一見面就對你講福佬話的人，他不會先問你是否聽得懂福佬話，而總是在主觀上認定你應該聽得懂，因爲台灣大部分地區都可以聽到福佬話。</u>」在客家話的詞彙裡，沒有「閩南語」這個詞，但是客家人以「福佬話」來指稱「閩南話」，對於客家人而言，稱「閩南話」爲「福佬話」是最自然而然的事了。

筆者依據客家雜誌讀者投書和社論內容整理，劃底線者爲筆者所要討論的部分。

　　《客家》雜誌採月刊制，通常第一頁爲〈社論〉，是該月最重要的議題。對於「台語」的問題，以及代表客家人立場的解釋，已多次出現在首頁的社論區，表示被認爲是客家人相當重要的議題之一。也因爲多次的被強調，拋磚引玉的結果，讓議題持續發燒，引發民眾紛紛在《客家》雜誌上討論對於「台語」的定義。

　　這段將綜合表的內容，以及劃上底線所要強調的討論議題。首先，是以『淺短』『霸道』『疏荒』『偏頗』等形容詞，來代表客家人對於閩南語稱做「台語」的憤慨；並且面對所謂的「大福佬沙文主義」，不但在選舉、公開場合使用閩南語，要求大家應該都須聽得懂，直接將同樣致力於台灣民主改革的客家人排除在外。這樣的情形在海外更是明顯，所有台灣人的場合，都被要求說台語/閩南語，讓身爲北美客協的讀者也投書以表達抗議。接著有讀者提到，身爲台灣人一員的客家人，不會說被稱做「台語」的閩南語，難道客語就不是台語/台灣話嗎？「台語」應該是全台灣人民的共有財產，不能單被閩南人所獨佔；而客家人所使用的語言，只能稱爲客語，不能叫作「台語」，有第三公民的感覺。基本上，大部分的客家人都同意，應該將「台語」的定義擴充爲「台灣各族群使用的語言」，甚至還有部分的客家人建議，閩南裔台灣人就

叫台閩人，語言就稱台閩語；台灣客家就叫台家人，語言叫台家話；新住民就叫台新人，語言是台新話，重新創造新名詞來取代爭議。〔註10〕

　　1990 年代「台語」的定義被獨佔，激起客家人同爲本省人，卻無法享有和閩南人相同權利的不平感，所以展開對於「台語」定義的重新詮釋。「台語」或許在日常生活中被頻繁使用，周遭充斥著閩南語聲，卻不見得讓全部的客家人感到不平而欲展開積極抗議行動；但是經過如《客家》雜誌等媒體的熱烈討論，造就 1990 年代客家人對於「台語」重新再定義的論述，台語不再被閩南人所獨有。

（三）1990 年代「台語」、「閩南語」、「客語」名稱的被使用

　　一般多以祖籍來源地做爲人群的代稱，例如：四川人、山東人或漳州人、泉州人、廣府人等，但客家人的名稱很特別，名稱不是運用祖籍地來指稱，反而可以宣稱四川、漳州等地皆有客家人。那麼四川人說四川話、泉州人說泉州話，住在台灣的人說台灣話，可是住在台灣的客家人所說的語言，卻沒聽過被叫作是台灣話，而是被稱之爲客家話，這也是台灣客家人所一直在意的，「台語」一詞到底指涉何意的緣故。

　　閩南人平常不會以「福佬人」來自稱，而是以「台灣人」作爲自稱的名稱，「福佬人」的名稱是來自客家人對閩南人的他稱，一個人或一個族群的名字或名稱有「自稱」及「他稱」的分別，而「自稱」代表的是自信、自我肯定，但是「他稱」往往是輕蔑的、是戲謔的而且具有排它意味的（施正鋒2001）。1990 年代的時空氛圍是台灣剛解嚴，面臨民主政治轉型階段，在爭取成爲台灣一員，而不被排除在外的客家人，論述自然以對抗福佬沙文爲主，視台語一詞爲潛在的敵人。

　　提倡母語復振，乃是面對國家霸權的抗議，但是客家人面臨的，還有福佬化的雙重困境。過去希望客家人可以說客家話，是都市精英發覺到子女已多數不說客語，甚至爲了配合主流，閩南語還比客語流利的福佬化現象。語言是台灣客家人作爲漢人一支的最重要識別符碼，如果放棄成爲「台語」定義的一員，不免有亡族滅語之不安。於是在菁英所主導的論述當中，最主要的就是要求語言權，不能被排除在台灣人、台灣話的定義之外。所以，客家人該講客家話是必然，也是論述的目的之一。

〔註10〕依據表格文字劃線部分作說明。

　　人群因為語言、生活習慣等差異，彼此之間對於他者，都有區分的稱呼代表，例如閩／粵、漳／泉；甚至因為有糾紛，而給了對方輕視的稱呼，如客人仔、澳客、福佬等，主要僅在表示不同的人群。現代國家出現之後，所有的稱呼是由國家制定、認同，例如日本時代的福/廣，到了國府時期就變為閩南人、客家人。日本人不管是不是全部的福建人、廣東人都說這種語言，反正以殖民者的角度，就認定此為人群的稱呼。相同的，站在中國的角度，所有的漢人都是炎黃子孫，便以中國地方的移民來稱呼台灣漢人為閩南人和客家人，所說的語言就叫閩南語和客家話。如果繼續只以方言的形式來看待這些語言，即使閩南語要稱作「台灣話」或「台語」，相信應該都還可相安無事，但若以國家語言的角度視之，作為中間少數的客家人，自然難免為此感到不安了。

　　以華語當作識別標誌的外省人，母語不可能是「台語」；而以特殊的南島語作為母語的原住民，也不可能會將其母語稱之為「台語」。於是，存在漢人之間，母語又偏偏不是主流閩南語的客家人，便會在「台語」被定義範圍之後，顯得已被遺忘。除了積極表示客家人也是台灣人，客語也是「台語」之一，更是大聲疾呼，切莫以閩南為中心主義的方式來壓迫。這樣強烈的反應主要表現在解嚴過後，特別在各處公共空間、選舉場合，只聽見閩南語而聽不到客家話的焦慮中，對於閩南人要以「台語」來取代閩南語的訴求，在1990年代對於「台語」該有的意涵作了一番的論戰。

　　過去，在國府教育政策的框架下，閩/客語不叫母語，只是方言，人群不太容易為「台語」一詞唇槍舌戰。而歷經1980年代政治、社會的變遷，1990年代逐漸轉向台灣民族主義，「台語」一詞的意涵也和以往不同，已具有政治意義。人群之間的關係，也正式成為當代新興的族群關係。以下是筆者就1990年代，在聯合報、中國時報等媒體，報導標題上使用「客語」、「閩南語」、「台語」名稱，所統計出現的次數；另外也加列出1987年之後的統計，這是為了觀察1988年「還我母語」運動前後，對於這些名稱的使用情況，再和1990年代後比較。

　　客家人使用的語言，叫做「客語」；Ho-lo人使用的語言，卻由過去被稱作「福佬話」或「閩南語」，而改為「台語」。而當說「台語」的人，意義轉為「台灣人」時，客家人希望所說的語言也能被稱為「台語」，於是才有「客家台語」的名詞出現。Ho-lo因為過去歷史的習慣稱法，要將「閩南語」改正

爲「台語」，但在過程之中必須尊重客家族群，且需細分對於「台語」、「台灣人」的用法和意義〔註 11〕，否則太過簡化或粗暴的使用，則會引起客家人心中的不平之感。

表 2、「還我母語」運動前後在報上出現的「客語」、「閩南語」、「台語」
次數紀錄

使用名稱 出現年度	客語	閩南語	台語
1987	2	4	1
1988	22	13	2
1989	4	6	3
1990	8	9	6
1991	8	4	14
1992	1	0	9
1993	7	6	20
1994	7	6	15
1995	13	4	16
1996	7	6	5
1997	8	8	10
1998	7	5	15
1999	7	7	2
總計次數	101	78	118

筆者整合 1987～1999 年聯合報、中國時報的相關內容而來

在表 2 的統計上可以看到，客語被使用最多次數的一年，即是 1988 年，該年進行還我母語運動，也是客語名稱首次如此高曝光在媒體上出現。之後進到 1990 年代，客語便回到相對其他名稱比例，是出現次數較少的情況。而閩南語和台語的使用總次數上，台語被使用的頻率較閩南語高，尤其進入 1990 年代之後，情況由原先閩南語使用次數較多的局面，轉爲台語較多的使用次

〔註11〕2012.5.10 當筆者在台北南海扶輪社演講「台語『新解』——從黃春明、蔣爲文風波談起」專題時，與會的福佬籍人士，在會後討論時表達，他們過去的確從沒想過這個問題，也未曾考慮過客家人的心情，經過這次討論，他們表示未來會更加注意族群間，該如何使用「台語」、「台灣話」這些名稱，避免傷及族群感情。

數。

　　台語因為有論述意義上的爭論，致使 1990 年代出現話文之爭，但似乎仍然不敵媒體在使用上，由閩南語趨向台語的習慣上，所以對於「台語」一詞所包含的意義，需要一個當代的論述，說明其廣義和狹義的用法。1990 年代，客家人因為語言、文化的雙重失落，對於「台語」一詞被 Ho-lo 獨佔的不平心情，反映出客家族群當時受到漠視的焦慮。同時也擔憂在當時出現的「台灣文學」名稱意義裡，也可能只是福佬人的文學，進而產生相對應的「客家文學」需求。

第三節　客家文學的興起

　　過去已出現很多位客籍作家，也留下許多的作品，但在過去並無「客家文學」名稱，尚未形成一種以客家族群為題材的文學寫作方式。當「客家文學」名稱出現之後，客家文學本身需要符合哪些條件才算是？未來如何發展？前文的研究說明，以往所出現的「客」，和現代族群概念底下的「客」意涵不同。而「客家」又是戰後才傳至台灣的新名稱，那麼在 1980 年代才出現的「客家文學」名稱，勢必跟戰後以來所逐漸建構的客家概念有淵源。了解到自 1988 年以後的「客家」內涵已隨時代作轉變，自然也要以族群的角度看待之，而作為以族群為書寫題材的客家文學，更應從族群意識和認同來理解。

一、「客家文學」名稱的出現

　　「客家人寫的文學作品可能不計其數，但過去未曾有過「客家文學」這個名詞」。這是 1980 年，作家鍾鐵民去到美國參加「美東同鄉會」的年會活動，在與會被人要求談論客家文學時，所做的回應。作家鍾鐵民表示，在這之前，從未曾聽過或者想過有關「客家文學」這個問題。

　　關於「客家文學」的名稱，大多數人都引用彭瑞金（1993：30）的說法，認為在 1982 年 7 月，作家張良澤應紐約「台灣客家聯誼會」之邀，在美國演講〈台灣客家作家印象〉，是「客家文學」名詞首次出現在公開場合當中。後來陸續出現不同版本，雖然演講時間同樣是在 1982 年 7 月，不過在鍾振斌（2008：13）的碩論之中，演講題目是〈台灣客家映象〉；而在涂瑞儀（2010：112～134）所整理的資料中，演講題目則是〈台灣客家作家印象記〉。但在彭瑞金所協助建置的《台灣客家文學數位資料庫》（2004）中，卻出現的是〈台

灣客家人作家印象〉，論及張良澤當初所介紹的作家數量也莫衷一是。唯一可以確定的是，就生產「客家文學」名稱方面，彭瑞金顯然是「第一讀者」，在他之後，也就爲後來的讀者建立起1982年爲「客家文學」名稱的首次登場。

　　彭瑞金提出「客家文學」是在1982年出現。然而筆者卻發現，早在1975年之時，已有讀者黃漢欽在《中原月刊》發表〈一部以客家文學爲主體的大時代文學創作《沉淪》評介〉，比張良澤還早7年，這是目前最早看到以「客家文學」來稱文學作品的例子。雖然此例較張良澤還早使用「客家文學」一詞，但在《中原月刊》發表之後，也未見引起任何漣漪，可知在1970年代，客家文學名稱在當時無法獲得任何共鳴。一直要到1980年代，受到時代各方面鬆動的影響，「客家文學」爲時代所需要因而才被提出。

　　彭瑞金的〈台灣客家文學的可能性及其以女性爲主導的特質〉一文，雖然並不認爲「客家文學」是已然的事實，但是彭文認爲，「客家民族意識」是客家文學存在的主要依據。從當時的文學發展而言，「台灣客家文學」只是「台灣客屬作家的一種文學表現」，並不是一種文學的科目和類別。彭瑞金認爲，只稱「客家人作家」，而非「客家作家」，意謂只是客籍、客屬人士之寫作者，不是背負客家族群文化使命的寫作者。談「作家印象」，不說是「客家文學」，足見其對「客家文學」一詞是否成立，存有疑問，所以只論作家和作品印象。同時也反映，客家人作家的作品，不等於客家文學。

　　由於彭瑞金對於「客家文學」的存在提出質疑，或者客家人作家的作品不見得等於客家文學，卻也讓「客家文學」名詞登上了學術舞台，經過多年不斷的討論與論述，逐漸讓客家文學的輪廓，展現在社會大眾的眼前。而張良澤所率先拋出的議題，客家人作家，作品是否就是「客家文學」？而「客家文學」若不以身分論，作者是否必須是張良澤所說的，「是背負客家族群文化使命的寫作者」；或是彭瑞金所言的「有客家民族意識」，而作者如何將這些在作品內容中展現？族群文化使命和民族意識二者，是否相同？如果1980年代，台灣社會才逐漸要由台灣作家之中，找出客家人作家，或是強調具有背負族群文化使命的作品產出，那麼所謂的「族群意識覺醒」作品何在，如何判別？這應是發展客家文學所要面臨到的問題。

二、討論客家文學的發展走向

　　「客家」名稱是由中國傳播至台灣，戰後逐漸開始在台灣普遍使用，但

是「客家文學」一詞，始終未見兩岸學術圈的熱絡討論。1988 年開始，客家知識份子一直在思索如何解決客家族群文化方面的衰落，除了挽救母語的流失，不斷在公領域強調客語，在學校教導後生學習母語，重要的是，文學的建立。

（一）1990 年代走向客家文學

在 1990 年，由《客家》雜誌社召開座談會，邀請各方學者專家來爲「客家文學」或「客語文學」思索未來可行的道路。如果同意「客家文學」一詞自 1982 年出現，甚至更早，在 1990 年才召開相關會議討論未來的走向，顯示以客家爲主題的文學尚在摸索階段。通常建構者都會回過頭去尋找來源和歷史解釋，「客家文學」在 1990 年要發展走向和定義，因此 1982 年就顯得重要，這是客家文學名稱的首次出現，而沿用至今，成爲「共識」。〔註12〕

客家雜誌第一期（1990.2）刊載座談會的名稱叫作「客家文學的可能與限制」，意思就是客家文學未來可能可以在什麼樣的範疇之下發展。討論的內容分爲三項主題：

主題一：從閩南文學、客家立場、外國文學來看客家文學定義。

主題二：文學與方言，方言文學在歷史上的現象。

主題三：客籍文學作家的創作背景與社會變遷問題。

與會學者陳萬益率先建議，客家文學的範圍比客語文學廣，若以客家人立場所寫的都是客家文學，當然包括海外或大陸的客家人，所以要先釐清是哪一種。如果是因爲有了台灣文學（台語）的緣故，才要有客家文學（客語）的發展，就必須另外釐清再談。〔註13〕陳萬益認爲，客家人想要發展客家文學，基於文學評論家角度而言，當然樂見其成。可是如果只是爲了要和台灣文學抗庭，必須要先釐清立場和意義。葉石濤曾以〈客屬作家〉一文，指出在台灣文學裡，客屬作家對台灣文學的創造發展有莫大的貢獻，認爲在這些作家作品裡的特質特色，並非要與其他族群區別、對抗、對峙，而是屬於各

〔註12〕筆者在參加由台灣客家筆會舉辦的「2013 台灣客家文學研討會」時，與談人王幼華教授就曾對筆者的論文描述提出指正。當時筆者提到「有越來越多人同意，客家文學名稱是在 1982 年出現……」，王教授則認爲，客家文學「就是」1982 年開始被提出的，無庸置疑。

〔註13〕陳萬益，發表於 1990 年「客家文學的可能性與限制」座談會，客家雜誌社舉辦。原文刊登在《客家雜誌》第二期（1990.2），後收錄在 1993 年，黃子堯主編的《客家台灣文學論》。台北：愛華。

自表現，共同豐富台灣文學。

　　座談會來賓思索，究竟要定位在廣義的客家文化範圍，作品都叫客家文學，還是較狹義的客語文學？作家林柏燕提出對「客家文學」和「客語文學」的看法：「客家語文學與客家文學的分野，應該從文學所要表達的問題以及讀者能不能接受上面去考慮。」延續 1980 年代在《客家雜誌》上所提出的主張，認為在文學中適度放入客家特色詞彙，即能顯出客家文學的特色，不適合全面用客語表達。

　　外文學者彭欽清（1993：47）以他長久研究外國文學的經驗，提出美國文學的例子，提供客家文學可以參考的發展方向。彭欽清以美國文學為例，雖然美國 1607 年開始有移民，但海明威認為美國真正的小說，是從馬克吐溫的頑童歷險記，也就是 1885 年開始，雖然都使用英語，但有道地的美國口語，才真正算是美國文學。清代客家文人作品，能否算是台灣的客家文學？而台灣真正有「客家」這一名稱，恐怕也是二次戰後才在台灣出現，即使之前的作品是漢文，也可能不算是客家文學。彭欽清提出美國文學的例子，提醒當代客家文學分類者所要注意的，是找到真正能夠表現台灣客家的文學，不論在語言文字、還是作品的內容。

　　客語學者羅肇錦（1993：9）以語言的角度提出，舉凡創作時用客家思維（包括全用客話寫作，或部分客家特定特有詞使用客家話其他用國語，都適用客家話思維的創作），而寫作時情感根源不離客家社會文化，不論它是客家傳統詩文或者客家現代創作，更不論它是舊的韻散體或現代客語的白話體所構成的篇章，都是客家文學。

　　1990 年代客語、台語文學的被提倡，有其隱含的政治因素。支持「客語文學」的創作者，有感台灣有很多社團或文學團體被閩南人所把持，只是礙於當時的母語能力尚且不足，所以座談會的結果認為，以發展客家文學為主要方向。

（二）2000 年代走向客語文學

　　黃恆秋在 1993 年出版《客家台灣文學論》，可說是台灣首先開始注意到客家文學方面的著作。彭瑞金（1991：135）先提出，「從未誕生嚴格定義的客家文學」，說明質疑。在追求本土文學與民族認同立場上，初生的「台灣文學」內部實不應再區隔或製造紛擾，以「台灣客家文學」，來批評黃恆秋所提出的「客家台灣文學」。「台灣客家文學唯有從羅香林客家定義的主張跳出來，

使客家文學的探討由民族文學跳出來，才有促成客家文學的可能」（彭瑞金
2000：22）。

2000 年開始，舉行了相關台灣客家文學的諸多研討會。例如 2001 年在苗
栗所舉辦的客家文化月，是第一屆台灣客家文學學術研討會。羅肇錦在序言
上直言：誰說沒有客家文學，在台灣有一群客家人，認爲有台灣文學，沒有
客家文學。硬把台灣文學從中國文學分出，卻不肯客家文學從台灣文學分出。
多年來許多台灣文學學術研討會，卻沒有客家文學的主題，所以舉辦第一屆
台灣客家文學學術研討會以平衡。台灣去中國化之餘，把客家排除在外，讓
台語一詞爲閩南語獨尊，台灣人名稱也是閩南獨尊，台灣文學中只有閩南文
學，叫客家人情何以堪。顯示經過了十年，客家仍有被「台灣人」、「台語」
排除在外的焦慮。所以台灣客家文學學術研討會的舉行，仍有要向台灣文學
抗庭的意味。

第二屆客家文化月於 2002 年舉行，羅肇錦在第一屆序言中，曾說明台灣
客家文學學術研討會舉辦的原因。而在第二屆開始，便積極鼓勵大家以客語
話文寫作。等到 2003 年舉辦第三屆時，黃恆秋在任的台灣客家公共事務協會，
也在同年舉行客家文學學術研討會。由此可推知，固然 1990 年爲客家文學未
來發展所舉辦的座談會，羅肇錦支持以「客家文學」爲名的創作走向，但是
到了 2000 年過後，羅肇錦鼓勵母語寫作的客語文學走向。其中的可能性在於，
1990 年代的讀者尚未能接受全客語的書面文字，使用的漢字也還參差凌亂；
而 2000 年過後，母語書寫興起，鼓勵母語創作的時機成熟，讀者也較爲接受。

三、以族群爲名的客家文學

1990 年代以來，過去原本「外省、本省」二分對立的省籍矛盾已轉變爲
「閩南、客家、外省和原住民」四元並列的族群差異趨勢。原有省籍的二分
政治分類已被社會學和人類學所談論的族群文化分類所取代。「族群課題恢復
到他原來寬廣的社會文化「差異」本質，而非狹隘的政治對立性格。」（蕭新
煌 2002：23～24）

1950 至 1970 年代所談的族群概念，最初是由人類學家影響原住民的分
類，研究重點在於族群文化，而非族群關係。到了 1970 至 1986 年代，人類
學家開始加入族群關係，於是將這基礎放在本省和外省之間的「族群關係」，
討論引起強烈反彈。因此「1987 年解嚴之後的談論，改由政治角度形成四大

族群的說法」〔註 14〕，去探討其中優勢、弱勢位置的族群關係。以《客家風雲》創刊號（1987.10）爲例，文章內容對於客家人這一群體，使用各種不同的稱呼方式，例如族群、語族、民系、種族和民族等，顯示當時各類說法紛雜，都可拿來用以描述「客家人」群體。但 1987 到 1991 年之後，發現文章裡的用字逐漸統一標準化，都稱作族群，後來也都延用族群一詞來描述客家人。

　　台灣在 1990 年代之後進入族群政治階段，也因此客家人特別容易感受到來自其他族群身分的壓力。1988 年開啓客家文化復興運動，促進客家意識，建立全台客家想像，也因爲語言政策的不公，不斷要求中央政府修法，希望其他族群同理心待之，甚至出現「客家文學」的提倡，而進到族群文學的分類。但是作爲族群概念下的客家文學，必須要以族群意識和族群認同爲創作的出發點，但這樣爲關懷的文學作品，究竟如何界定範圍，這裡所談的客家，又有何內涵？根據前文對「客家」一詞所討論過的意涵，有本貫主義和方言主義兩種，過去對於籍貫的強調，改以後來的語言認列，而目前方言主義尚未完全取代本貫主義的情形下。以下關於族群的討論，提供以族群爲名的客家文學內涵，一種可能可以解釋的思考路徑。

　　關於客家族群認同的成因，有歷史性、社會性和政治的作用。施添福於《清代在台漢人的祖籍分布和原鄉生活方式》（1987：157）一書所指，客籍移民的原鄉純客住縣圖表，在嘉應州的興寧、長樂、平遠、鎮平四縣，潮州的大埔、豐順，惠州的永安、龍川、河源、連平、長寧、和平、歸善、博羅，以及汀州的永定、長汀、寧化、上杭、武平等地的移民，必定是客籍身分。陳運棟的《台灣的客家人》（1989）一書則記載：古嘉應州屬（包括鎮平、平遠、興寧、長樂、梅縣等縣）的客家人佔最多數，約佔（全部台灣客家人口的）二分之一；其次爲惠府屬（包括海豐、膝豐、歸善、博羅、長寧、永安、龍川、河源、和平等縣）的客家人，約佔四分之一；再次爲潮州府屬（包括大埔、豐順、饒平、惠來、潮陽、揭陽、海陽、普寧等縣）的客家人，約佔五分之一；而以福建汀州府屬（包括永定、上杭、長汀、武平、寧化等縣）的客家人最少，僅佔十五分之一。邱彥貴、吳中杰（2001：29）在《台灣客家地圖》裡所提及的清代台灣客家移民主要祖籍來源區，除了純客住縣地區，

〔註14〕在此引述王甫昌於 2007.12.17 在中央大學客家學院的演講筆記內容，題目爲：當代台灣客家族群想像的內涵與緣起。

還添加了部分客家地區，也就是說祖籍地如表裡所列的縣份移民者，也具有客家人的身分。

　　例如在潮州，不單只有大埔、豐順，尚有饒平、海陽、揭陽、普寧、惠來、朝陽等地，客語認證所認列的其中一種腔調饒平腔，即是出自於潮州的饒平地方，但是施添福在客家人的祖籍分布地沒有包含在內。而在惠州部分，《台灣客家地圖》卻並沒有上述在施添福、陳運棟書中所列的的永安、龍川、河源、連平、長寧、和平、歸善、博羅等縣，這些原本被施添福所認為的純客住縣，已經不存在客家學者邱彥貴、吳中杰所列的客家原鄉表格之中。相反的，惠州只列有海豐、陸豐二處是屬於部分客家地區，而此區所說的海陸腔，卻是台灣客家經常使用的重要腔調之一，以新竹地區為最多。另外，在福建省，除了原本知道的汀州永定、長汀、上杭、武平四地，是純客地區，《台灣客家地圖》還加上了漳州的南靖、詔安、平和、雲霄等地，為部分客家地區，也是過去施、陳書中沒有提及的客家祖籍地。2000 年後民進黨執政時間，不斷有人在討論陳水扁、游錫堃等人的客家身分，因為他們的祖先正是來自於漳州客家地區的移民。而原本汀州的寧化純客住縣已被刪去，增加了連城一地。《清代在台漢人的祖籍分布和原鄉生活方式》與《台灣的客家人》出版的時間較接近，所以認列的客家祖籍地範圍也較相近；《清代在台漢人的祖籍分布和原鄉生活方式》和《台灣客家地圖》兩書前後相差十四年，對於純客住縣的界定範圍以及客家地區的認列卻有所不同，饒平和海陸因為語言而被納入客語使用範疇，《台灣客家地圖》更貼近目前台灣客家的現況。這讓過去不被施添福認為是客家地區的移民，納入客家版圖；也使得許多原本不認為自己是客家身分的人，突然多了新的一種身分；當然原本不被歸於客家身分的移民，是否也該對於過去的身分，將認同隨之調整？

　　香港學者劉鎮發（1997），以廣東新豐東部的「水源話」、惠州、博羅、河源、連平等地的客語為研究，發現這些地方的客語跟別的地方的客語很不同。惠州、博羅人認為自己是「本地人」，而非「廣府人」或「客家人」，而「水源話」也被稱「蛇聲」。這顯示相當部份的人沒有客家認同，或不被認為是「客家」。但遠在台灣的海陸話，都有若干粵中次方言的特點，雖然惠州、博羅等地的人不認為自己是客家，但這些地方都在施添福、陳運棟的分類中歸於客家祖籍地，而在台灣被視為客家。

以台南鹿陶洋江家的訪問〔註15〕為例：以前都罵客家人為「客人仔」，後來江恩到大陸知道自己家族是客家人之後覺得好笑，以前竟是在罵自己。老鄉長江清風想起父親江皮在祭祖時，全程以客語和祖先交談，但平時也不和他們子女說。另外，受訪者陳登源先生也有類似情況，他說父親平時和他們說閩南語，但幾次拜拜的時候，聽到父親使用客語。雖然父親不曾說過是客家人，但族譜記載是來自廣東省大埔縣。詔安客家話是後來語言學家的分法，當初說詔安話的人，並不認為自己說的是客家話，甚至可能只是不同腔調的閩南話。鹿陶洋江家和油車江家的來台祖，都未告訴後代，自己的祖先是客家人，極有可能不知道自己後來會被歸類成為客家人，並非隱瞞（楊昇展2010：74～75）。

現在來看看何謂閩南人，根據民間學者林再復的《閩南人》（1988）一書所載：一般所謂「閩南」乃指福建南部操「閩南方言」的諸縣，包括漳州府屬的龍溪、南靖、詔安、東山、平和、長泰、海澄、漳浦、漳平、寧洋十三縣，以及泉州府屬的晉江、南安、同安、安溪、永春、德化、金門阿縣和廈門一市而言。這項定意並未排除操客家話的縣分，也未將廣東省「潮州府」操閩南話者納入，顯見這項定義是以「祖籍省分」為主的（王甫昌 2011：191）。南靖、詔安、平和等地，被認為是目前台灣詔安客家的祖籍地區，但是在當時是被林再復以祖籍省份定義而劃歸在閩南地區，和今日所謂說 Ho-lo 話的福佬人/閩南人意義並不相同。

根據台灣總督府的漢人祖籍調查紀錄顯示，崙背、二崙莊的住民祖籍，只有泉州和漳州。二十年前語言言學者，將這批祖籍福建漳州詔安縣的住民，歸入「客家」而稱之為「漳州客」或「詔安客」。日治時期的戶籍登記或語言地圖，都將他們登錄為「福」而非「粵」，排除在現今「客家」概念之外（李文良 2011：168）。而這批過去不認為自己是客家的雲林「福佬客」，也在近年找到可代表詔安的文化象徵物，如開口獅、客語布袋戲、阿善師武術等等，開始以「詔安客」自稱（黃靖嵐 2011）。既是本貫主義，又是方言主義，更由羅香林所稱的民系，趨向當代以認同為身分的族群範疇。

以上關於「客家」、「閩南」等等名稱，從地域概念轉成族群概念，還有諸多尚在流動的族群身分討論，顯示族群的認同，一直伴隨著社會變遷而不斷重新再建構。以族群為發展題材的文學，最重要的就是表達其意識和認同。

〔註15〕楊昇展對江堀雄在江宅進行的訪談，2010 年 5 月 10 日。

台灣社會在 1990 年代已發展爲四大族群概念，對於人群的想像和分類意義也已和過去截然不同。站在族群發展的浪潮之中，以族群爲書寫題材的「客家文學」，如何表現族群特色與文化，將是客家文學重要的發展走向。

第四節　本章小結

前一章討論到「客家」名稱在台灣的出現，由清代文獻和日本政府留下的資料來看，可分爲本貫主義和方言主義概念。而戰後「客家」名稱開始在台灣普遍使用，透過國民政府由中國傳播而來的說法，客家是中原漢民族的一支民系，語言爲客方言。長久以來透過教科書、國語政策等管道，以國語爲尊的國族主義教育，形塑語言體的階級體系（hierarchy）。1987 年台灣解嚴，專制時代鬆動，各類社會運動如火如荼，客家人眼見文化、語言日漸衰落，走上街頭要求還我母語，修正語言政策，改革廣電法。也在還我母語運動之後，激起客家意識，關心文化、語言失落的有識人士，一同開啓一連串的文化復興運動。

1988 年的還我母語運動，影響了許多客家人的想法，除了不再沉默，也不願意再被人當作是「客」，爭取同爲台灣一員的位置和權益，而提出「新个客家人」概念。過去因爲「義民」名稱的被汙名化，有必要洗刷客家人的汙名，重新還以歷史眞相，以及調整看待客家的史觀。而在這其中，人群的交往透過運動，已經超越過去單純只在地域、祖籍相同的網絡裡，發展出全台灣爲一體，建構屬於全台的客家想像，進入族群的概念之中。

由於 1990 年代中國國族主義的鬆動，反映在學校的鄉土教育、語言課程，從過去獨尊國語、禁說方言，到開始教授鄉土語言，客語、閩南語、原住民語爲本國語言，鼓勵學生學習母語的情形，然而福佬沙文主義的力道，將客語排除於台灣一員之外。被稱爲閩南語的 Ho-lo 語言，要求教育部要以「台語」取代之，引發客家人的不滿，認爲福佬人想要獨占「台語」名稱，同爲漢人、本省人的客家人如果不說話，讓台語成爲 Ho-lo 的代稱，那麼客家人豈不是將永遠都要爲客。是故在 1990 年代因「台語」一詞引起的話文之爭，造成許多客家人投書《客家》雜誌，對「台語」一詞的意義展開熱烈討論，指陳福佬人不能獨佔「台語」名稱，台語是台灣各族群語言的共稱。

當「台語」、「台灣文學」等名稱，紛紛在 1990 年代被熱烈討論時，對於

客家人的文學如何被定義，展開過「客家本位」和「台灣本位」的爭論。許多客家本位者，認爲福佬人一旦佔去「台語」、「台灣文學」等名稱，客家人可能會因爲失去語言、文化而慘遭滅族，所以一定也要一起爭，「客家文學」就在這樣的時空背景下興起了。不管對於客家文學的內容，未來可能朝向何種發展的討論，但是「客家文學」名稱，卻是在這樣的時空背景下被建構起來，與客家運動的發展密切相關。客家文學不但成爲族群向外爭取同爲台灣一員的方法，對內也成爲保留族群文化認同的方式。當客家文學被視爲族群文學分類之時，也正說明今日客家族群首重客家意識和認同，文學作品必須基於此種考量之下，才能進一步討論客家文學的內涵。

第四章　客家文學的生成內涵

　　自 1990 年代開始，各方為客家文學界定範圍與定義，一般而言，作家的身分別容易辨識，但是作品裡頭所呈現的客家意識，和客家生活、文化、思想觀等，應要如何界定？由誰決定？「客家」可以如何表述？

　　寫作者的身分由「客籍」到「客家」，創作表達從「客家」文學到「客語」文學，使得客家文學的內涵至今還在流動當中。對於寫作者和客家內容的再討論，可以發現客家文學的生產、消費關係。

第一節　當代「客家」可以如何表述？

　　陳素宜（2007）的碩論以 1992～2005 年前後共 14 屆的九歌兒童文學獎得獎作品內容來看，九十五本作品當中，有七十一本是台灣作家所著，其中有三十三本作品論及族群文化，而與客家文化相關的著作只有七本，所佔的比例相對為最低〔註1〕。顯示相關客家文化的內容，反映在兒童文學作品上是不明顯的，論及 Ho-lo 族群文化的作品數量為客家的九倍；原住民的作品數量也勝有客家三倍。

　　為什麼族群文化反應在文學表現上，客家族群的識別度，反倒較先天人數較少的原住民族為少呢？是採樣數並不足以代表反映客家文學現象，還是客家的特性有別於其他族群？什麼文化元素可以反映「客家」？什麼特性能讓人一眼便識別出「客家」？代表客家特性的意象、特質和形象，是客家人

〔註1〕在三十三本論及族群文化的作品當中，各族群所佔百分比分別為：holo55%、原住民21%、客家6%、其他18%。

對於自身的定義，還是非客家人眼中，對客家族群的印象？「客家特性」是客家人的自我描述，還是非客家人對於客家族群的整理歸類？以下是對於這些問題的討論。

一、學術中的「客家特性」

「客家特性」，代表的是族群特性，還是文化特性呢？若要了解客家文學作品裡的客家特性，能以何為觀察、判斷？筆者希望可在相關的學術研究，找出為客家特性而設計的量化統計，要看他者眼中的客家。

1.《越南籍配偶眼中的閩客族群意象》

徐聖筑（2006：18）的碩論以「聯合知識庫」的檢索來進行資料蒐集，將 2006 年的資料，包括聯合報、聯合晚報、經濟日報和 Upaper 等聯合報系，放進「客家人」為關鍵字，將整年度的報導作分析，來看媒體對於客家族群意象的描述。蒐集與分析的結果，對於客家族群意象的描述，前五名分別為「勤勞、節儉」、「祖先早期生活的描述」、「刻苦耐勞」、「硬頸」和「客家婦女」（詳情請參照附錄二表 2-1）。「勤勞、節儉」和「刻苦耐勞」，向來是客家族群給人的族群意象；而「祖先早期生活的描述」，基於開墾的篳路藍縷，對於過去生活的描述，應當也不外是類似「勤勞、節儉」和「刻苦耐勞」。「硬頸」通常是對客家精神的描述，意指擇善固執和堅持原則。而對「客家婦女」的描述，也大抵分為勞動特性和堅毅特質兩類。因此，總合徐聖筑對於越南籍配偶眼中的客家族群意象，仍和過去呈現「勞動」、「堅毅」的特性相去不遠。

2.《客家傳播理論與實證》

傳播學者彭文正（2009：189）不同於徐聖筑是以聯合知識庫的客家人關鍵字當檢索，但同樣也以 2006 年當做研究年度。研究材料是以該年的四大報內容作為研究對象，分別為中國時報、自由時報、聯合報與蘋果日報來進行內容分析。在 1,666 篇報導當中，以亂數隨機抽樣，共抽出 300 篇報導來分析（詳情請參照附錄二表 2-2-1）。依據分析結果，2006 年的四大報客家文化形象分析排行，首重「客家精神」，例如上述研究結果所討論到的「勤勞、節儉」、「硬頸」等族群性格特性。而排行第二名的，則是客家的「飲食習慣」，例如「米食」、「醃漬類」等食物，顯示客家人不浪費，對食物再製、再利用的習慣，同時也再次充分地反應出「勤勞、節儉」、「硬頸」等族群特性。其次就

是以「宗教習俗」、「建築居處」的特色爲客家文化形象的代表。

　　在四大報的統計中（詳情請參照附錄二表 2-2-2），文章內容最常出現的相關客家名詞是「客家話」（含客語、母語），「桐花」第二，「美食」位居第三。在面對逐年流失客語的情況下，「客家話」的議題一直是重要的客家核心課題。另一方面，2006 年客語的報導次數居首，應與當時客委會積極推動客語教學與客語認證有關。出現頻率次高的名詞爲「桐花」，這和桐花祭連續十多年舉辦，逐年所塑造出的客家文化形象亦有相關性，成爲目前客家文化中最具體的客家文化元素。

3.《客家特質在文化商品上的轉化與應用》

　　賴奕茹（2010）碩論爲研究產品所進行的調查，將十五項具代表的客家文化特質，彙整分類爲五組。其分組特質爲 A 組：熱情、人情味、親切，B 組：勤儉、刻苦耐勞、傳統，C 組：保守、敦厚、固執、誠懇，D 組：實在、樸實、簡單、乾淨，E 組：團結，進行問卷調查。（詳情請參照附錄二表 2-3-1）而這些性格描述，在此是以「文化特質」來闡述，而非前述研究的「意象」和「形象」。在羅列這麼多的「族群性格」描述裡，看起來仍不離「勞動」、「堅毅」的印象，還多了「團結」一項。

　　經由 76 位受測者回應客家文化，超過半數的受訪者曾經接觸過客家文化，不管是購買相關商品、參加活動、還是學習過客家語言或文史，由他們接觸客家文化的經驗，對於客家文化應有一定程度的了解。依照問卷結果（詳情請參照附錄二表 2-3-2），以桐花拔得頭籌，第二名是飲食文化，第三名是藍衫，第四名是擂茶。可見桐花、藍衫、擂茶等，代表民眾心中認知的客家文化，即使過去桐花只有桃竹苗才有；藍衫只有南部客家才有；擂茶只有台灣的外省客才有，卻也成爲大家對於所知客家文化的代表。此外，大眾對於客家文化的認識，還有很大的一部分是建立在飲食文化上，例如擂茶，以及桐花餐。而對於所知道的客家文化特質部分，刻苦耐勞、勤儉、和樸實，是彙整問卷百分比的前三名，也和前段研究結果，以及一般大眾對於客家人的刻板印象相似。

二、客家族群意象、客家文化意象和客家文化形象

　　綜合以上的討論，對於「客家特性」的內涵顯然還是籠統，所以在使用方法和對象上，似乎尚未有共識，才會產生多種名詞替代的現象。徐聖筑以

「意象」來描述他者眼中的客家族群性格；而彭文正則是以四大報中的使用名詞排行，來說明客家的文化「形象」。賴奕茹所作的客家文化「特質」調查，也是圍繞在族群性格的描述上。對於解釋客家族群性格來說，看到有「意象」和「特質」兩種用法。

彭文正所談的文化「形象」，包含非物質文化和物質文化的兩類描述。客家精神、信仰習俗和族群關係等層面，是屬於非物質文化；而飲食文化和建築居處等，則屬於物質文化。其反映在常出現的名詞上，「客家話」、「義民」和「族群」等，是非物質文化的名詞；而「桐花」和「美食」等，則是具體的物質文化。賴奕茹所談的客家文化「特質」，表面雖然歸爲族群性格特色，但是對於受測者背景研究的結果卻發現，受測者所知道的「客家文化」中，山歌和信仰是屬於非物質文化，但是其他如「桐花」、「飲食文化」、「藍衫」、「擂茶」等，甚至是台灣沒有發展的「圓形土樓」等物質文化，卻是大眾可以馬上投射的客家文化。

上述研究對客家的認知，有不完全相同的心理圖象，有的偏重在非物質的描述上，有人看到的是物質文化的一面。關於族群性格的描述上，筆者認爲使用「客家族群意象」一詞，作爲文本內容分析時，表現客家族群性格特色之用。根據 Boulding（1956）的研究，「意象」是「個人信以爲眞」的主觀知識，與個人的行爲舉止有直接相關。也就是說，意象是主體對於特定客體主觀印象形成的過程與結果，而客家的「勤勞、節儉」、「刻苦耐勞」，即是長久以來大眾對於客家族群最重要的族群意象。

然而普羅大眾對於客家族群的「刻板印象」，也是停留在「勤勞、節儉」、「刻苦耐勞」的印象當中，顯然經過研究的結果，對於「客家族群意象」，即爲傳統對於客家族群的「刻板印象」。在這方面來看，這兩種名詞代表的，都是相同的認知看法。

此外，對於使用「客家文化」和「客家文化形象」一詞，顯然同時具有物質和非物質文化的特性。但是仔細觀察使用的比例，以物質文化的描述爲多，特別是在「飲食習慣」上的名詞，顯見客家文化/形象方面，較重物質名詞的描述。在此，研究者以「客家文化形象」一詞，作爲分析在文本內容上，相關客家各項物質文化的總稱，例如藍衫、桐花。「客家文化意象」一詞，代表客家非物質文化的總稱，例如語言、信仰等。期望經由「客家族群意象」和「客家文化形象」、「客家文化意象」的分類描述，可使讀者和未來的研究

者，更清楚對於客家的認識，不再需要使用多種名詞而相雜分類的各自表述。

第二節 客家文學再討論

1990 年代爲客家文學展開熱烈討論時，彭瑞金（2000：31～33）認爲客家運動者錯估客家文學與台灣的關係，忽略「客家文學」只是代表台灣有不少客裔作家的現象。彭瑞金（1996：70）對於「客家文學」的獨立性抱持著懷疑、反對的態度，認爲當代已遠離傳統客家生活，哪來客家文化？又哪來客家文學？如何描繪客家民族生活文化的特殊內涵？其次，客家民族光耀的歷史和台灣客籍作家在文學上的豐碩成果，並不足以做爲客家文學已經確立的憑據。彭瑞金（1996：153）認爲，要確定是否有客家文學，先要弄清楚兩點：一是客家文化的特質是否存在？二則是作家是否認知、認同、表達出來了？因爲過去的客籍作家，雖然在文壇上承先啓後，累積不少豐碩的成果，但是作家是否認知、認同，作品是否表現客家文化特質，彭氏擔憂當代已遠離客家生活，根本無法創作出具有意識的文學作品。

這些如彭瑞金等人具客家本質論的想法，認爲遠離客家庄，則客家文學無法存在。然而進到 2000 年過後，以彭瑞金的論文標題爲例，〈從客語詩看客家文學與文化的互動〉（2004）、〈台灣客家作家作品裡的土地三書——《笠山農場》、《滄溟行》與《寒夜》〉（2002）等，發現彭瑞金已使用「客家文學」、「客家作家」等名稱。原先不認爲客家文學可在當代存在，即使寫作者爲客家人，也只是客籍作家身分，但在 2000 年過後，觀察到「客家文學」、「客家作家」等，成爲普遍共識的使用名稱。足見讀者對於這些名稱的接受，未必有如定義者的堅持，客家文學的定義有必要進行「再討論」。

一、族群身分論

彭瑞金對客家文學前後的批評和使用，令讀者看到不同的接受過程，卻也明白他所認爲的客家作家應具備客家人身分。如果本身不是客家人，通常無法對客家生活了解而進行書寫；過去在文學上有豐碩成果的客籍作家，也都是客家人。這也就是說，先要有客家人來寫作，再依據其作品內容，再判斷是否爲客家文學。族群書寫很重要的一項先決要件，即是作者的身分；客家人書寫的作品，才有可能是客家文學。

黃恆秋（1998：17）認爲寫作者的身分不重要，但是要以客語書寫，才

算是客家文學。其在《台灣客家文學史概論》的附錄中，列出客籍作家作品，詩人概約 20 位，小說作家約 35 位，不過顯然作品還是以客家人作家爲主。以下簡表，是黃恆秋對「客籍」身分特徵判別的說明：

特徵 族別	祖籍在客家地區	祖先有客家語言 文化特徵	本人有客家語言 文化特徵
客籍	＋	＋	＋
非客籍	－	－	－

黃恆秋認爲「本人有客家語言文化特徵」，這樣就符合「客籍」身分的定義，可是有客家語言文化特徵，卻不一定是具有血緣身分的客家人。因此，黃恆秋的客家文學定義，不重視身分，而是較重視語言能力。黃氏所主張的客家文學定義，是目前許多相關研究經常引用，被視爲較寬廣的一項定義。

回顧過去曾對客家文學提出定義者，在 1990 年由客家雜誌所召開的客家文學座談會，幾位重要學者對客家文學的定義，如陳萬益、羅肇錦、黃恆秋等，還有後來持反對意見的彭瑞金。以及後來接連有幾位作家，如鍾肇政、李喬、鍾鐵民等，先後對於客家文學定義發表看法。各方的定義內容已整理至表格如下：

表 3、各方學者專家對於客家文學的定義

闡述者	對客家文學的定義
陳萬益 1990	「以客家人立場所寫，除了引用的語言是客家話之外，非客語作品，只要題材與風俗、社會背景談及客家，都可以叫客家文學，或者作者是客家人也可以稱客家文學
羅肇錦 1990	狹義：「『客家文學』係客家人用客家思維進行客語寫作，它寫作內容重點在客家文化感情。」 廣義：「舉凡創作時用客家思維，而寫作時情感根源不離客家社會文化，這樣的作品就是客家文學。」
黃恆秋（子堯） 1990	一、擁有「客家觀點」或操作「客家語言」寫作。 二、主題不以客家人生活環境爲限，擴充爲台灣的或全中國的或世界性的客家文學。 三、承認「客語」與「客家意識」乃客家文學的首要成份。 四、只要具備客家史觀的視角或意象思維，均是客家文學的一環。
彭瑞金 1991	檢視漫長的客族成長史中，所謂客家文學，只不過是客系文人的遊藝作品而已。客家文學從來就不是客語文學，而即使是未來，客家

	文學與客語文學也不可能合而為一。審諸「台灣客家文學」的過去，<u>客家只是作者的身份表徵</u>，從來沒有人能夠以絕對區隔性的性質來為「客家文學」定位。
鍾肇政 1994	「客家文學是指成於客家作家手筆的文學作品，至於其所驅用的語言，不妨採取較寬鬆的態度，不管所用的語言是一般通用的中文，乃至成於日據時代的作品均可不論，一如『台灣文學』一詞，包含日文、中文、台語文作品那樣。」
李喬 2004	1. 作品中含有「<u>客家意識</u>」，有客家人或客家社會的生活方式、行為模式、思考模式及價值觀的作品。 2. 作者是<u>客籍人士</u> 3. 用客家的生活語言寫作的作品
鍾鐵民 2006	所謂「客家文學」大體有下面四種： 1.<u>客家人</u>寫的文學作品。2.寫客家人的<u>生活、文化、思想觀念</u>等。 3.寫給客家人看的文學作品。4.用客家語寫的作品。 就廣義而言，所有客家作家的作品，這些作品的內容以客家社會為題材，寫客家社會的生活、風土、人情、故事都可以認可。若限制在作品表達必須用客家語言，閱讀定位在客家人，而創作者以寫客家文學的態度從事創作，那麼，除開現代詩的創作稍有成就外，小說、散文、戲劇各方面都無法找到夠水準的作品。

筆者依據各學者專家對客家文學的定義資料所繪製的比較表格

　　總合表 3 的內容發現，其實客家文學最重要的定義，就是要有客家人的身分為通則。只要是客家人所寫的作品，都會被稱為是客家文學。學者陳萬益、羅肇錦如是認為，彭瑞金雖不見得同意有客家文學的存在，但根據他的說法，寫作者要是客家的身分。另外，作家李喬、鍾鐵民，也同意寫作者要有客家身分，鍾肇政更直言，即使是中文書寫的作品，只要書寫的是客家作家，那便就是客家文學。客家人的身分與否，成為最醒目的區辨分法。以黑色方框顯示討論的重點，均要求作者身分是客家人，是多數定義生產者對於客家文學的期待。唯有黃恆秋的主張，是不強調客家身分的。但事實上，會寫相關客家主題的，多和客家人有關，其他族群也寫客家的，當然會有，但比例上會有多少？

　　其次，定義生產者希望作品能表現客家意識，語言方面不是最重要的。例如陳萬益、羅肇錦、鍾肇政、李喬、鍾鐵民等，整理諸位內容的大意就是，呈現客家的生活、文化、思想觀等，即為客家文學。但是在此，黃恆秋主張構成客家文學的首要條件，除了客家意識，還必須要使用客語。其考量當然

有挽救母語的企圖心，但是既要挽救母語，也代表現階段書寫客語能力的不足，要求使用客語才能成為客家文學，黃恆秋認為的客家文學，還具備保存母語的功能。

最後，如果可以的話，客家文學當然期待是以客語來寫作。這在羅肇錦、李喬、鍾鐵民等人，對於客家文學狹義的定義中可看到。鍾鐵民主張「客家人寫給客家人看的文學作品」看法，希望能以客語書寫，不過事實上他也承認，目前客語作品除了客語詩稍有成就之外，其他的客語文類還未達水準。有別於黃恆秋想把客家文學發展至世界文學的雄心壯志，鍾鐵民反而希望客家的讀者，能夠好好的分享創作者筆下的客家意象。

外國學者史丹利費雪 Stanley Fish（1938～）提出「詮釋共同體」概念來說明，在此範圍之內「理解」文本脈絡的讀者為「具素養的讀者」；而不在此「共同體」之內的「未具素養之讀者」，便發生「無法理解」閱讀脈絡的問題。〔註2〕前一章論及客家文學在台灣的現身，隨社會變遷，已具有族群文學的條件，對於客家文學的寫作者，被認為需要具備客家人身分才算族群書寫。只有客家身分的寫作者，才能符合讀者的期待視野，也才能使讀者連結和客家的關係，讀到作者融進作品之中的客家生活與思想，這是作為客家文學的詮釋共同體，所能理解的閱讀脈絡。

二、作品論

鍾肇政（1994）於《客家台灣文學選》的序裏提到，客家文學的標準，是「屬於客語族群的作家，較含有客家風味的作品」。也就是說，作品以客家地區為背景，或描寫客家人的生活；能夠呈現出客家人的民族特性；部分使用客家語彙、諺語、歌謠的展現，即為客家風味。

但是這些所謂的「客家風味」，具體的內容是什麼？黃恆秋也提到需具備客家史觀，而台灣客家的史觀該是什麼，目前有共識嗎？依據黃恆秋所著的《台灣客家文學史概論》一書，提到客家文學的範疇，列了以下七點「可供篩檢的芻型」：

（1）以客家族群聚落為基點，延伸而出的台灣意識或鄉土情懷作品。

（2）以台灣史或民變事件為經緯，敘述客家子弟的經驗文學。

〔註 2〕 概念來自陳培豐，2011，〈鄉土文學、歷史與歌謠：重層殖民統治下台灣文學詮釋共同體的建構〉，《台灣史研究》18（4）：109～104。文章註釋 19。

（3）以傳統客家婦女為形象的特質，所展現的文學品味。

（4）表現閩、客關係及其社會觀點的文學作品。

（5）思索台灣動向、關懷鄉土鄉親的客語文學創作。

（6）客家歷史掌故的敘述

（7）探討客家運動趨勢，剖析客家詞彙，歌謠或相關藝術的文章。

這是 1998 年出版的《台灣客家文學史概論》中，所認為的客家文學範疇，也應是可供篩檢的客家書寫內容。仔細看這七大點，筆者將其歸納為五個標題，以下就各標題分別作討論：

1. 客庄風土

第（1）點以客家族群聚落為基點，延伸而出的台灣意識或鄉土情懷作品；和（2）以台灣史或民變事件為經緯，敘述客家子弟的經驗文學；以及（6）客家歷史掌故的敘述這三點，可以發現皆相關歷史，特別是客庄的歷史。舉例鍾肇政的台灣人三部曲，這是桃園龍潭陸家的抗日歷史，是客家庄、具漢族意識、更是客家子弟的抗日經驗等等。客庄的風土民情，就是客家的歷史，書寫客庄人事物，即是客家書寫的內容。另外可在作者於 2008 年時，《台灣客家導論》所寫關於文學的介紹中〔註3〕，發現這七點範疇已修改為六點，也就是將（6）歷史掌故拿掉。

2. 客家女性

第（3）點以傳統客家婦女為形象的特質，所展現的文學品味。對於客家婦女的形象特質，可於彭瑞金〈台灣客家文學的可能性及其以女性為主導的特質〉一文中看到許多的例子和整理。這篇文章同時也是將客家文學正式放到學術脈絡討論的開始，顯見客家婦女於客家社會來說，具有非常特殊且重要的地位和代表性。只是現代的客家女性與時並進，如果只是停留在傳統客家婦女的形象之中，恐怕與時代變遷不符。客家婦女在歷史記載中，其實是非常具前衛印象的，從不纏足到太天國的女兵，都顯示婦女自立堅強，能獨當一面的能力。彭瑞金認為，在美國人米契納（James Michener）筆下的客家女性夏美玉，展現客家移民勤奮的開拓精神，更是獨立自主的典範。〔註4〕因

〔註3〕詳見彭欽清、黃子堯，2007，〈文學篇〉。頁 337～361，收於徐正光（編）《台灣客家研究概論》。台北：客委會。

〔註4〕米契納（James Michener）的《夏威夷》一書，在美國出版後一直十分暢銷。作者從夏威夷的開天闢地講起，包括原始的波里尼西亞人，美國人，葡萄牙

此書寫客家女性，可在現代尋找題材，並不一定要是傳統的客家婦女形象。

3. 族群關係

第（4）點表現閩、客關係及其社會觀點的文學作品，反映 1990 年代的客家論述。雖然福佬人一直都是同為台灣客家人的他者，但是時間已脫離閩、客關係緊張的 1990 年代；客家運動也有了些許的成果，例如統籌全國客家事務的客委會、客家電視台等的成立。客家書寫內容，與其只寫閩客關係，不如表現在與其他各族群的相處上更為適合。客家聚落，特別是靠山線的部分，更多的是和原住民之間的關係，也有許多與外省人通婚的例子。所以，除了閩客的互動，與各族群的族群關係，都是很好且具社會觀點的書寫內容。

4. 客語創作／客家詞彙

第（5）點思索台灣動向、關懷鄉土鄉親的客語文學創作，顯然即是純客語的創作。只是也許可以更開放一些，主題未必是家國，也可能是客家人的愛情故事或青少兒故事。但是第（6）點探討客家運動趨勢，剖析客家詞彙，歌謠或相關藝術的文章這點，筆者不太明白這其中的連接，客家運動趨勢和客家詞彙，歌謠或相關藝術的關係？也許在於強調因為客家運動的展開，對於客家詞彙，歌謠或相關藝術的發展就更為興盛了？筆者將客家詞彙和客語創作的發展結合在此項討論。客語書寫應該即是客家詞彙，除非是想要凸顯例如山歌、硬頸之類具客家代表性的詞彙，不然能以客語書寫客家，即是最理想的客家文學作品。

5. 客家社會運動

第（6）點探討客家運動趨勢，也就是本文所謂的客家文化復興運動。從 1988 年開始，至今還一直持續的客家運動，是最具客家族群意識的表現主題；也是彭瑞金等所謂之，具「具客家民族意識」、「客家使命感」的創作內容。

綜合以上對於客家文學內涵的分類，作品主題多是圍繞在客家庄、女性、語言、族群關係和社會運動上。對於傳統生活的描寫之外，當代的族群關係和社會運動，顯然就和文化方面的題材出現斷裂，也充分反映出客家文學的當代性，以及要求族群文化復興的訴求，才是發展客家文學的背後原因。

人，中國人，日本人初來夏威夷定居的全部故事。可參考彭瑞金，1993，〈台灣客家文學的可能性及其以女性為主導的特質〉。頁 80～102，收於黃恆秋（編），《客家台灣文學論》。台北：客家台灣文史工作室。

三、結語

　　《客家》雜誌舉辦的文學發展座談會，自 1990 年舉行，到鍾鐵民於 2006
年所提出的定義，客家文學經歷多位學者專家的不斷「再」定義，生產、建
構他們對於客家文學的想像。也就是說，這些具有高度客家意識的運動者，
試圖為客家族群定義何謂「客家文學」，以保留族群文化、語言為目的，並期
待書寫者的客家意識展現。

　　在這過程中，讀者也不斷藉由對於客家文學的認識，接受對於作家身分、
作品內容的規範。這些透過閱讀來認識客家的消費者，接受生產客家文學定
義者對於客家文學的想像與建構，也接受這些高度客家意識運動者的動員，
使客家文學的圖像逐漸浮現。

第三節　從「客籍」作家到「客家」作家

　　文獻回顧時提到，過去彭瑞金認為「台灣客家文學」只是「台灣客屬作
家的一種文學表現」，並不是一種文學的科目和類別，不認為有所謂的客家作
家。黃恆秋也提出相同看法：「在這些豐盛的台灣文學資產裡，至多只能稱為
『客家人作品』或『客屬作家作品』」。1980 年代以前，在台灣從未有過「客
家文學」的名詞，自然也未有人定義過誰是「客家」作家，若以血源論，凡
客家身分的寫作者，只能稱是「客籍」作家。關於台灣文學的討論，將客籍
作家的作品，包括在台灣文學之中。這種情形到 1988 年之後，因為客家文化
復興運動興起，客家認同的強化與轉變，鬆動了台灣文學的內涵。

　　《客家風雲》於 1988 年 8 月 13～14 日，舉辦第一屆「客家夏令活動」，
安排鍾肇政、李喬主講〈客家人及台灣文學〉。彭鑫在《客家風雲》第十一期
（9 月）發表〈客家夏令活動圓滿閉幕〉一文，已經直接將鍾理和、吳濁流等
人，以「台灣重要客家文學家」稱呼。

　　彭瑞金、黃恆秋認為，需要是對客家民族有使命感、具客家史觀的客家
作者，書寫的作品才算是客家文學，現階段很難找到這樣的作品。1988 年以
前，多數具有客家身分的台灣作家，很少自稱為客家作家。但是 1988 年之後，
客家意識和認同被激發，如彭、黃之觀點，或許代表其一家之言，可是更多
數的讀者和評論家又是如何看待這些現象的呢？《客家風雲》時期，把鍾理
和、吳濁流等人，視為台灣重要的「客家」文學家，這些「客家」作家的作

品，是否就是「客家文學」？這些被視為客家文學的作品，作家又有何共通的特點呢？本節從各專書、客家文學選、官方網站等資料中，對於被認列為代表性的客家作家名單進行比較。

一、「客家」作家再討論

鍾肇政在編選《客家台灣文學選》（1994）時曾提出，此書編選是採公開徵文的方式，截稿前未見外省客作品投稿，除了如賴和、呂赫若等，是認定的福佬客作家之外，其他相似情形的作家，也因不明其認同態度而未主動邀稿，是故作品蒐集範圍限定在國內，以「屬於客語族群的作家、較含有客家風味的文學作品」，為本書所收錄的作家、作品。因此在《客家台灣文學選》中選出的作家，代表的即是生於斯長於斯的台灣客籍作家。

在鍾肇政所主編的《客家台灣文學選》中，認為「客家作家」涵蓋三種身分：

表4、鍾肇政《客家台灣文學選》所分類的「客家作家」三種身分

生於斯長於斯的客家作家	吳濁流、鍾理和、鍾肇政、李喬
福佬客作家	賴和、呂赫若、宋澤萊、張良澤
外省客作家	林海音、周伯乃

資料來源：鍾肇政（編），1994，《客家台灣文學選》第一、二冊，台北：新地文學。

鍾肇政認為如吳濁流、鍾理和、鍾肇政、李喬等，是生在台灣、長在台灣的客家人，那麼他們的作品可說是客家台灣文學，身分可稱為客家作家。而如宋澤萊、張良澤等，雖然被聲稱具有客家籍，但是不明白他們自身的認同態度，不清楚他們是否也同意自己被稱為福佬客作家，所以沒有主動邀稿。也就是說，《客家台灣文學選》所選擇的文章，以生於斯長於斯的台灣客家作家為主，不包含福佬客作家，以及如林海音、周伯乃等，父系來自於台灣省之外的外省客作家。鍾肇政在土生土長的客家人之中，排除了福佬客，意味會說客語、認同客家身分者，才是他所認可的客家作家。

黃恆秋所編著的《台灣客家文學史》（1998），也將客家作家分成類似鍾肇政所說的三種身分別，不過裡頭所包含的作家不盡相同。土生土長的客籍作家部分，吳濁流、鍾理和、鍾肇政、李喬等四位相同，另外還收有青壯作家十五位，分別代表不同領域，發表不同類型的文章。福佬客和外省客作家

的代表也有出入，可見吳濁流、鍾理和、鍾肇政、李喬等四位在台灣土生土長的作家，是鍾肇政和黃恆秋在分類作家身分類型時的共識。

以下是黃恆秋《台灣客家文學史》一書中，所分類的分為三類型作家：

表 5、黃恆秋《台灣客家文學史》所分類的三類型作家

土生土長客籍作家	吳濁流、鍾理和、鍾肇政、李喬、林柏燕、謝霜天、莊華堂、鍾鐵民、吳錦發、劉還月、范文芳、曾貴海、陌上塵、鍾喬、蕭新煌、藍博洲、彭瑞金、徐仁修、徐正光
福佬客作家	賴和、連雅堂、宋澤萊、張良澤
外省客作家	楊子、周伯乃、劉慕沙、朱西甯、王幼華、蔡詩萍

資料來源：黃恒秋，1998，《台灣客家文學史概論》。台北：客家台灣文史工作室。

黃恆秋所分類的土生土長客籍作家，較鍾肇政的分類多出十五位年輕一代的客籍作家，他們在各領域發聲。例如吳錦發致力於寫作山地文學、劉還月從事平埔族田野調查；鍾鐵民反美濃水庫興建、范文方反核、曾貴海重環保；陌上塵、鍾喬、蕭新煌等著重勞工運動或弱勢關懷；藍博洲撰寫民眾史、彭瑞金寫台灣文學史、徐仁修從事自然主義報導、徐正光作台灣社會研究。這些青壯的一代，都是客家人，也發表文章，但是各有關懷的事件和研究，因此在黃恆秋的分類上，較偏重在於作家的客家身分。

另外，在福佬客方面，選擇賴和、宋澤萊和張良澤三人，也和鍾肇政相同，唯一不同的是，黃恆秋將連雅堂放進了福佬客代表的分類中。外省客作家部分，指的是國民政府遷台後來台或第二代文學作家，除了周伯乃之外，其他均不同。特別的是，王幼華、蔡詩萍兩位並非客家籍，但是因為文章具有客家情感，於是被選入放進外省客的類別當中，顯然在這分類上，客家身分又似乎不是判別的要件。

黃恆秋和鍾肇政是不同世代的作家，對於鍾肇政而言，相似的生長、寫作年代，使其認可差不多時期的吳濁流、鍾理和和李喬等人，認為具客家身分、會說客語，能書寫客家庄的作家，即為客家作家。而黃恆秋則和如吳錦發、曾貴海等人同世代，自然舉相似的同期作家為例，但是對於客家作家的認定，有時以客家身分為優先，有時則是認同客家即可，並非一定具備客家族群身分。不同的世代，對於客家作家的定義，也有不同的接受考量。

二、台灣的「客家」作家

客家作家的分類，光是以鍾肇政和黃恆秋所出版相關對於客家作家的分類，就有明顯的出入，哪些作家才是具有高度共識的客家作家呢？黃恆秋甚至曾著書介紹客家籍的文藝家，書名為《台灣客家文藝作家作品目錄》，所編輯收錄的客家作家共有一百九十三位〔註5〕，都是具有客家身分的創作者。那麼多的客籍作家，是否都書寫客家文學？

依據國家圖書館所建置的客家文學史料系統（http://lit.ncl.edu.tw/hakka）內容，其收錄的客籍作家包含一百位。而國圖提供的史料查詢系統，通常為方便民眾研究使用，本文就以此客家文學史料系統為主要參照，並將資料裡的一百位作家，依照黃恆秋《台灣客家文學史》一書裡的作家身分分類法，將客家文學史料系統的一百位作家分類，各項作家名單請參見附錄：

1. 附錄三表 3-1 為土生土長的台灣客籍作家
2. 附錄三表 3-2 為福佬化的台灣客籍作家
3. 附錄三表 3-3 為 1949 年來台或其後代的客籍作家
4. 附錄三表 3-4 為在外國出生的來台客籍作家

資料顯示，以作家身分別進行分類，土生土長的作家共有八十六位，福佬客家作有三位，外省客作家有九位，在外國出生的作家有二位，顯見還是以在地長大的台灣作家為主要創作群。以下使用國圖客家文學史料系統所收錄的八十六位土生土長的作家名單為基準，和各項相關專書、客家文學選和官方網站資料的客家作家分類內容進行比較：

1. 黃恆秋——《台灣客家文學史》

以黃恆秋《台灣客家文學史》所包括的土生土長作家來看，再和國家圖書館的客家文學史料系統內容比對，有很大的不同。曾在前文提出王幼華、蔡詩萍兩位，本身不具客家籍，但是文章之中可找到客家的蹤跡，所以被編納進客家文學史料系統之中；相對的，如劉還月、蕭新煌和徐正光等人，雖是客家身分，卻不被史料系統納入為客家作家。客家文學史料系統，顯然是以作品是否具有「客家風味」來決定。可是如果真是以作品來決定，那麼例如在福佬客分類的宋澤萊，雖是台灣土生土長，但是作品的「客家風味」不甚明顯，而且致力於提倡台語（福佬語）創作，仍被收進客家文學史料系統

〔註 5〕黃恆秋，2001，《台灣客家文藝作家作品目錄》。台北：客家台灣文史工作室。

內。另外，同被黃恆秋納進福佬客分類的連雅堂，知名度雖高，卻是不在史料系統的名單之中。前後不一致的分類名單，令人有摸不著頭緒之感。

綜合以上討論，點出目前台灣對於客家作家的定義、分類，明顯還未有共識，即使是官方建置，以期成為社會、學術使用的「史料」系統，和民間對於客家作家分類的想法，卻未必相同。這是在附錄四表 4-1 中所看到的問題。

2. 鍾肇政──《客家台灣文學選》

接著是附錄四表 4-2 中，鍾肇政《客家台灣文學選》與客家文學史料系統的作家名單比較。基於鍾肇政過去陸續編集過許多本台灣作家的作品全集，對於文章的挑選、鑑別功力頗具公信力。為了客家的文學發展，特別以「客家」為主題，在過去編選台灣文學的經驗之中，挑選具有客家風味的作品，分為上、下兩冊出版。那麼選集裡頭的文章必定是一時之選，被挑選作家也可稱之為客家作家才是。不過經過和客家文學史料系統的作家名單比對，除去重疊的部分，選集中有八位作家不是史料系統內的作家名單。例如像劉還月，前文提到黃恆秋將其納入土生土長作家分類當中，鍾肇政於文學選中亦收錄其作品，但是史料庫名單中，卻沒有收錄他的名字。

另外一個例子是黃秋芳，鍾肇政稱其文章非常具有客家風味，但是她本身不是客家人。客家書寫，雖然首重客家身分，但是只要認同，作品呈現客家意識，能將作品內容賦予客家風味，也就是為是客家作家。只不過，黃秋芳顯然不如蔡詩萍等受到青睞，能因作品有客家風味而被選入史料庫的名單之中。一本是介紹台灣的客家文學史專書，另一本是收錄台灣文學中描寫關於客家的文章，和國家圖書館所建置的客家史料系統名單，到此三方的比較下，反映出目前台灣對於判別客家作家身分和作品客家風味的標準上，並不一致。

3. 台灣客家文學數位資料庫（lit.hakka.gov.tw）

接著討論同是網路建置的台灣客家文學數位資料庫（參見附錄四表 4-3）。這個資料庫所收錄的作家人數並不多，第一年由陳萬益主持，建置吳濁流、龍瑛宗、鍾理和、鍾肇政、李喬、鍾鐵民六位作家資料。第二年由彭瑞金主持，除了原先建置的吳濁流、龍瑛宗、鍾理和、鍾肇政、李喬、鍾鐵民六位，尚續建置杜潘芳格、林柏燕、謝霜天、曾貴海、利玉芳、鍾延豪六位，共十二位為目前資料庫收錄的作家。

　　相對於前文討論的客家文學史料系統，總共收錄一百位作家的情形，令人好奇能代表客家的文學家，究竟是哪幾位才是眾人心中所認同的客家作家。例如代表多數的土生土長客籍作家中，丘逢甲到羅秀玲，從民前四十七年到民國六十七年，時間跨越了百年之久，前者長於漢詩寫作，憂國憂民的抱負；後者致力於母語的創作，希望號召客家人能以客語書寫。戰後推行中文白話文書寫，沒有漢詩的舞台，亦不得以「方言」書寫，大家所認同的客家作家，恐怕還是多以描寫客家事物的華語書寫為多，也就是如台灣客家文學數位資料庫，所反映的這十二位現代文學作家。

4. 李喬——《客家文學精選集：小說卷》

　　《客家文學精選集：小說卷》（2000）是由李喬、許素蘭、劉慧眞所合編，共選出十一位客家小說代表：賴和、呂赫若、龍瑛宗、吳濁流、鍾理和、林海音、鍾肇政、鄭煥、黃娟、鍾鐵民和李喬。而這些選出的作家，都包含在客家史料系統之中（參見附錄四表 4-4）。這本選集的出版企圖心，正是要證明：「客家文學」就是「台灣文學」，因此選擇的作家從日治時期的賴和，一直承接至民國。而林海音、鍾肇政等，也是後來為台灣文學招募新血的旗手，這些人的作品和影響，也正是一部台灣文學史的縮影。

5. 李喬——《台灣客家文學選集 I——詩散文》

　　李喬（2004）在〈序言〉中提到，一個族群文化的根本問題，是語言文字的「存有實況」，以及語言文字的「表達機會」。因此，作品除了要好之外，重要的是要有機會發表，所以《台灣客家文學選集》即是在這樣的情況下產生。對於「客家文學」的認定，由寬到嚴為：一、作品中表現客家文化、生活，或客家意識者；二、客家籍作家詩人的作品；三、用客家語言寫作的作品。客家身分雖然重要，可是作品不能沒有客家內容，最嚴格的要求即是能以客語書寫，而選出的作品，經過客語改寫，也就是李喬所認定最理想的客家文學。

　　參照附錄四表 4-5，《台灣客家文學選集 I——詩散文》與客家文學史料系統的作家名單比較，扣除重疊的名單之外，蕭銀嬌、劉洪貞、劉慧眞、陳板、吳尙任這幾位不在史料系統名單之內。但是例如劉慧眞，本身除了創作新詩之外，也積極參與客家運動，如此身分和內容都具備客家文學的條件，作品也被收錄在台灣客家文學選集之中，但是卻被排除在客家文學史料系統名單之外，令人訝異。

全文作品由龔萬灶進行客語改編，以全客語的方式呈現。其中，有幾位作家，如邱一帆、葉日松、張芳慈、利玉芳、范文芳、黃恆秋等位，平時在創作時，就已是客語進行創作，類型以詩作居多。

6. 李喬——《台灣客家文學選集 II——小說》

《台灣客家文學選集 II：小說》（2004）是由李喬主編，挑選文章之後，再由龔萬灶進行客語改編。要顧及作者年紀分佈，又要生趣、通俗，以客家生活方式，農村農事背景，最「客家式」的思考模式來表現作品。序言中提到：「者係『今日台灣客家人个根』，文學个基本，閱讀客家文學，請從者位入門。」所以李喬收錄了吳濁流、鍾理和、鍾鐵民、吳錦發、黃娟、林鍾隆、林柏燕、鍾肇政和李喬的作品，是編者心中符合、代表客家文學的作品。選集裡的作家，也都是客家文學史料系統之中收錄的作家（參見附錄四表4-6），於此特別將書名加上「台灣」二字，也為強調選集的作家皆為土生土長的台灣客家作家。

7. 邱春美——《客家文學導讀》

《客家文學導讀》（2007）將客家文學分為民間、現代、古典文學三類，收錄的作家作品，是編者認為符合客家作家的條件，以及作品相關客家文學，最後生產了這本導讀。大致上，收錄的作家和史料系統相同（參見附錄四表4-7），僅古秀如、陳永淘，和涂敏恆三人不在客家史料系統的收錄當中。也許建置客家史料系統者，並不認為歌詞的創作者，屬於客家文學的範圍，所以沒將這三人收錄在名單之內。

8. 小結

綜合以上，由國圖客家文學史料系統（http://lit.ncl.edu.tw/hakka）編納的八十六位客家作家，和《台灣客家文學史》、《客家台灣文學選》、《客家文學精選集：小說卷》、《台灣客家文學選集 I——詩散文》、《台灣客家文學選集 II：小說》、《客家文學導讀》，以及同為線上資料的台灣客家文學數位資料庫（lit.hakka.gov.tw）等，再各方所認為的客家作家名單交叉比對（如下表），發現有五位作家是被共同認可，不管在何種分類之下，都會一再被提出當作是客家作家的代表，他們分別依序為吳濁流、鍾理和、鍾肇政、李喬和鍾鐵民。也就是說，這五位作家，應該就是大眾所能認可的客家作家，而他們的作品可被稱之為客家文學。

　　前文曾對鍾肇政和黃恆秋選擇客家作家的標準有過討論，可能是身分因素，也有可能是作品內容。而經過各方共識的客家作家名單，也和陳萬益、彭瑞金、李喬和邱春美等人對於客家文學的看法密切相關。編者依據自身對於客家文學定義的投射，選取相關的作家為代表，被選錄的作家即成為客家作家，這同時也和編者意圖建構所謂「客家文學」、甚至「台灣客家文學」範疇有關。因此被選出的客家作家有哪些人，就代表著他們對於客家文學的想像與界定。

表6、各專書與官方網站資料對於客家作家名單的整理

來源 作家名	台灣客家文學史概論	台灣客家文學數位資料庫	客家台灣文學選	客家文學導讀	台灣客家文學選集：詩散文I	客家文學精選集：小說卷	台灣客家文學選集II──小說	總計
吳濁流	V	V	V	V	V	V	V	7
鍾理和	V	V	V	V	V	V	V	7
鍾肇政	V	V	V	V	V	V	V	7
李喬	V	V	V	V	V	V	V	7
鍾鐵民	V	V	V	V	V	V	V	7
吳錦發	V		V	V		V	V	4
黃娟			V			V	V	3
龍瑛宗		V	V	V		V		4
林柏燕	V	V	V				V	4
杜潘芳格		V		V				2
賴和						V		1
林海音						V		1
張芳慈					V			1
陳城富				V				1
謝霜天	V	V						2
丘秀芷					V			1
林鍾隆			V				V	2
呂赫若						V		1
利玉芳		V			V			2
曾貴海	V	V		V	V			4

來源 作家名	台灣客家文學史概論	台灣客家文學數位資料庫	客家台灣文學選	客家文學導讀	台灣客家文學選集:詩散文I	客家文學精選集:小說卷	台灣客家文學選集II——小說	總計
鄭煥			V			V		2
鍾延豪		V	V					2
張榮彥			V					1
馮菊枝			V					1
范文芳	V				V			2
曾信雄			V					1
陌上桑			V					1
邱一帆					V			1
龔萬灶					V			1
徐仁修	V				V			2
黃恆秋				V	V			2
宋澤萊	V							1
雪晔			V					1
馮輝岳			V					1
陌上塵	V		V		V			3
劉慕沙	V							1
王幼華	V							1
陳雨航			V					1
曾寬					V			1
江上			V					1
蔡詩萍	V							1
羅肇錦				V				1
彭瑞金	V							1
藍博洲	V		V					2
莊華堂	V		V					2
周伯乃	V							1
鍾喬	V							1
葉日松					V			1
陳寧貴					V			1

本表為筆者依據附錄四各方資料自行整理而來

　　根據表 6，除了五位共識的客家作家，是在每一類的客家作家名單都獲選之外，僅次於以上五位，另外還有四位作家也有很高的獲選票數，分別是吳錦發、曾貴海、林柏燕和龍瑛宗。林柏燕服務於教育界，1960 年代進入文壇，但在 1988 年之後便移民加拿大。吳錦發和曾貴海是中生代的客家作家，前者寫小說聞名，後者擅長寫詩，尤其在 1990 年代之後，有轉向母語創作的作品出版。龍瑛宗，作爲跨越語言一代的作家，他的作品在日本時代即被文壇所矚目，被視爲台灣現代主義寫作很重要的經典，卻不在每類的客家作家名單共識當中。令人好奇的是，黃恆秋的《台灣客家文學史》沒有收錄他；李喬等編選的《台灣客家文學選集 I──詩散文》和《台灣客家文學選集 II：小說》也都沒有選錄他。

　　關於龍瑛宗的創作，論者因爲其作品所描述的人物，始終苦惱於「自我」和「外界」的衝突，最後總是選擇調和的妥協性格，所以認爲他缺乏抵抗精神，作品也被標示爲「逃避文學」。葉石濤以「客家情結」凸顯他受到日本殖民和福佬作家的雙重歧視。因此，李喬在「台灣客家文學」的選集系列沒有收錄龍瑛宗，或許就是因爲他的不夠「正牌」。學者蔣淑貞（2006：1～41）以鍾理和與龍瑛宗爲文對照，舉出如李喬等編者，在爲客家教科書宣達「客家認同」時，已對二者的作品定調，鍾理和是「最富人道主義的平民文學農民文學」；而龍瑛宗只在欣賞其文學技巧「筆淡意遠，非再三品嘗不易領會眞味」。

　　龍瑛宗的作品雖曾被譽有世界的水準（葉石濤 1987：1～6），但在台灣客家文學的作家收錄之中，並無被選爲高度共識的客家作家，這是客家文學生產者，對於「不接受」的例子。而吳錦發、曾貴海等中生代的客家作家，將在第五章再作介紹。

第四節　從「客家」文學到「客語」文學

　　客語爲書面語言寫作，是 1980 年代之後的事（徐貴榮 2012：17）。當客家運動開啓，也是客語書面語開始被注意、使用的時候，只是因爲客語的使用剛萌芽，所以「客家文學」遂被提出使用，寄望在復興母語之際，可以發展更寬廣的族群文學。而在客家運動展開之前，文壇也不乏客家籍的作家持續創作，只是書面語言並非以客語來書寫，可能使用的是日語、華語、英語

等各種不同的語言文字。對照於現今客語文學的發展，是否能夠讓「客家文學」還以本來保存母語的目的？還是已和客家文學有不同的發展路徑？是否一定要是客家身分才能書寫，目前創作者和作品，以及出版刊物有哪些？書寫的內容只能限定在相關客家族群與文化，還是未來可以任何主題和形式來進行客語寫作？客語文學相對於客家文學，有哪些值得注意的發展面向。

一、客家文學與客語文學的關係

寫作「客語文學」最大的特色，即是全文皆使用客語。那麼使用客語來描寫客家事物，這與客家文學的內涵有哪些不同之處？客語作家謝杰雄認為，客語作品的出現，才算是「客家文學」的誕生〔註6〕。也就是說，過去非用客語來書寫的文學作品，嚴格來說，都不算是客家文學。這是自發展母語文學以來，相對於其他類別的文學，於條件上較為嚴格的定義〔註7〕，同時也道出對於母語復振者而言，客家文學最初的發展似乎只是權宜之計，而發展文學的最主要目的，是導向客語文學的產生。因此，若不使用客語書寫，對於支持母語運動者而言，都不能算是真正的客家文學。

事實上，受限於台灣的特殊時空條件，在過去無法使用母語的環境下，具有客籍身分的作家，很多作品還是被認可稱為客家文學，而表述的文字，大多數為華語。也就是說，客家文學要求是客家人寫客家事，但使用語言上並不限制；而對客語文學的創作者而言，必須使用客語才算是符合條件，至於創作者的身分並不重要。因此，對客家文學來說，最嚴格的定義，即是和客語文學定義重疊的部分，即客家人以客家話寫客家事；而現階段的客語文學，因為尚在發展當中，即使未來創作的能力和主題可以超越客家內容，但是目前看到的是，列為客家文學的一部分。以下的簡圖說明客語文學和客家文學之間的關係，客語文學為 A，客家文學為 B，重疊部分 C，即為目前客語文學發展的部分，也是客家文學最嚴格的定義。

〔註6〕2012.12.9 在板橋林家花園的訪談。
〔註7〕對於台語文學的認定，也出現類似客語文學的現象，以出現純母語書寫的作品之後，方認為始有台語文學。嚴格來說，前運動時期的作家，例如王禎和的作品，都不能被稱為是台語文學。可參考施俊州，2010，《語言、體制、象徵暴力：前運動時期台語文學 kap 華語文學關係研究》，頁 57～60，台南：成功大學台灣文學系博士論文。

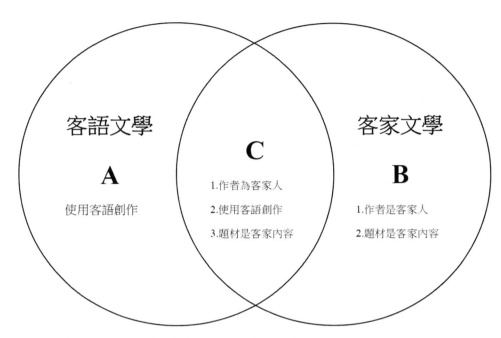

此圖爲筆者說明客家文學與客語文學的關係和定義所繪製

圖2、客語文學和客家文學的關係

（一）相似又相異

　　客語詩人邱一帆（2012：176）認爲，若要表現客家族群的情感、思維、價值觀，當然要以客家話來表現才會精確。如果使用其他語言來表現客家族群文化內涵，如同作家使用別的語言來翻譯客家話，翻譯客家人的情感、思維、價值觀和文化內涵，這並不是非客家話所能表現出來、所能取代的。從語言角度來看，例如研究吳濁流的詩歌，發現作品在表現上常遭到的困境，是因爲在描寫客家人或客家地區的詞彙上，「絕大部份不是常用客語的特殊詞彙，忽略了客家習慣用法，無法凸顯客家常用、特殊的詞彙、語法，失去表現客家人與客家人之間，那種貼切、幽深、維妙的感情，因此很難在語言上表現與其他漢詩的不同」。（邱一帆，2012：221～222）邱一帆總結他研究吳濁流詩歌遭逢困境的心得，認爲使用客語書寫，才是最貼近客家生活的文學表現。

　　黃恆秋（1998：12～18）提到，「過去客家人在文學上的表現，大體應用在自然、景觀、農事或採茶上，多是屬於傳統山歌的「民間文學」，若沒有語言文字記錄，隨即亡佚」。也就是說，過去客家在文學上的表現，多是沒有文

字記錄的民間文學，因爲容易亡佚、無法保存，因此沒有留下多少的文字記錄。雖然後來有正式可以文字寫下的書面文學出現，包含小說、詩、散文等作品體裁，但這些「自 1930 年代逐漸出現的作品，眞正表現在客家題材上的不多，只能說是「鄉土文學」、「本土文學」或「台灣文學」；若能表現在客家地區的題材上，也只能說是「廣義的客家文學」，因爲少了「客語的詞彙」。」這些少了「客語的詞彙」的客家作品，雖然列爲廣義的客家文學當中，但黃恆秋認爲，還是不如直接使用客語書寫的客語文學般地貼近本意，也可正式將過去無法以文字留下記錄的口說資料，以客語書面保存下來。

徐貴榮（2012：12～17）將客家書面文學作品，分爲華語的客家文學、華客語兼有的客家文學、純客語的客家文學三類型。以下筆者採其分類方法，對作家與作品進行相關討論：

第一類使用華語書寫的作品，應該爲多數。自 1930 年代以來的作家，如鍾理和、鍾肇政、李喬、賴和、龍瑛宗、吳濁流、吳錦發、黃娟、鍾鐵民、莊華堂等人，大都是以白話文的書面體，來創作文學作品，他們的著作，也是多數人所熟悉的客家文學作品，雖然是以華語寫作，但內容卻是客家的生活。如果因爲非用客語書寫才算是客家文學，是否太狹隘了些。

相反的，同樣在客家地區，也設有許多創作文學的詩社，照理應該有許多客籍作家可以運用客語思維去創作，但是他們卻使用華語書寫，絕少表達客家的生活，或是使用客家方言詞彙。即使身處客家地區，或具有客家身分，若無法使用客語書寫，或描寫客家地區的人事物，是否也是客家文學的一部分？

再者第二類，是使用華語書寫，文中兼有「客語詞彙」的客家文學。例如鍾理和父子在作品中大量使用客語詞彙，李喬和鍾肇政的作品，則部份使用了客語詞彙或語句（徐貴榮 2012：13）。邱一帆（2011：54）認爲客家話就是表現客家文化的元素。這也應是這些作家們之所以被認同爲是客家作家、而他們的作品爲客家文學的重要原因，這些生動的客語詞彙，不是其他非客語文字所能替代的。即使書寫能力是以華語創作，但是在文中兼有客語詞彙，亦是呈現客家風味的好方法。

第三類是純客語文學，也就是完全使用客語成爲書面文字。而能完全用客語思維寫作的現代書面文學，如新詩、散文和短篇小說的表達，這是遲至 1980 年以後之事。1980 年代之後，出現主張能全面使用客語思惟的純客語書

面文學作品，相較於過去使用華語，或華客語夾雜的書寫方式，相信更能以客家的觀點，去描寫關於客家的相關事物。選擇何種文學語言往往變成特定意思的表露，不管有意或無意，自主或被動，都意謂作家的某種意識（胡紅波　2011：5）。選擇以客語來表達客家生活，可算是真正的客家文學語言，也是客語文學作家的目標。

　　1980 年代之後，一批熱愛母語創作者，對於客家文學的認定為，作者是否為客家人不是很重要，文學中是否有「客語」的呈現，才是非常重要的判別（徐貴榮　2012：7）。全文皆以客家語來書寫，不需強調作者身分，只看是否有客語的呈現，這是部分相對嚴格的客家文學定義，也是「客語文學」的定義。客語文學和過去十分在意作者身分的「前時期」客家文學不同，在強調我手寫我口，提倡母語書寫的今日，這是一條和過去發展相異的文學道路。純寫客語，不論是否客家的情況之下，未來很有可能會發展至以純客語所書寫的科幻小說、疾病文學等著作出現，這些作品是否能稱是客家文學？還是僅是客家人的作品？加上不需要強調作者的身分別，例如科幻小說、疾病文學這樣的作品，還可說是客家人的作品嗎？強調用客語書寫的客語文學和較寬廣定義的客家文學，已朝不同的方向發展，客家文學要求有客家風味，書寫語言不拘；而客語文學要求一定客語書寫，主題形式不拘，發展至未來，恐怕兩者會逐漸出現歧異性，而漸行漸遠。

（二）目前客語文學是客家文學的一部分

　　作家鍾鐵民（2007：42～44）認為，客家文學有一種始終不渝的客家族群情結，主要表現在：『寫客家人，說客家事，講客家話』。也就是以客家族群為主體的文章，描述客家地區的故事，裡頭的人物可以說客家話，才算是客家文學。作品中有客家人的出現是最重要的，但以目前的環境來看，全文能完全以客語書寫是最困難的；如果內容要是客家的，具有最嚴格的客家文學定義。雖然客語文學主張作者不一定要是客家人，但即使作者非客家人，能完全以客家思維和客語來書寫文章的人，除非是有心，例如嫁進客庄的媳婦等，否則能合乎條件者，應當還是以客家人為多。但如果不要求客家人出現在作品中，只強調客語書寫，卻也背離客家文學所強調的客家身影。

　　究竟在圖 2 中，圖 C 的部分，會越來越大，還是越來越小，這需待時間的考驗與證明。但是目前看到的是，圖 C 仍為圖 A 的一部分，即屬於客家文學的一部分。因此，雖然客語文學和客家文學的發展上，未來可能會出現歧

異，但是處於鼓勵母語寫作的今日，恐怕還是先要求茁壯客語寫作能力爲上。客語文學和客家文學並非對立的，甚至筆者也同意在客家文學之中，客語的出現能夠更增添客家風味。所以將客語文學和客家文學的意義合一，同意客語文學和客家文學部分意義重疊，客語文學是客家文學的一部分，客語寫作不能背離客家人事物，方是現階段較符合實際的發展情況。

二、當代客語文學的發展

客語文學自 1980 年代開始發展，累積至今，已有不少的創作集出版，近年更有完全客語的刊物《文學客家》的發行，以下是客語創作發展的概況。

（一）客語詩人與作品集

在台灣文學館的本土母語常設展中，於客語區列出十一位客語詩人，爲目前客語寫作詩人的代表。目前還在發展中的母語寫作，以現代詩的成果較爲豐碩，而這十一位特展所列出的客語詩人，分別爲利玉芳、杜潘芳格、葉日松、范文芳、陳寧貴、曾貴海、黃恆秋、江秀鳳、張芳慈、邱一帆、劉慧真等。

1980 年代，客家人因爲母語失落而疾聲要求還我母語，自此展開母語文學運動。作家李喬、林柏燕等人，作品中已先有夾帶客語語法的句子，而鍾肇政更開創日語、客語、福佬語交相對話的先例，可算是較早的母語書寫。在 1988 年還我母語運動之後，台灣的客家運動開啓，許多以母語寫作的客語詩，如雨後春筍冒出。從第一位台灣客籍女詩人杜潘芳格寫作的第一首客語詩算起，台灣客語詩的創作距今已有二十餘年的光景，後來陸續有劉慧真、馮輝岳、范文芳、黃恆秋等人，分別以四縣腔、海陸腔客話的作品發表。1990年黃恆秋的《擔竿人生》客語詩集出版，是台灣第一本的客語創作集。

附錄四表 4-8 爲 1990 年到 2010 年，客語作家和作品的出版概況。觀看二十年的客語作品出版，首先可以察覺到寫作的進步。從 1990 年代開始要朝客語寫作發展，但是最初可能只有部分文章是以客語作品呈現在書面，不管是因爲市場需求、還是能力不足，但到 1998 年之後，可以見到全本完整的客語作品出版。尤其 1998 年范文芳的《頭前溪个故事》，是第一本客語散文集的出版，足見當時的客語寫作能力，已漸可由現代詩，開始向散文、乃至短篇小說跨出一步。

由杜潘芳格、黃恆秋的登高一呼，帶動許多有志者投入客語寫作行列，

從可能連客語都說不好的狀況，到能書寫客語作品。例如劉慧眞，他剛接觸客家運動時，連客語都不會說，重頭學起，在 2009 年時，得到台灣文學獎本土母語客語新詩金典獎，即爲一例。新生代如羅秀玲，在學生時期就積極投入客語寫作行列，已有很好的成績，多次拿到寫作獎名次。而張捷明也同樣因爲運動影響，中年才投入客語的寫作，而表現亮眼，目前已有出版多本著作，以客語童書爲主，要以客家的「安徒生」爲目標。

還有一些已是華語作家的例子，因爲受到客家運動啓發，轉向投入客語寫作。例如葉日松，早期皆以華語寫作，是東部有名的詩人，受到母語寫作的啓發，開始轉向客語寫作，目前已有多本作品出版。而利玉芳、江嵐、張芳慈等，也都調整原本的華語、台語書寫，相繼出版客語的詩集或散文集。特別要提的是李喬，他早以《寒夜三部曲》奠定他在文壇的地位，但是他爲了想用客語當書面語言而嘗試寫作，於是有了《台灣，我的母親》的出版，全書以客語來敘史，盡他最大的努力，將腦中的客家話轉化成爲他所能表達出來的文字，呈現給讀者，值得敬佩。或許在母語書寫浪潮之中，客語漢字還尚未有完整的共識，但是使用客語思維創作，已是過去所未曾有過的努力和成果。

（二）《文學客家》的發刊

客語的寫作發展，從最初僅有部分的客語創作，到全本的客語作品出版，憑著對母語寫作的堅持和熱忱，不管使用何種腔調，就是努力創作。也有許多過去先寫台語詩集的客家作家，例如張芳慈等，也在 2000 年過後，紛紛回歸自身母語的創作。以往的客語文學作品，多發表於《客家雜誌》客台語專刊、《六堆風雲》雜誌、《笠》詩刊、《掌門詩學季刊》等刊物之中，並不是完全客語的平台。2010 年時，由多位愛好客語創作的作家們發起，組成台灣客家筆會，並發行《文學客家》季刊，每期設定主題出刊，書寫的文類不拘，但寫作文字必須要是客語，大家在投稿園地相互切磋，這是台灣第一本完全客語的刊物。

如《文學客家》創刊號的主題，「大家來用客話寫文學」。在〈創刊詞〉中提到：藉由寫作，「從客話到文字，從文字到客語文學，從客語文學到客家文學」，展現他們想要構築客家文學的雄心。而「客語文學創作是客家文學的一部分」，希望，客語文學可以將客話從生活語言提升到文學語言的高度，再融入客家元素，以客話表現出來，體現客家文化的意象，創造客家文學的新意義。在客家用字未標準化之前，可以「全漢字」、「漢羅字」、「羅馬字」書

寫。徵求的文章，以客語來寫詩歌、散文、小說、戲劇、童謠、兒歌、評論、藝文活動、出版報導等。

　　回應先前的討論，當過去只能以華語書寫客家時，是否包括客家意識和客家文化的內容，是客家文學所關注的重點。當以純客語書寫來發展客語文學之際，拿掉語言的部分，究竟還保有多少的「客家」？以下是筆者將《文學客家》第一至十期的刊物內容整理，將各類文章的內容分類，把常出現的客家相關詞彙分列如下：

表7、第一～十期《文學客家》常出現的客家相關詞彙資料

主題	詞彙	數量
客家食物	菜包、艾粄、豬腸炒薑絲、醃菜、封雞封肉、豬籠粄、粄粽、粢粑、粄圓（雪圓）、水粄、九層粄、發粄、粄條、菜頭粄、甜粄、鹹粄、芋粄、紅粄、丁粄、炕肉，客家粄圓、米篩目（摸挲）、水粄仔、仙楂糖、惜圓（粄圓、雪圓）、覆菜、擂茶、炕肉、鹹粄圓、鹹菜、澎風茶、東方美人茶	32
客家庄	六堆（十三大庄、六十四小庄）前堆（長治、麟洛）、後堆（內埔）、先鋒堆（萬巒）、中堆（竹田）、左堆（新埤、佳冬）、右堆（美濃、高樹）、下淡水、埔頂庄、紅瓦屋、上田心、老飯店、彭屋、西勢忠義亭、下六根步月樓、長興庄火燒庄、峨眉、十二寮、橫山大山背、南庄、獅潭、公館、頭屋、龍潭、佳冬、峨眉、馬太鞍、花蓮、鳳林、新竹、楊梅、池上、關山、西螺、二崙、詔安、鹿野、國姓、埔里、水里、五溝水	44
客語裡的動植物	桐花、蝠婆、燈籠花、揚尾仔、阿啾箭、雞公髻花、火焰蟲、相思樹、苦楝、縣婆、夜合、山狗大、柿仔、油桐子、五月雪、桂花	16
客家人際稱謂	阿公婆、阿太、心臼、阿姆、花囤女、范姜	6
客家建築與環境	公廳、禾埕、陂塘、夥房、河壩	5
客家習俗	伯公福、阿公伯、神豬、義民爺、伯公、山歌、平安戲、撮把戲、清明打艾粄、全國客家日、補天穿、五穀爺、四頭四尾、伯公伯婆、天穿客家日、冬節、天穿、新丁粄、八音、義民廟、昌黎祠、三山國王、天穿日、收冬戲	24
其他	咬薑啜醋、蒔田、硬頸、沙鼻、阿淘哥、紙縣、炕床、豬菜、換肚、交工、上背、搞頭王、流籠、鑊頭	14

筆者依據第一～十期《文學客家》的內容逐一篩選整理而來

　　總共十期的《文學客家》內容，包含現代詩、散文、小說和報導文學等，所使用的，是可能漢字、漢羅或羅馬拼音的客語展現。較常出現的客家詞彙，是對於客家庄的書寫，特別是六堆、桃竹苗、東部、南投、詔安等客家庄都出現了，反映刊物的全國性，不是只有北部客庄的描寫。同時也和教育部母語文學獎的得獎作品情況相似，客家詞彙有較多客家庄用字的現象。

　　其次常出現的，是客家食物的詞彙。一般代表客家米食的粄類、菜包、米篩目等，還有招牌的客家菜，如薑絲大腸、覆菜等，都具代表性。另外對於客家習俗的討論上也很多元，例如和客家親如家人的伯公信仰、義民爺和五穀爺都介紹到，甚至三山國王和昌黎祠等特殊地區才有的客家信仰也有，而山歌、八音、客家戲曲等，有很豐富的描寫。

　　完全使用客語當作書面文字，作品內容蘊含客家族群意象和文化形象，這樣的客語文學就是客家文學，也就是鍾鐵民所謂的「寫客家人，說客家事，講客家話」。如同《文學客家》的發刊期許，將口語文字化，再將客語書寫融入客家文化，期待可以再進一步提升為文學的層次，這就是客家意象，轉向客家文學的例子。

第五節　本章小結

　　「客家」族群的範圍在哪，有些什麼特色，而這特色可能來自於性格，也可能來自於物質文化。關於客家族群意象，多和勤儉、勞動、刻苦等描述相關；而客家文化形象，則有客家食物、藍衫、八音等，經研究發現，擂茶、桐花等形象，也是民眾所認同的客家文化。而諸如義民信仰、山歌、客語等非物質文化，本研究稱之為客家文化意象。

　　對於客家文學的定義，歷來一直爭議不斷。從作家身分到作品內容、書寫語言，始終沒有定論。也有主張要擴及台灣之外，包括海外的客家人以及作品。過去的古典漢文學、民間文學等等，看似是客家文學所具有的豐富性，但前提是，這是要當此一以族群為題材的文學確立之後，才可能可以深化、延伸的部分。以台灣立場來看當代客家文學在台灣的出現和發展，是有其歷史因素和社會的脈絡。也因為如此，部分不同意有所謂台灣客家文學存在的聲音，提醒著大眾，應先讓社會普遍認同有客家文學的存在，再來討論其發展。而台灣客家文學的範圍和定義，以共識的客家作家為例，他們書寫的作品，在作品中表達

的客家特色，應該先藉由讀者閱讀之後的肯定，形成視野融合，達成共識後也同意這就是客家文學。否則一切只是作家或有志者的想像，忽略了讀者。

筆者整理過去學者、作家們對於客家文學提出的定義。舉出兩項條件，能滿足兩項條件者，即為客家文學。第一、族群身分論——作者要是客家人；第二、作品論——作品表現出客家內容。寫作者要具備客家意識和認同，才能書寫出以客家為題材的文學作品，能具備客家意識和認同者，自然書寫的人就是客家人。整理前人對於客家內容的寫作主題，可分為客庄歷史、客家女性、族群關係、客語創作和客家運動五類。

對於作者的身分，過去經常以「客籍」、「客家」作家來區分，認為要有客家民族意識或背負民族使命感者，才能稱之為客家作家。事實上，客家人並不似猶太人一般，需要對抗其他民族求生存，甚至獨立建國，只要願意書寫客家者，其實都可以稱為客家作家。一般讀者也是因為作家為客家人，而認同作家為客家作家，甚至同意作品即為客家作品。筆者將各客家文學專書、客家文學選和相關客家文學的官方網路資料中，以其所列出的客家作家名單，和國家圖書館客家文學史料系統的一百位客籍作家名單作比較，得到五位是共識的客家作家，在每一份名單中都重複出現，依序為吳濁流、鍾理和、鍾肇政、李喬、鍾鐵民。

客語文學和客家文學最大的不同之處，在於書寫語體的不同。客語文學在意的是如何使用母語寫作，創作的題材不拘；而客家文學不強調書寫語體，只問題材是否為客家內容。看起來意義相似，但在各別發展後或許會漸行漸遠，但以現階段的文學意義來看，客語文學為客家文學的一部分。

客語寫作的發展自 1990 年代開始，投入客語寫作的作家來看，有重頭學習母語、並開始寫作的作家；也有先以華語、台語寫作者，再轉向母語寫作的作家。作品從現代詩開始，所出版的客語創作集，由原先穿插的幾首客語詩到客語散文集的出版，可以看到客語創作的蓬勃。

2000 年之後政府積極鼓勵客語創作，舉辦許多母語的相關文學獎項來獎勵書寫；到了 2010 年，由一群熱愛客語寫作者所成立的台灣客家筆會出現，發行《文學客家》季刊，成為台灣第一本純客語的刊物。檢視十期的《文學客家》刊物內容發現，文章所展現的客家十分豐富，有大家所認知的傳統客庄、客家食物和客家習俗，符合「以客家話寫客家事」的原則，這些豐富的客家詞彙便是所謂的客家文學內涵。

第五章　當代客家作家的接受過程

　　五位具有各方高度共識的客家作家代表，分別為吳濁流、鍾理和、鍾肇政、李喬和鍾鐵民等人，他們被多數人認同是客家作家，其作品也被多數文選認同為客家文學。他們早已享譽文壇，除了客家身分之外，他們的寫作主題也和他們生長的家鄉有關。過去在學術研究當中，對於這些作家的研究主題，早先並非落在「客家」的議題上，有更多的討論是關於「台灣」、「鄉土」等議題，他們是如何開始被接受成為客家作家的，作品如何被賦予「客家」的元素？讀者何時開始以「客家想像」閱讀之？

　　客家文化復興運動的開啟，加強作家客家意識、塑造讀者客家認同，那麼在 1988 年之後出版創作的作家，是否會較前行代作家呈現更強烈的客家意識？2000 年之後的國家制度變革，對於作家又產生何種影響？讀者又有何變化？

第一節　高度共識的客家作家

　　本節依照出生先後，依序為五位代表性客家作家作生平、著作介紹、以及討論和客家的連結。並在結語的部分，整理評論作品觀點的共通特色，反映客家文學呈現的特點。

一、鐵血詩人──吳濁流

（一）生平簡介

　　本名吳建田，1900 年出生，1976 年辭世，台灣新竹人。幼年受過私塾漢

學教育，鍾愛漢詩，於 1927 年參加苗栗詩社，1932 年參加大新吟社。創作文類有論述、詩、散文、小說等，為戰後第一代作家。1936 年發表第一篇小說〈水月〉，以日文創作。1941 年赴大陸南京擔任《大陸新報》記者，返台後歷任《台灣日日新報》、《台灣新報》、《台灣新生報》日文版、《民報》記者，之後將所見所聞寫進小說之中。1964 年獨資創辦《台灣文藝》雜誌，培育台灣作家；1965 年創設「台灣文學獎」（第五屆起改為吳濁流文學獎），提攜後進；1969 年捐出退休金成立「吳濁流文學獎基金會」，鼓勵台灣文學創作的成長，為台灣文學花園開拓一方沃土。

（二）著作討論

吳濁流的生平著作一覽表，請參見附錄五表 5-1-1，這是依據台灣文學館出版的《台灣現當代作家研究資料彙編 2──吳濁流》整理〔註1〕，重複出版的作品則不列記在表格當中。出版的詩作四本、散文二本、小說十一本，作品以小說為主。

吳濁流醉心漢詩創作，寫作現代文學時，使用的是日文的思維〔註2〕，現存的作品皆在戰後出版，其現代文學作品部分，為原文的中文翻譯。作品內容呈現當時日本殖民時期的社會現象，吳氏為文強烈批判，反映當時的不公義現象，被譽為「台灣」意識的表現。而其代表作《亞細亞的孤兒》〔註3〕，說明台人受到日人壓迫的無奈，回到祖國卻遭受懷疑，最終精神錯亂了，「孤兒意識」也成為戰後廣泛討論的議題。

張恆豪（2012：73）以「閱讀現象學」理論，來看待《亞細亞的孤兒》。作品文本固然承載作者的思想，讀者可透過閱讀過程發覺這些重要的思想內涵，但作品文本有時也包含「潛藏」的涵義，甚至包含一些「不確定」的涵義，這些都是可讓讀者發揮想像力來進行理解的。張恆豪看重的是，《亞細亞的孤兒》文本的引申和連結，歷來引起許多的爭論，不同政治立場的人，將各取所需而各自表述。

文本隨著不同時代、社會、歷史條件，也隨不同種族、階級、性別立場

〔註1〕詳見張恆豪編，2012，《台灣現當代作家研究資料彙編 2──吳濁流》。台北：行政院文化建設委員會。

〔註2〕吳濁流曾對鍾肇政表示：「你要我用日文寫，而會話用客語寫，這說起來很容易，但實際上卻有些困難。還是用日文寫，把它全部翻譯之後，由我來修改會話部分比較快。」出自《吳濁流致鍾肇政書簡》第 73 頁。

〔註3〕吳濁流（著），黃玉燕（譯），2008，《亞細亞的孤兒》。高雄：春暉。

的人，會有不同的解釋、評價和定位。其文學定位不僅著眼於「創作過程」，
更決定於「接受過程」。因此對《亞細亞的孤兒》來說，從 1936 年寫作完成，
到 1976 年吳濁流辭世的這一段時間，是屬於「文化與歷史延伸時期」。評論
的出發點會隨著時代變遷，而有不同的接受觀點，評論者也以台灣本土作家、
民間學者和日本學者為主。

　　過去側重的是，台灣意識和中國意識之爭。但 1987 年解嚴過後，進入「多
元思潮論述時期」，加上客家文化復興運動的促使，重視作家的客家身分，進
而轉向尋找文本裡的客家連結。

（三）作者與客家的連結

　　台美學者朱眞一（2004：9）提到，吳濁流的書一開始便接觸了，可說是
自己台灣意識的啓蒙書。因爲看了吳濁流的書，發覺到對於自己的故鄉竟如
此的不知，而深深感到慚愧，才開始對台灣的歷史文化努力研讀，客家還我
母語之後，投入對於客家語言文化的認同與推廣。此例說明，吳濁流雖是客
家人，但最初接觸其作品的讀者，應爲閱讀台灣文學的角度，進而開始被啓
發「台灣」意識，例如朱眞一等。在歷經中國與台灣意識的紛爭之後，於 1980
年代之後，特別是客家運動開始之後，再轉爲對於客家文化的認同。在那之
前，較多的評論在於國族認同的討論上，但在 1990 年代之後，逐漸進到「客
家」議題的討論，詳情可在附錄五表 5-1-2 中觀察到。

　　同樣爲吳濁流的作品，經歷不同的時期，就有不同的接受美學。朱眞一
因爲產生客家認同之後，對於吳濁流的作品解讀，也由台灣想像進到客家想
像之中，因此對於張良澤解釋吳濁流的「客家結」時，特別引述至文章上。
張良澤提到吳濁流描述從客庄到台北求學，不會講閩南語，對於在他鄉遇見
其他客家人的本能感情反應；另一段則是描述畢業時，回顧過去四年，雖然
和幾位閩南朋友要好，但就是沒有同班的客家人來得親密。這部分描寫，便
是張良澤認爲在吳濁流作品當中可以感受到的客家連結，因爲出了校門之
後，從此沒有閩南與客家之分，因爲閩南與客家同爲台灣人，同受到日帝的
欺壓。如果單就台灣人的立場來看，確實來自日人的壓迫相等，不分閩客，
可是當特別關注到客家人的身分時，便可特意在文本中找到屬於客家部分的
描述。朱眞一雖然最早被啓蒙的是台灣意識，但在後來客家意識被加強了之
後，便特別對張良澤解釋吳濁流的客家連結，再做進一步的探討和闡述。

　　台灣文學館出版的《台灣現當代作家研究資料彙編 2——吳濁流》，討論

歷年關於吳濁流的專論、學位論文、生平、單論、評論、訪談、新聞等等資料，從 1958 年至 2010 年止，共有專書 22 本；單篇文章 853 篇。在這眾多文章中，絕大多數也非討論關於「客家」的議題，若將相關「客家」、「客籍」、「客語」等作為標題的文章選出，並將之統計，可得到關於生平的有 7 篇，作品評論有 10 篇，1 本是專論的學位論文，詳情資料整理在附錄五表 5-1-2 中。

邱一帆的碩論《台灣客籍作家吳濁流在詩歌表現上的困境》，是以語言學的角度去分析吳濁流的詩歌，因為「客籍」的身分，使邱一帆注意到吳濁流在創作詩歌表現上的困境，來自於他無法使用母語書寫，但文章呈現的卻是母語思維。但根據過去的資料顯示，吳濁流因為是跨語的一代，其實習慣的是日語的思維，客語雖是生活語言，但是書寫的能力是無法以書面語表達的。過去也許這問題不被凸顯，但是在關注到客語能力的表達上，也就成為吳濁流在詩歌表現上的困境了。

另外，吳濁流出版的是漢詩集，顯示吳氏以漢詩創作為長，但是在李喬所編的《台灣客家文學選集 I——詩散文》中，也將吳濁流的現代詩選入為教材。由此來看，沒有客語書寫能力的吳濁流，即使未必擅於現代詩，但是因為他是具有高度共識的客家作家，所以他的作品「應」為客家文學，即便是目前許多客語詩人輩出，但是吳濁流的現代詩還是被納入客家文學的「詩選」當中。這或許是讀者的期待，也同時是李喬所生產的建構。

吳濁流出版的作品不多，但是他不畏強權，堅持要為台灣歷史做見證的情操，一直為後人所傳誦。在他筆下可以看到日治時期被壓迫的台灣社會，以及回歸祖國的歡欣，乃至於戰後的一連串白色恐怖，這是珍貴的台灣歷史圖像。鍾肇政（2004：97～101）稱讚吳濁流是他心中最典型的客家人，不畏強權、不屑阿諛權貴、視榮華富貴為浮雲，這就是「硬頸」精神，為客家人的特質之一。他總愛在詩人吳濁流之前加上「鐵血」二字，顯示心中對其的評價，而《無花果》和《台灣連翹》二部長篇小說，更是被代言為吳濁流的「硬頸文學」。某種程度來說，鍾肇政也為吳濁流的文學地位和客家認同提出貢獻，因為鍾氏的評價，吳濁流的「硬頸」精神，成為客家族群的表率，吳濁流的作品，成為客家文學的經典之作。後人都可依據這些評價和論述，來談論吳濁流和客家的連結，使吳濁流的客家作家地位不朽。

以下舉讀者較熟悉的《亞細亞的孤兒》作節錄，以「異國之花」的片段

〔註4〕，討論文中關於「客家」的部分：

> 太明覺得不和他們打招呼不大好，但他的北平話卻沒有十分把握，
> 倉促之間竟漏出說慣了的台灣話來，於是，其中有一個學生說：「你
> 是客家（廣東）人嗎？讓我來給你介紹幾個同鄉吧！」說著，他拉
> 了五、六個學生來，一一為太明介紹：「這位是梅縣的劉君，這位是
> 廣州的邱君，那位是焦嶺的黃君……」（P25）

節錄文中提到漏出說慣了的「台灣話」，馬上就有人回答他說：「你是客家（廣東）人嗎？」這段同時也是回答前文第二、三章對於台灣「客家」意涵的討論。日治時期的客家話會被類推為廣東話，所以客家人被視為廣東人，這是方言主義下的概念，和過去清代省籍、以及戰後以來所發展的族群概念不同，各有不同的指稱對象。而那時候的「台灣話」，應包含客語。吳濁流本身也在文中同意，自己說的客話就是台灣話。當然這是不同時期的接受美學，解讀會隨著社會建構而變化，過去可能對於這段話的重點在於「台灣」，而現在被關注的焦點在於「客家」。日治時期逐漸建立起來的台灣人概念，和1990年代後對於「台語」內容的不同解釋，於吳濁流的小說內容看來，都是一種接受過程。

> 村長徐新伯忽然心血來潮，要「子弟班」彈奏古調「採茶」，男女老
> 幼都聽得津津有味。……阿四開始唱山歌，阿三吹著口哨為他伴
> 奏……（P30）

另一段節錄文中，反映的是對於客家文化的認同。有採茶、山歌這段，是客家文化的表現，但在過去，可能客家的部分較被忽略，所以較少看到對於《亞細亞的孤兒》文本，提出客家文化的討論。讀者若是要在文中感受客家風味，例如這樣的段落，便可看到吳濁流在寫作之中，不經意流露的典型傳統客家文化。吳濁流當時寫作這些關於客家文化的描述時，其實就是他個人所生長的客庄，常見到的情景，未必就是有意識的寫出，只是自然呈現生活的面貌，但在評論者刻意對於「客家文化」的宣稱之下，成為呈現客家文化最有力的證明和代表。

二、倒在血泊中的筆耕者——鍾理和

（一）生平簡介

1915年出生，1960年辭世，台灣屏東人。1937年開始發表文章，〈理髮

〔註4〕吳濁流（著），黃玉燕（譯），2008，《亞細亞的孤兒》。高雄：春暉。

匠的戀愛〉為其第一篇小說，作品以小說、散文為主，是跨越日治、民國的作家之一，寫作均以中文創作。因為其同姓婚姻不被認同，攜妻子鍾台妹遠赴大陸，戰後才返台，將經歷轉化成代表作《笠山農場》。返台後的戒嚴社會不容議論時政，加上罹患肺疾所導致的困阨窮苦，農村的題材成為創作的來源。一生致力於寫作，陳火泉稱其為「倒在血泊中的筆耕者」。

（二）著作討論

鍾理和生平著作的一覽表，請參見附錄五表 5-2-1，這是依據台灣文學館出版的《台灣現當代作家研究資料彙編 11——鍾理和》所整理〔註5〕，許多重複出版的作品，則不列記在表格當中。作者生前只出版過一本小說集，辭世後陸續被出版十二部小說集，以長篇小說《笠山農場》為其代表作。

鍾理和一生堅持以中文寫作，在當時的北平出版過《夾竹桃》一書，中文造詣勝過許多跨越語言一代的作家，但因病早逝，卻也是第一位擁有個人全集的台灣作家〔註6〕，讓人留下無限懷念。

鍾理和出身農家，筆下的作品多在描述台灣的農村生活，和當時反共的文學潮流不同，後來的評論者也多以「鄉土文學」討論之。過去的研究，對於鍾理和的身分認同，看法眾說紛紜〔註7〕，在不同時代的政治氛圍，對鍾理和的認同也產生不同的詮釋（楊傑銘，2013）。在 1970 年代鄉土文學論戰時期，鍾理和的文學即是常被拿來舉證的作品之一。但是諸如《原鄉人》和《笠山農場》，不同立場、不同審美觀的評論者，雖然同用鍾理和的作品來討論，卻有不同的詮釋，反而卻成為投射評論者自身的民族認同、意識形態的最好例證。

現代研究北京的學者，對於鍾理和的文本極其讚賞，因為《夾竹桃》保留了當時北平大雜院裡頭的生活實景，以及栩栩如生的「地道」對話。〔註8〕

〔註5〕詳見應鳳凰編，2012，《台灣現當代作家研究資料彙編 11——鍾理和》。台南：台灣文學館。

〔註6〕張良澤是第一個在課堂帶學生讀鍾理和的教師，於 1976 年協助出版《故鄉》，引起遠行出版人沈登恩注意，同年便將鍾理和的全集以印行八部一套的方式出版。

〔註7〕此說法來自應鳳凰（編），2004，《鍾理和論述一九六〇～二〇〇〇》。高雄：春暉出版社。鍾理和與作品，在歷經多次論戰之後，一步步被經典化。

〔註8〕此段說明參考蔣淑貞，2006，〈反抗與忍從：鍾理和與龍瑛宗的「客家情結」之比較〉，《客家研究》1（2）：5。

鍾理和在世時，並不曉得自己的作品，未來會被研究北京過去歷史和生活者所重視，他只是忠實地呈現當時他的所見所聞，並在作品中保留了當時的北平「原音」對話。如同吳濁流的經驗，鍾理和也曾經歷日治時期中國與台灣的兩地比較，不同於吳氏對於「孤兒意識」的批判與抗議，鍾理和在文章表達的是悲憫農民的人道主義。他將故鄉和家庭生活娓娓道來，自然呈現當時的客庄風情，以及他所見到的一切人事物，而被後來的客家研究者稱道，作品中保留了傳統的客家文化。

（三）作者和客家的連結

雖然鍾理和並不支持方言寫作〔註9〕，認為方言（客語）只能在小眾之中流通，但是在文字表現上，鍾理和的作品卻時常夾雜著客語詞彙、俗諺和山歌等。其孫女鍾怡彥（鍾怡彥，2003），在整理鍾理和手稿時發現，鍾理和的手稿，和刊登的版本不同。有的原文本是客語，經修改過後變成北京話刊登，當然修改者可能是鍾理和本人，也可能是刊登的編輯人員。有的原文不是客語，卻刻意將之寫成客語，以表達親切活潑、生動有趣。特別是山歌部分，許素蘭（2006：54～60）認為鍾理和作品裡，保留了很多山歌的材料，也充分反映出客家意象。

鍾理和的作品，在當代被解讀為富含客家意象，乃是在他寫作時，在文章中增添了客語詞彙，以及豐富的山歌材料。在《笠山農場》中，作者寫的就是自己家族開墾的農場，還有工人們在農場工作的真實寫照。從日常生活的客語對白、男女山歌對唱等，都是採自鍾理和的所見所聞，如同《夾竹桃》保留了當時北平大雜院裡頭的生活實景，以及栩栩如生的「地道」對話；《笠山農場》也保留了當時美濃客庄的生活實景，以及栩栩如生的客語情境。對鍾理和來說，如何將故鄉生活寫實地留在作品當中，可能是最重要的；但是從「客家」的角度來看，鍾理和的作品即是最「地道」的客家生活、客家文學，自然鍾理和要從「鄉土作家」，再轉換成為眾人高度共識的「客家作家」身分。

台灣文學館出版的《台灣現當代作家研究資料彙編11——鍾理和》，在歷年討論鍾理和的專論、學位論文、生平、單論、評論、訪談、新聞等等資料，整理自1959年至2010年止，共有專書39本，單篇文章842篇，所討論的主題未必都相關「客家」。在這眾多文章當中，設定以「客家」、「客籍」、「客語」

〔註9〕詳見1957年的〈方言之我見〉，《文友通訊》。

等標題作爲文章的篩選，統計的結果在附錄五表 5-2-2，得到關於生平的有 5
篇，作品評論有 18 篇，1 篇是相關客家文學的討論，1 本是專論的學位論文，
時間一直要到 1990 年代以後，才進到「客家」的議題作討論。

　　從客家的角度來看鍾理和的作品，可以找到美濃客庄的藍衫、山歌等客
家元素，加上客語詞彙的呈現，是鍾理和文學的一大特色。羅秀玲的《《鍾理
和全集》之客語詞彙研究》碩士學位論文，主在研究鍾理和運用客語詞彙的
方法和意義。除了客語的詞彙內容、語境分析，還用客家民俗的角度討論作
品詞彙，以及討論對寫作的啓發和影響。鍾理和特殊的語言文字表現，保留
許多傳統的客家生活描寫，這是在過去閱讀鍾理和作品未被強調的。

　　鍾理和的作品，在 1960 年之前就已完成，過去在閱讀作品之時，讀者看
到的是鄉土、農民的部分，對於客家的連結性不強。但是將鍾理和的身分定
位在客家作家之後，期待看到鍾理和文學中呈現客家內涵的讀者，可在作品
充滿客語詞彙的表現上，滿足了鍾理和與客家的連結。彭瑞金（2000：31～
33）過去曾提過：「鍾理和雖就作品分析而言，可以找到朦朧的客家族群文化
特質，但在過去卻沒有一位作家是以「客家人」作爲文學出發的」。而現行的
研究，卻會因爲鍾理和的客家作家身分，而對其作品進行關於客語、客家文
化認同方面的討論。

　　鍾肇政（2004：29～30）認爲鍾理和是戰後第一代作家中的翹楚，尤其他
的《故鄉四部》作品，將戰後台灣社會，特別是以農村生活爲主的地方，反映
農村疲憊、貧窮，以及客家人堅韌與樂天知命的生活態度。以下，分別是由鍾
理和的《故鄉四部》中，〈山火〉和〈親家與山歌〉中所節錄的片段［註10］：

　　「明天法師爺回壇，同時又還春福。這次福主，已輪到我們這甲了。

　　你看看去吧！」

　　哥哥殺了一隻鵝；另外還有豬肉、豆腐等，張羅了一付很體面的牲
　　禮，由嫂嫂挑去。這是他私人備辦的，在公的方面，還有甲備辦的
　　全付豬羊五牲。

　　　　　　　　　　　　　　　　　　　　　　　　　——〈山火〉

　　舉行慶典還福，對於農業社會而言，這是再重要不過的事情了，鍾理和
將當時庄裡頭的生活面貌呈現，並沒有刻意在文中強調，這和客家的伯公信

［註10］鍾理和，1993，〈山火〉。頁 70，出自《故鄉四部》。高雄：派色。

仰有關，因為在當時，生活上大大小小的一切，原本就無不都和伯公有關。
然而，在有意識的閱讀之後，讀者對於作品的理解，便進到關於客家信仰文
化的接受過程。

接著，〈親家與山歌〉裡的情境，被討論到相關於客家山歌的部分〔註11〕：

> 我一直靜聽著隔河傳來的山歌，把整個上午的時間，化在廊廡下的
> 引目遠眺……
>
> 一想情郎就起身，
> 路遠山高水又深，
> 來到山頭鳥雀叫，
> 樹影茫茫不見人。
>
> 二想情郎伯公埤，
> 伯公神前說囑詞，
> 有靈郎前傳一句，
> 小妹何時不想伊！
>
> 三想情郎甲河灘，
> 甲河灘水彎復彎，
> 郎新輕薄灘頭水，
> 流出灘頭即不還。
>
> 四想情郎上高崗，
> 山路斜斜水樣長，
> 路上逢人權借問：
> 哪條山去即逢郎？

山歌原是屬於即興創作，作得好的詩詞，便會為人所傳唱，這四段山歌
的曲都是同調，卻運用四段情詩將其巧妙聯結，透露少女的情竇初開。特別
的是，在此山歌當中，提到了伯公，且說要請伯公來為男女作證明，在此回
應上一段，伯公在客家社會的重要性，在當時是自然表現在山歌之中的，但
在關心客家文化者的解讀裡，伯公信仰成為族群文化的特色。下段節錄出自
《笠山農場》，同樣是關於山歌的部分〔註12〕：

〔註11〕鍾理和，1993，〈親家與山歌〉。頁91～104，出自《故鄉四部》。高雄：派色。
〔註12〕鍾理和，1995，《笠山農場》，頁111～123。高雄：派色。

雖然笠山寺有靈，

無雙何必問觀音；

笠山人人有雙對，

須是前生修到今！

笠山無花別處有，

笠山無女別處求，

笠山無雙別處取，

何需阿妹鬧發愁！

笠山有花紅羞羞，

笠山有女看人求：

大方阿哥求一個，

小氣阿哥水上流。

別人有雙別人燒，

阿哥無雙心不焦，

到時一年聚兩個，

比你更美又更騷。

愛唱山歌須端莊，

開口罵人笑四方，

笠山人人有規矩，

阿妹雖騷不愛郎！

　　這是典型的客家山歌模式，需要一來一往，最好是男和女的對唱，也就是打情罵俏爲多。〈親家與山歌〉裡節錄的山歌，是表達少女的單相思；而在《笠山農場》中，帶有挑釁意味的對唱，便是客家男女山歌對唱的高潮了。雙方人馬互相叫陣，看輪到誰，而誰對不出來就輸了。這段將屬於客家傳統的味道演繹出來，也唯有曾身在其中的經驗，方能將此韻味描寫地如此傳神。鍾理和的這些作品，對於山歌都有深刻的解說，也無怪彭瑞金會感嘆，當脫離了這些客家生活，不再高唱山歌之時，是否還有客家文學的存在。

　　此外，鍾理和筆下的客家女性是非常特殊的，特別是在他的代表著作《笠山農場》中，鍾理和所描述的客家女性，是堅強、勤勉、能幹和獨立的。「她們是勞動的女神，生產工作上的要角，沒有一個是軟弱等待別人服侍的。」（鍾

鐵民　1992）這和大眾對於傳統客家婦女的形象，以及鍾台妹女士在面對始終在病塌中的丈夫，呈現必須堅強自立的形象，有很大的關係和影響。

　　作家鍾鐵民一生致力於讓世人認識鍾理和文學，不但創設鍾理和紀念館，每年也持續舉辦笠山文學營，並多次再版鍾理和全集。鍾肇政稱讚鍾理和為同輩寫作者的翹楚，將其作品收錄於選集當中；李喬更將鍾理和的作品編入台灣客家文學選集，請龔萬灶以客語改寫，成為教材。這些復興客家文化的運動者，將鍾理和的地位和作品，納入客家作家和客家文學之中，其筆下的客庄風情、客家女性和文化元素，自然成為閱讀客家者，所要推崇、追尋的客家內容。

三、台灣大河小說的開啟者──鍾肇政

（一）生平簡介

　　1925 年出生，台灣桃園人。1952 年發表第一篇小說〈婚後〉，為戰後跨越語言的一代。創作文類以小說為主，兼及論述、散文、傳記，是開啟台灣「大河小說」創作的第一人。曾任《民眾日報》副刊主編、台灣文藝雜誌社社長兼主編、台灣筆會會長、台灣客家公共事務協會理事長、台北市客家文化基金會董事長、寶島客家廣播電台董事長，推動客家文化運動。1957 年發起的《文友通訊》，為戰後第一份作家聯誼性的通訊媒介。曾獲中國文藝協會文藝獎章、台灣文學獎、吳三連文藝獎、台美基金會文藝類成就獎、國家文藝獎特別貢獻獎、真理大學台灣文學牛津獎、二等景星勳章、總統文化獎百合獎、二等卿雲勳章、首屆客家終身貢獻獎。

（二）著作討論

　　鍾肇政的生平著作一覽表，請參見附錄五表 5-3-1，這是依據台灣文學館出版的《台灣現當代作家研究資料彙編 14──鍾肇政》所整理〔註13〕，許多重複出版的作品，則不列記在表格當中。

　　觀看鍾肇政的著作，前後出版小說三十二本，是位努力創作的量產作家，所以台文學者錢鴻鈞（2005）曾以「台灣文學的萬里長城」來形容鍾肇政所締造的六百萬字書簡王國。依照附錄五表 5-3-1 所呈現出的創作文類比例，顯然小說為鍾肇政的主要寫作類別。由 1962 年出版的第一本小說《魯冰花》，

〔註13〕詳見彭瑞金編，2012，《台灣現當代作家研究資料彙編14──鍾肇政》。台南：
　　　　台灣文學館。

到晚期 2003 年所出版的《歌德激情書》，四十年的寫作生涯，許多作品的背景都和故鄉桃園龍潭有關。例如《魯冰花》、《大壩》、《大圳》、《溢洪道》等，場景都在故鄉龍潭周遭。《圳旁人家》是以妻子張九妹的娘家，龍潭鄉北境的客家山村三坑為主場景；而其《臺灣人三部曲》中的《沉淪》，則以老家九座寮為主場景；《滄溟行》則以九座寮為中心，擴展到附近的楊梅、中壢等地；《插天山之歌》的場景以大溪街、龍潭莊為發展；筆者（黃靖嵐 2010）也曾以《濁流三部曲》來討論文本地景和現實文學旅遊結合的可能性。

　　進一步注意到出版時序，鍾肇政主要的作品完成在 1990 年代以前，例如開創台灣大河小說的《濁流三部曲》、《臺灣人三部曲》，都已在 1970 年代相繼完成。1980 年代，完成了二部《高山組曲》，解嚴後完成有關二二八的《怒濤》。作品的出現，和時代背景密切相關。台文學者陳建忠（2003）認為，「鍾肇政的《濁流三部曲》（1962～1969）、《台灣人三部曲》（1966～1976）、《八角塔下》（1975）、《高山組曲——川中島、戰火》（1985），當中所建構的歷史圖像，是戒嚴時期在「中華民國史」之外，對台灣史的重構與認同」〔註 14〕。對於鍾肇政的作品，過去常被放在鄉土、國族的議題當中，強調作品所呈現出來的「台灣人」意識。

　　作家鄭清文（1991：197～203）稱許鍾肇政致力於將台灣人的形象保留在作品當中，由鍾氏所主編的一系列叢書，內容收錄台灣作家筆下的台灣人物與社會景象〔註 15〕。先由文壇社所出版的《本省籍作家作品集》十卷、幼獅書店的《台灣省青年文學叢書》十卷，到遠景版的《光復前台灣文學全集》、前衛版的《台灣作家全集》，逐漸看到「台灣」文學與「台灣」作家的身影出現。

　　鍾肇政早年參與「台灣文學」的保存和生產，強調的是「台灣」意識的彰顯以及主體性的表達。1990 年代之後，台灣步入族群政治社會，鍾肇政積極投入客家復興文化運動，要求客家族群同樣被視為台灣的一員，成為台灣客家運動的精神領袖。

（三）作者與客家的連結

　　1988 年，鍾肇政擔任《客家風雲雜誌》所辦的客家文化夏令營講師，開

〔註 14〕 出自陳建忠，2003，〈後戒嚴時期的後殖民書寫〉。收於陳萬益（編），《大河之歌——鍾肇政文學國際學術會議論文集》。桃園：桃園縣文化局。
〔註 15〕 出自鄭清文，1991，〈探索台灣人的原型〉，《新地》，2（2）：197～203。

設「客家人與台灣文學」課程，鼓勵客家青年認識台灣文學（陳康宏，2004：150）。鍾肇政以其熟悉的文學領域作介紹，帶領青年朋友認識客家身分的台灣作家。除了強調台灣文學與客家人之間的關係，也提醒青年朋友，文學可以作為客家人參與台灣的一種方式。彭瑞金曾經提過，無論戰前戰後，台灣客系作家文學活動的強烈台灣屬性，以及薄弱、隱藏的族群屬性，似乎都強調客家人把「文學」作為進入台灣社會核心的階梯。藉由「文學」這種可以單槍匹馬闖盪的方式，客家人可以輕易跨過經濟、人口比例、政治權力、舊文化制約的弱勢族群包袱，直探台灣核心。1994 年鍾肇政所編選的《客家台灣文學選》成為客家結合台灣文學史的創舉，也間接表達他心中對於客家人參與台灣文學的想法。

　　自客家文化運動發展以來，鍾肇政的創作滯緩，《怒濤》〔註 16〕一書是在還我母語運動之後的作品。文中日語、華語、客語等交雜，這是鍾肇政過去作品中未曾有過的現象，應是受到運動影響，認為當將各類母語的原音，忠實呈現在作品之中。鍾肇政過去的作品，雖然談到日本時代，可是對話是以日語的中文翻譯替代，不似《怒濤》一書，將一切所要表達的，直接以文字呈現出來。或許運動已耗損他非常多的精力，1990 年代只有創作《怒濤》一書，其他伴隨著回憶錄、和文壇文人往來的書信被整理集結出版，不斷試圖將客家與台灣文學連結，使得能在台灣文學之中，逐漸展開客家文學的可能。

　　筆者就台灣文學館出版的《台灣現當代作家研究資料彙編 14——鍾肇政》，將歷年討論鍾肇政的專論、學位論文、生平、單論、評論、訪談、新聞等，收有專書 30 本；單篇文章有 1143 篇。從 1959 年開始到 2010 年止，將標題有關「客家」、「客籍」、「客語」等關鍵字，在眾多文章中選出，整理在附錄五表 5-3-2，統計結果得到，關於生平的有 9 篇，作品評論有 15 篇，關於客家文學的討論有 6 篇。

　　從 1960 年代開始，，也就是鍾肇政 1959 年第一次踏進文壇起，歷來關於介紹鍾肇政、評論鍾肇政作品的資料，一直都留有記錄，但是相關客家的議題，卻要遲至 2000 年過後，才開始增多。因為客家運動的關係，使得「客家」有較多的能見度，尤其 2000 年過後，各類相關客家的主題出現，客委會、客家學院、客家電視、客庄文化慶典等，大眾交通工具也有了客語廣播。在

〔註16〕鍾肇政，1997，《怒濤》。台北：草根。

文學方面，除了彭瑞金在 1993 年的文章〔註17〕，將客家文學、客家作家直接以標題的方式寫下，儘管其內容尚在質疑、討論客家文學和客家作家的可能性，但也同時將「客家文學」、「客家作家」的名稱宣告於世。而在附錄表 4-3B 中出現較多次的，是使用客籍作家一詞。「客家」作家與「客籍」作家的用字不斷交相替換使用，顯見當時對於使用名詞的內涵，尚未有統一共識，鍾肇政在當時多數人的用法裡，是客籍作家，和現在被高度共識爲客家作家有所不同。

另外值得注意的是，類似「客家文學」的用法，有客家台灣文學、台灣客家新文學、客家文化和文學等不同的稱呼。這就好比附錄五表 4-3-2 中所載，論文發表者鍾佩玲（2003）在文章所稱的，「客家台灣人」之稱，各有不同的認同層次和立場，也在在說明了，「客家文學」的概念在過去，應不是很早就有、約定俗成的常識，所以表現在文字使用上，還是各家表述、未有統一。

作家莊華堂（2003）曾以自己舉過例，他在 1980 年代末葉，以兩篇農民小說《祭典》、《土地公廟》分獲文學大獎。可是當時還未體悟自己是客家人，寫作時不自覺竟以福佬話文來寫有關客家農村的小說，而被誤認爲是描寫「嘉南平原閩南族群」的小說。後來受了鍾肇政、李喬的影響，在 1992 年發表的《族譜》一文，鍾肇政將其選入《客家臺灣文學選》中，對於文中的福佬文字，希望可以修改成客語使用詞〔註 18〕，成爲今日大眾所閱讀的版本。如果不是鍾肇政的用心良苦，後人無法見到第一本具客家風味的文選面市，相對的，也將原本無特定意識要書寫客家的作家，例如莊華堂，從此導向了書寫客家一途〔註 19〕。

對於同爲作家的莊華堂而言，他認爲鍾肇政的《臺灣人三部曲》，是第一個把客家數代家族的歷史與生活經驗，完整展現於臺灣小說舞臺的作品，應更名爲《客家人三部曲》更符實際。而在先前的文字當中，提到鍾肇政過去的作品，例如《臺灣人三部曲》，評論家稱其保留台灣歷史圖像和台灣人的意

〔註17〕 如〈台灣客家文學的可能性及其以女性爲主導的特質〉和〈從族群特性看客家文學的發展──台灣客家作家作品的特質〉等。

〔註18〕 莊華堂於 2013.7.11 的訪談中表示，1994 年出版的《客家台灣文學選》，他的文章是經過修改後刊登的。主要是因爲原文章含有許多福佬語，所以鍾老將其修改爲較富含客家語境的文字。

〔註19〕 莊華堂表示，自從意識到自己是客家人身分之後，希望別人看到他的文章，不會誤以爲是在描寫嘉南平原的閩南族群，於是他陸續將過去的作品修改一遍，再請專業人士幫他修訂客語部分。

識，而這裡的台灣人是指全部的台灣人，但在客家運動之後，客家意識興起，以至於可以解釋成，這更是客家人的家族開拓史，也是接受過程的更迭。

以下幾段出自鍾肇政作品的摘錄，更是可以看到關於「客家」的主題，在當代如何的被凸顯：

> 原來那是出殯前的家祭。棺木兩頭各站一個人，交互的喊，志驤只能聽出「跪──」和「起──」兩個字，志驤那模糊的記憶清楚過來了……還有幾位叔公叔婆過世也都是這樣，所不同的是人更多──多到可以把屋後那個大禾埕擠得滿滿的。還有就是大鑼、大鼓、八音班，加上做齋時演戲一般的表演、有淒淒切切的「拜血盆」，有羅曼蒂克的「拜香山……
>
> ──《插天山之歌》〔註20〕

傳統的客家葬禮，習慣由族人共同承擔幫忙，在祠堂舉行，所以不管是哪位族人過世，都有共同的人際網絡照應，這在鍾肇政所屬的客家庄，應是很普遍可以見到的生命禮俗。只不過，這些屬於客家特有的八音吹奏和葬禮儀式，隨著社會現代化，已經很多都從簡，今日不一定能在客庄中見到，因此這段描述，便成為保留客家文化的段落。

另外，在下一段摘錄中所描述的「客人頭」，現在已經無法在農村中見到，但可在舊照片，甚至是電影裡看到。例如根據鍾肇政對鍾理和生平故事所改編的《原鄉人》，可在同名電影中看到，女主角在日治時期的頭髻樣式，即是傳統的客人頭。若是鍾肇政的生活經驗之中，從沒見過客人頭，自然無法清楚描述樣式，但是今日的客庄人物樣貌，已和鍾肇政當時所經歷的記憶不同，對於客人頭的樣式，也只能留在文學作品之中想像。

> 韻琴一點也沒察覺到堂姐那不平靜的神色，伸出另一支手撫摸了一下那隻「客人頭」……「鳳春姐，我不是說這個。我的意思是……」
>
> 韻琴思索了片刻才說：「妳真地以為我們梳這樣的頭好看嗎？」
>
> 「唉呀，這，這不是很奇怪嗎？大家都這樣梳，自然是因為好看的。不然你說要怎麼辦？我們不能老是這樣子梳辮子下去的啊。」
>
> 「我知道的……可是我總以為那福佬頭也並不算不好看，而且容易梳得多了。」

〔註20〕鍾肇政，1975，《插天山之歌》。台北：志文。

　　「福佬頭！像那些吃三餐的？」

　　「是啊。他們那種頭多簡便哪。」

　　「那不行啊，如果我們也梳成那樣子，豈不是也成了福佬婆子嗎？」

《沉淪》〔註21〕

　　傳統客話就稱 Ho-lo 爲福佬，而且在以客族爲主角的陸家大宅院裡，對福佬的長工，自然想作區隔。客庄女性以傳統客式頭當作日常的裝扮，而和他們不同梳法的福佬頭，便成爲他們所對照的他者。或許鍾肇政在描寫這段時，只爲說明他所看到的不同人群，但在今日族群關係的解讀上，亦隨讀者的觀點，有不同的詮釋。

　　　　五十張桌子分設在前庭和後禾埕。前庭是三十張桌，這是方桌圓凳
　　　　的正式宴席，另外廳裏還有四張貴賓席。後禾埕上的二十張桌是用
　　　　「毛攔」來代替桌子的，吃的人必須在地上蹲距著……八音班從一
　　　　大早就來到，是由鄰莊的葉家請來的，一共六個人，大小鼓各一、
　　　　嗩吶二、胡琴二、鑼一。他們是業餘的樂師，通常也被稱作子弟班，
　　　　會奏也會唱，採茶、亂彈、西皮樣樣都會一手……。

《沉淪》

　　此段是出自《沉淪》信海老人生日的排場描寫，有八音、採茶等，可看出陸家是大家族的氣派。宅院寬廣，由前庭寫到後禾埕，場面壯大，加上八音團的樂師，很有節慶之味。這是傳統客家庄表現喜慶的方式，鍾肇政在創作之時，或許只是想把這樣的畫面寫下來，他當時不一定會想到，日後客家文化會面臨流失，這些文字會成爲見證傳統客家文化的方式。

　　身爲復興客家文化的運動者，除了感嘆過去曾見過的文化日漸消失，也想將記憶中的客庄印象保留下來，於是也參與「客家文學」的建構，將他認爲的文學定義提出。因此，1990 年代的客家文學發展，有來自鍾肇政對於族群文學的想像和界定。

四、走出蕃仔林的作家——李喬

（一）生平簡介

　　本名李能棋，1934 年出生，台灣苗栗人。1959 年開始發表第一篇文章〈酒

〔註21〕鍾肇政，1993，《沉淪》。出自《台灣人三部曲》。台北：遠景。

徒的自述〉，爲台灣戰後第二代作家。創作文類以小說爲主，兼及論述、散文。擔任過《台灣文藝》主編、台灣筆會會長，主持過大愛電視台「客家週刊」節目、公共電視台「文學過家」節目，推動客家文化及文學。獲得台灣文學獎、吳三連文藝獎、巫永福評論獎、台美基金會社會科學人才成就獎、台灣文學長篇小說成就獎、鹽分地帶台灣新文學特殊貢獻獎、國家文藝獎、客家貢獻獎終身成就獎等獎項。

（二）著作討論

李喬的生平著作一覽表，請參見附錄五表 5-4-1，這是依據台灣文學館出版的《台灣現當代作家研究資料彙編 27——李喬》所整理〔註22〕，許多重複出版的作品，則不列記在表格當中。李喬雖以小說見長，但是發展多元，關於台灣和客家方面的論述，致力建構一套可以傳世的思想。迄今依舊新作不斷，雖然出版量還未超越鍾肇政，但是在創作活力方面，卻是相當旺盛的。

李喬屬於戰後第二代的作家，學習中文寫作的能力，自然比跨越語言的一代作家來得容易。和鍾肇政相似的地方，在於他擅長寫作小說類，也曾經發表關於台灣歷史的大河小說，創作量更是不遑多讓，有師承關係。而和鍾肇政不同之處在於，李喬一開始是寫作短篇小說起家，題材非常的多元，不僅限於故鄉周遭，甚至擴展到對社會的關心、生命的思索。從 1959 年踏進文壇，到 1970 年代才開始創作中、長篇小說，陸續完成《寒夜三部曲》等長篇小說，奠定其文壇的地位，以至於讓很多人忘記，李喬會寫短篇小說〔註23〕。

李喬短篇小說的創作高峰期，是在 1962～1977 年間。苗栗縣文化局於 2000 年出版《李喬短篇小說全集》〔註24〕，書中所收錄的 180 篇短篇小說，是李喬 1959～1999 年之間的作品，從最早 1959 年所發表的〈酒徒的自述〉，到 1999 年所發表的〈耶穌的眼淚〉，全集十一冊（彭瑞金，1999）。閱讀李喬的短篇小說，可以看到作者從老家蕃仔林走出來，向外觀察世界的各種面向，完成他的生命哲學（彭瑞金，2012：93）。題材不但有故鄉的鄉野傳奇，還有對宗教、人生、社會所做的種種哲學思辯。

〔註22〕詳見彭瑞金編，2012，《台灣現當代作家研究資料彙編 27——李喬》。台南：台灣文學館。

〔註23〕李喬於自序中，談到一次地方的記者會上，曾被問到：「我知道李先生寫很多長篇小說，對不起，您會寫短篇小說嗎？」摘於李喬，2000，《李喬短篇小說精選集》。台北：聯經。

〔註24〕李喬，2000，《李喬短篇小說精選集》。苗栗：苗栗縣立文化中心。

　　李喬將自己的小說分成兩類，一是形成鄉土意識、社會意識，以抗議性為主題的系列小說，例如《寒夜》、〈人球〉、〈尋鬼記〉、〈孟婆湯〉等。另一系列，則是討論生命之苦，和對生命情調的描摹，包括〈大蟀〉、〈修羅祭〉、〈痛苦的符號〉等〔註25〕。而對於李喬所指的鄉土作品，他自己的解釋是從生活本土所誕生的，屬於台灣獨自的主體性文學。「使用的語言，北京話也好，閩南語、廣東話、客家話、阿美話、排灣話也好，只要不是特定的一小撮人的文學，即以生根於住在「台灣」一切生活的文學來做起步」（李喬 1999：268～269）。例如《寒夜三部曲》〔註26〕，便被認為是描述台灣苦難歷史的縮影，強調人和土地之間的關係。

　　台文學者陳萬益（1988）認為，《寒夜三部曲》就是李喬心中「母親的故事」。齊邦媛（1989）更進一步提出，《寒夜》第一部結束時，老人彭阿強為土地而死；第二部《荒村》，第二代劉阿漢也以死亡來呼應第一代的厄運。如小說的結尾「看哪！一個苦難的生命結束了。還有無數個生命繼續苦難的行程……」，在第三部《孤燈》中，被徵往南洋當兵的第三代，於日本戰後幾乎絕望的還鄉旅程，回應序言〈神秘的魚〉，「憑著方寸一盞孤燈，望向迢迢遠路……」。台灣經歷不同的殖民政權，對於人和土地間的關係，始終掠奪不休。透過不同評論者對《寒夜三部曲》的闡釋，投向希望能等到回歸故鄉與大地合一的那天到來。

　　李喬的創作，歷經好幾個蛻變階段，對社會不公的抗議、尋求宗教慰藉與救贖，國族論述的構思等等。近期陸續完成《咒之環》、《散靈堂傳奇》著書，要為自己、歷史和族群作交代，宣稱近作對自己來說是「重要」的書。

（三）作者與客家的連結

　　客家運動在 1988 年開啟，許多客家文人投進了這波浪潮之中，李喬自然也不例外。對於客家運動的參與，李喬主要實踐在論述的建立上，除了出版相關著作，編輯相關客家文學叢書，也參與電視台的節目主持。1989 年李喬出版《台灣人的醜陋面》，尤其在書的第八章，以〈自大的福佬人，自卑的客家人，自棄的原住民〉，來論及台灣客家人的處境，正與當時的客家訴求相同，李喬不但是接受客家運動者，更是生產運動論述的建構者。

　　莊華堂（2003）認為，《寒夜三部曲》是李喬個人寫作生涯的巔峰之作，

〔註25〕出自李喬（編），1984，《七十二年短篇小說選》。台北：爾雅。
〔註26〕李喬，1997，《寒夜三部曲》，台北：遠景。

而戰後第二代小說作家當中，以李喬最能表現客家精神。《寒夜三部曲》裡最核心的議題，就「是客家人與土地之間的愛恨關係」。在《寒夜》的〈序〉曾提到，這部書是想藉蕃子林窮僻山野中的一群「神秘的魚」，描繪生命奇妙的歷程。而這群在險峻環境下求生存的魚，指的就是不畏艱難險阻，渡海來台拓荒的客家先民。這部近百萬字的大河小說，把客家人的生命觀，特別是土地觀，表現得淋漓盡致。

對於其代表作《寒夜三部曲》，這是部大河小說巨著，觀察在 2000 年過後陸續出現的評論，不再只關注於台灣意識、歷史移墾方面〔註 27〕。整理台灣文學館出版的《台灣現當代作家研究資料彙編 27——李喬》，從 1967 年至 2011 年止，在歷年討論李喬的專論、學位論文、生平、單論、評論、訪談、新聞等等材料中，共有專書 36 本；單篇文章有 860 篇。再對這些資料以有關「客家」、「客籍」、「客語」等關鍵字的文章作篩選，得到關於生平的有 1 篇，作品評論有 5 篇，相關客家文學 1 篇，2 本是專論的學位論文。整理資料請參考附錄五表 5-4-2。

黃琦君的碩士學位論文《李喬文學作品中的客家文化研究》，以《寒夜三部曲》爲主，短篇小說具客家文化的內容爲輔。從物質文化、行爲文化、精神文化、語言文化等四個文化面向，論述客家生活與禮俗、客家歷史、客家女性、和客家詞彙。也就是說，黃琦君所討論的客家文化內容，包含以上四個面向，除了語言、女性和歷史，物質文化方面，指的就是客家生活與禮俗，呈現在李喬作品當中。另一篇碩士學位論文是楊素萍的《李喬「寒夜三部曲」之客家女性形象研究——以葉燈妹爲核心》。以《寒夜三部曲》人物葉燈妹爲研究核心，探討台灣客家女性形象。所以客家女性形象的呈現，除了是李喬文學的特色，也是評論者對於客家主題的連結，也是客家文化的一部分。

除此之外，對於李喬作品的探討，依據和客家相關主題所列出的討論，如附錄五表 5-4-2，近十多年以來，絕大多數和客家相關的主題，都在於《寒夜三部曲》這一系列的書。他早年所寫的短篇作品，諸如〈哭聲〉、〈阿妹伯〉、〈山女〉、〈蕃子林的故事〉等，也都以客家山村生活爲張本，但過去的研究，卻未以客家主題關懷，而進行文本討論。以下，是〈哭聲〉的片段節錄〔註 28〕，

〔註 27〕可參考附錄五 5-4-2。
〔註 28〕李喬，2000，〈哭聲〉。頁 234，出自於《李喬短篇小說全集 5》。苗栗：苗栗文化中心。

內容描述他的生長地蕃仔林，除了地景的開展，還有關於山上「鷂婆嘴」的傳說故事。

> 從苗栗坐汽車，經一小時後到達大湖，由大湖沿小河走石壁間羊腸小道九十分鐘，就到了十幾戶人家的「下蕃仔林」。再往上爬五十分鐘陡坡，在山澗「橫坑」兩旁，坐落七八間茅屋或桂林房子，這裡是「上蕃仔林」。再從這裡爬登一條「閻王崎」，大概花上四點半鐘，才能到達「鷂婆嘴」。

> 鷂婆嘴是一塊紫灰斑斕的大巖石，聳立在發黑的森林中，極像一隻展翼下撲的老鷂鷹。……每個晴朗的黃昏，最後一道夕陽盤旋在鷂婆嘴的片刻間，還有月色美好的晚上，從那高山頂巔上，有時會飄下一縷幽忽淒厲而哀切的哭聲……

客家運動過後，李喬的作品開始加重了客語入文的比例，特別是《台灣，我的母親》，這是1995年李喬以全文客語書寫的長篇史詩。他曾於2000年參與編輯《客家文學精選集：小說卷》，並在序言中解釋何謂客家文學，試圖要爲其定義。鍾肇政過去只是以《客家臺灣文學選》的概念來收集客家作品，李喬更直在書名上宣告爲「客家文學」的精選集。而在2004年的《台灣客家文學選集II——小說》，更是以「台灣客家文學」來爲選集命名，而且將過去名家所撰寫的客家作品選出，重新以客語漢字改寫全文，成爲純客語書寫的讀本。

李喬是個實驗性很強的文學「玩」手，總是精力旺盛的挑戰不同面向和文學技巧。在編輯文選之餘，以客家視角觀看，發現李喬作品蘊含許多客家的文化。例如〈我沒搖頭〉，雖然「我沒搖頭」是主角全篇所說的主旨和要點，著重於幻覺的描寫部分。但是文中，結合了蕃仔林的山野傳奇，甚至後來還要請到客家人的神祇——義民爺，來「跳童」〔註29〕辦案。裡頭有客庄傳說、信仰，還有李喬所謂屬於客家人奇怪的「家法」〔註30〕，這是客家先民早期的生活縮影。

李喬（2005：163）本人也同意，「小說發表了，「小說」還在演變」。如〈修羅祭〉之中所呈現的故事，人吃了寵物進肚子裡過後，是永遠的在一起

〔註29〕乩童起乩做法

〔註30〕小孩被打要直喊「我不敢了！」，不然大人會越打越兇。出自李喬〈我沒搖頭〉。P58，收於《重逢——夢裡的人》。台北：印刻。

嗎？作者的想法，與閱讀者想法可能各異！作者雖然已經將作品完成，但是讀者的接受過程尚會在不斷進行改變當中。而在附錄五表 5-4-2 中，看到對於李喬作品的討論，較多著眼於作品對於客家女性的書寫，甚至還對鍾理和、鍾肇政筆下的客家女性角色進行比較。更多不同面向的客家主題來討論李喬的作品，可讓評論者在閱讀相關作品上，形成更豐富的期待視野。

五、農民作家──鍾鐵民

（一）生平簡介

　　爲作家鍾理和的公子，1941 年出生於滿州奉天（也就是鍾理和與鍾台妹於滿州居住時），於 2011 年辭世，台灣高雄人。1961 年發表第一篇短文〈蒔田〉，爲戰後第二代作家。創作文類有論述、散文、小說等，承繼鍾理和先生的衣缽。對於公共事務熱心，推動反美濃水庫運動，舉辦美濃黃蝶祭與笠山文學營。曾擔任過「美濃愛鄉協進會」理事長，各類相關客家事務職務，及多次如吳濁流文學獎等相關獎項的評審。奔走鍾理和紀念館的落成，成爲國內第一間私人的文學紀念館。

（二）著作討論

　　鍾鐵民生平著作一覽表，請參見附錄五表 5-5-1，這是依據高雄市文化局和台灣文學館、高雄市客委會所共同出版的《鍾鐵民全集》〔註31〕資料而來。

　　鍾鐵民年輕時就踏上文壇，除了有位出名的作家父親鍾理和，本身也具有寫作的潛力，成爲臺灣農民小說代表性作家。和前輩作家不同的是，他的作品以散文和短篇小說爲多，長篇小說只出版一部《雨後》。2000 年過後，出版過散文集，就不再有新作上市，這當然也和他身體健康狀況不佳有關，殊爲可惜。後期多參與美濃當地的反水庫運動，以及推動社區大學，是當地客庄具指標性的代表人物。

　　鍾鐵民的文學深受鍾理和影響，但是表現手法和內容上，卻和鍾理和不同。鍾鐵民關注的是農村在轉型工商社會後所受到的衝擊，農民生活的苦樂和心靈感受。而且鍾鐵民認爲文學不能離開土地，且必須眞實，所以他的取材都來自眞實的人、事、物。與鍾理和不同的是，鍾鐵民不將自己的感情、家庭寫入作品，但是在遭受疾病折磨之後，讓鍾肇政閱讀完他的作品，還說

〔註31〕詳見鍾怡彥（編），2013，《鍾鐵民全集》。高雄：高雄文化局。

他是「創造嘻笑歡樂」的人（鍾怡彥，2013），鍾鐵民保有的是有如兒童般的心靈和樂觀的態度。

（三）作者與客家的連結

關於客家文學，鍾鐵民提過1980年時，到美國參加美東台灣同鄉會，活動分組中有個客家文化討論會，那是他第一次被要求談論「客家文學」。經過一番整理過後，鍾鐵民（2013：77）發現，客家作家往往在作品中大量使用客家俗語法、詞彙和地方諺語。例如吳濁流、鍾理和、鍾肇政等作家，寫作甚至用客家母語來思考。雖然他們一開始並沒有意識要創作客家文學，但是自然他們的作品充滿客家色彩。之後，鍾鐵民陸續為客家文學定義多次補充、詮釋，甚至到後期〔註32〕，他也同意最好的表現客家文學方式，即是以客語來創作。由鍾鐵民的例子，可以看到由最初對客家文學沒概念，到關心客家文學的發展，最後再進一步為其定義，成為客家文學的推動者、建構者，此為接受客家運動動員的展現。

以下，是筆者就高雄市文化局等單位出版的《鍾鐵民全集》，在歷年對於鍾鐵民的專論、學位論文、生平、單論、評論、訪談、新聞等等材料中，將有關「客家」、「客籍」、「客語」等關鍵字的文章選出，整理之後如附錄五表5-5-2。關於鍾鐵民的生平、作品評論專書和學位論文等資料，自1965年至2011年止，共有專書2本；單篇文章有85篇。在這眾多文章中，找出篇名有「客家」、「客籍」、「客語」等關鍵字的文章作統計，關於生平的有4篇，相關客家文學3篇。林女程、柳寶俤的碩士學位論文，雖然都以鍾鐵民的小說當作研究主題，視其為見證農村生活的農民作家，但是在討論上，並不是以客家的視角，但有隱含的客庄風情。

李梁淑（2007：240～268）認為，傳統客家農村生活、文化的素描，大約就是鍾鐵民《雨後》裡寫及農村「換工」的情形，又稱「幫工」，能充分體現客家人不分階級、平等互助的精神。作品內容寫到客家傳統民情風俗，如飲食、建築、習俗、山歌，客家族群面對生活中的困難，不放棄希望。

家鄉的人事物，往往給作家很大的靈感和啟發。鍾鐵民表示，他寫的就是親戚們的故事，家鄉的景色。〔註33〕例如，〈竹叢下的人家〉裡的主角「阿乾叔」，便直追他父親的《故鄉四部》裏的「阿煌叔」。這位在父子筆下都描

〔註32〕鍾鐵民對於客家文學的定義於本章第二節中討論過。
〔註33〕資料來自於2010.12.25與作家鍾鐵民的電話訪談

寫的人物，應是真實有這麼一位親戚，只是時空差距二十年，鍾理和寫的是阿煌叔曾經勤奮工作，再轉向不願再做工的一面；而鍾鐵民則是著重在後期的描述，說他整日不事生產，終究要睡死、懶死的一面。鍾鐵民的《菸田》對家鄉美濃的菸業有動人的描寫，以下是《菸田》的片段摘錄：

> 菸葉的辛辣味兒飄送了過來，我拍拍牛背，上好車擋，下陡坡，輪子和木檔摩擦出使人牙齦發酸的咿呀聲，傳遍了全谷。

> 路邊攤開的破麻袋上堆著高高的菸葉，又長又厚的菸葉看起來是多麼可愛呀！多少年沒種得這樣好的葉子了，只可惜⋯⋯

> 停好車，解下牛絆繩，重重的在牛後臀上拍了一巴掌，老伙伴就大搖大擺地爬上山坡去了，山上有的是嫩菅筍，好好而去塞飽點吧！

> 隔河那邊高喊怪叫得那樣熱鬧，我也自顧自的笑起來，好像有傳染性的，我只有跟著那邊的笑聲喊：我太高興了。

> 安妥車板，我兩手不停地把菸葉撿齊了往車上裝。山歌儘管好唱，活兒卻不能不趕，下午是不能不摘菸葉的，這活兒比麼還要緊，跟趕救火似的，延不得。

> 貴香挑著大擔的菸葉，延著田塍走過來。綠色的雨衣被菸油染成了黑色。只剩領子上還依稀能辨出它本來的面目；草笠拿在手裡，頭髮燙得像隻鳥鳥窩，又鬆又亂；圓臉上掛滿笑意，笑得非常迷人。

菸農的工作非常辛苦，要置身在高溫的空間之中，還有辛辣的菸味。作品反映過去幾年的收成沒這次好，也體現農民看天吃飯，生活的不穩定。傳統美濃的經濟作物以種植菸葉為主，而農民在辛勤工作之餘，靠唱山歌來調劑，也凸顯客家人樂天知命的一面。

鍾鐵民的作品，較多是在描寫鄉居景色，以及農民辛勤工作，卻遭受不對等待遇。相對於鍾理和也是描寫家鄉，作品卻在鄉土論戰時期被凸顯，成為鄉土作家的代表，可在其中看到不同時期的接受過程。鍾鐵民晚年創作量較少，多數時間在參與社會運動，以及客家文學的推廣。

鍾鐵民認為，客家社會從歷史沿襲下來的堅強、不屈的硬頸精神，可在吳濁流的《台灣連翹》、鍾肇政《怒濤》、李喬《寒夜》中，看到抵抗強權，克服困境的奮鬥過程。客家作家本身就具有抗爭精神，作品自然表現強硬的性格。鍾鐵民長期參與反美濃水庫的興建，認為應藉由參與社會運動，為後

代子孫留下美麗的家園。這些客家作品的流傳，可將客家人的精神和文化表達，並獲得廣大讀者的認同與肯定。

六、結語

對於吳濁流等五位作家的初次認識，即是他們的身分都是客家人，所以常用「客籍」作家來稱呼他們。過去學術研究上，對於他們作品的討論非常多，可是在本研究中，只挑選相關「客家」為標題的評論，為的是要了解他們的作品是如何進到客家討論中的。

雖然這些作家多數的作品，原先只是書寫生長的客家庄，並不見得是以客家文學為名，但是後來的評論者，卻是以「客家」為主題來進行研究。時間方面，1990年代雖已有部分評論出現，但較為多數的研究，是在2000年過後。以下是筆者依照附錄五表 5-1-2、5-2-2、5-3-2、5-4-2、5-5-2 中，將過去評論者對於作家和作品，提出有關「客家」為研究主題的歸納，以作家為單位，列出相關客家主題的類型：

表8、對作家提出相關客家特色研究主題的類型

作家	相關客家特色的研究主題
吳濁流	語言、移民、女性、文化認同
鍾理和	語言、女性、文化（山歌、菸樓）、土地
鍾肇政	客家（運動）、客家文學、文化、女性、土地（根）
李喬	文化認同（禮俗）、女性、土地
鍾鐵民	客家、文學、家鄉、農民、客家語

資料請參見附錄五

這五位作家都以小說見長，雖然是以華語書寫，但為文中常見客語詞彙，讓客家讀者倍感親切。除了標記客家的身分和語言之外，例如對於女性、家鄉情感、文化認同方面，這些相關研究的關懷，反映當代客家文學呈現這些特色。

（一）小說見長

在本節中，討論了五位具代表性的客家作家，以及他們作品中的客家特色。例如吳濁流、鍾理和、鍾肇政和李喬，分別是以《亞細亞的孤兒》、《笠

山農場》、《台灣人三部曲》、《寒夜三部曲》等長篇小說奠定文壇名聲，鍾鐵民雖是以中短篇小說爲多的農民作家，但也有長篇小說《雨後》傳世。另外，像黃娟的《楊梅三部曲》、吳錦發的《青春三部曲》等等，發現客家作家多是以小說見長。而長篇小說的難度較高，通常在文學獎項之中，以小說類的獎金爲最高。客家人一向耕讀傳家、重讀書，是以發展文學方面可以得心應手，因此，台灣文學界中有很多的客家作家，都是以小說聞名於世。

（二）客家女性

張典婉（2004）的《台灣客家女性》一書，即是以吳濁流、鍾理和、鍾肇政等作品裡的女性，當作是客家女性的原型。還有多篇學位論文，也紛紛以這些作家的作品進行女性的研究，例如以劉奕利的《台灣客籍作家長篇小說中女性人物研究——以吳濁流、鍾理和、鍾肇政、李喬所描寫日治時期女性爲主》爲代表，論文所分析整理的客家女性形象分別有：一、母親形象；二、知識女性；三、勞動女性；四、童養媳形象等四類（劉奕利，2005），多數關於客家女性形象的分類，大致上也不脫離這些類型。

吳濁流的作品較陽剛，多是抗議不公、諷刺社會現象之作。不過在部分短篇小說之中，可以看到客家女性的身影。尤其《泥沼中的金鯉魚》的女性月桂，拿椅子向科長奮力砸去的一幕，如同向過去封建制度對女性壓迫的起身反抗一般，將客家女性一向獨立自主的性格體現。鍾理和筆下最佳的客家女性形象，便是他妻子鍾台妹予人的形象。因爲丈夫的疾病，必須堅毅的獨力持家，不斷勞動，這也是客家女性最爲人印象深刻的部分。李喬更是不斷以大地母親的形象，來顯露自小多接受來自母親溫暖疼愛，對於母性光輝的依戀。鍾肇政因爲出生於眾多姐妹環繞之家，對於女性的觀察細微，因此筆下的客家女性呈現各種風情。不管是溫柔婉約，還是野性奔放，客家女性的出現，都是客家文學作品中不可或缺的特色，更是評論家喜愛研究討論的主題。

（三）土地／家鄉情感

陳國偉（2007：190）提到，例如李喬的家與土地思考，吳錦發的家鄉書寫，還有藍博洲的《藤纏樹》、甘耀明的《神秘列車》等，都是作者以自己的家鄉當作寫作題材，因此可從作品中證明，客家族群對於家鄉的重視和思慕。吳濁流《台灣連翹》、鍾理和《笠山農場》、鍾肇政《台灣人三部曲》、李喬《寒

夜三部曲》等作品，都是以作家生長的故鄉出發，書寫客家庄的故事和歷史。鍾鐵民的散文集，如《鄉居手記》等，書寫主題更是圍繞著家鄉美濃，還將美濃風情編成了童書《月光下的小鎮》，讓年輕人欣賞。對於吳濁流作品所流露的台灣意識，其實也是一種的土地意識。如同李喬、鍾肇政的大河小說，也說明和土地的情感。鍾氏父子對於家鄉美濃的書寫，也讓美濃小鎮成為新一代的客家原鄉。

（四）客家文化認同

吳濁流的《亞細亞的孤兒》、《無花果》、《台灣連翹》等書，在過去常被視為關於「台灣意識」和「中國意識」的討論文本，不過近年也有評論者以文化認同的角度來討論。以吳濁流的客家身分，看文本的客家文化認同。在鍾理和過去的作品，也有類似吳濁流的經驗，以「原鄉」、「土地」的概念作討論。近期的評論者，觀察其作品裡山歌、菸樓、藍衫等客家形象的出現，認為鍾理和對於客家文化方面，展現他的文化認同。

鍾肇政的討論裡，關於「客家」為主題的文章不少。過去討論他的作品會從大河小說、歷史方面談，後來因為他參與客家運動，還有不少關於客家文學方面的討論。因此評論者會對其作品《台灣人三部曲》、《濁流三部曲》，所表現的採茶、山歌、民俗語言等，以客家文化討論之，彰顯他的客家文化認同。李喬也和鍾肇政相同，積極參與客家運動，對於客家文學方面，編輯了相關的叢書和教材。作品《寒夜三部曲》，評論者認為其所表現的語言、客家生活和禮俗等，可反映他的客家文化認同。鍾鐵民承繼鍾理和對鄉土的關懷，雖然一直居住在美濃任教，但周遭親友、農村事物，都可成為他筆下的主角。而他對客家文學的發展，也不遺餘力的闡述，認為能用客家作品的流傳，可將客家人的精神和文化，獲得廣大讀者的認同與肯定。

第二節　客家運動之後的客家作家與作品

上一節所討論的五位高度共識客家作家，作品幾乎都在 1988 年之前完成，尤其吳濁流和鍾理和，只留下作品供後人追憶和討論；鍾肇政 1990 年代之後鮮有新作，鍾鐵民也只有短篇散文寫作，唯有李喬仍具旺盛的創作力，至今不斷推出新作。他們的作品，過去在學術研究上，被當作台灣文學作品討論，可是自 1990 年代開始，尤其在 2000 年代過後，以客家為討論觀點的

評論越來越多，表示以客家族群題材來討論文學，也漸成為學術研究的共識。但是自客家運動開啓的後生客家作家如何創作呢？當前行代作家的作品，已開始被當作客家文學作品來討論，1988 年之後出版作品的作家，如何書寫客家？2000 年之後相繼成立的客委會、客家電視台等單位，如何影響更年輕一代的作家，投入客家文學的行列？他們對於客家文學的想像是否和前輩作家相同？本節舉出在客家運動之後出版作品的代表作家進行討論。

一、從還我母語運動之後所召喚的鄉愁

還我母語運動的產生，乃是離散到都市的客家人，因為聽不見鄉音，又擔憂客家子弟已流失母語和文化，所發起的一場社會運動。這場運動的影響深遠，除了喚起許多都市客家人對於母語的重視，也讓許多人的客家族群意識被強化，進而從事客家文化復興的相關活動，例如客家文學的寫作。而客家作家擅長寫作關於客庄方面的人事物，以表達情感，尤其還我母語運動之後，對於家鄉、土地，更是有無法切斷的思念之情。為什麼客家人對於家鄉、土地如此執著，即使離鄉之後，仍有綿延不絕的鄉愁，需要透過書寫對於過去的回憶，才能稍解內心對於鄉土的眷戀？下列舉出作品以家鄉當作寫作題材的作家吳錦發、曾貴海和藍博洲三位作討論：

（一）屬於荖濃溪的作家──吳錦發

1. 生平簡介

吳錦發，1954 年出生，高雄美濃人。歷任電影編導、報社副刊主編、主筆等職，曾擔任過文建會副主委。學生時代即開始寫作，主要以小說為主，也寫散文、詩及社會、政治評論，1984 年獲吳濁流文學獎小說獎。因興趣廣泛，關懷面廣闊，吳錦發不但投入環保運動、人權運動、政治，還寫詩、寫散文、寫政論文章，從事新聞工作，文學世界相當的多采多姿。出版有小說集：《放鷹》、《靜默的河川》、《青春三部曲》、《流沙之坑》等。

2. 著作討論

吳錦發屬於鄉土文學論戰後崛起的一代，初期作品因多在電影圈工作的緣故，大體屬於抽象思維的展示。後來，他的寫作對象轉為向時代頑抗不屈的農民、原住民的女性、校園裡箝制言論自由的白色恐怖、美濃地方史、台灣歷史黑暗面的探索等等，落實到現實的關懷層面。彭瑞金認為，吳錦發是1980 年代新作家中，最具備傳統文學的特質。80 年代的作家得天獨厚，比過

去的任何一世代都有優越的寫作條件，而「吳錦發介乎80年代的作家和台灣作家的傳統精神之間，既沒有土地的背負，或扛歷史亡靈的十字架，和自己臍帶間保持一種微妙的捨與不捨之矛盾」。〔註34〕吳錦發一直被期待是鄉土的繼承者，帶有自傳色彩的青春三部曲，雖是其代表作，難免會令期待者，寄望能有與前行代作家一樣的高度作品傳世。

青春三部曲分別是由《閣樓》、《春秋茶室》、《秋菊》三部書所組成的成長三部曲。如吳錦發所說的，《閣樓》講述的是他15、16歲時的故事，而《春秋茶室》是17歲，《秋菊》則是18到19歲的故事，「表面上它們是以『愛情』這條線貫串起來的，其實背後，主要描寫的是美濃農村的變遷……」也就是說，這三部曲其實是他自傳性濃厚的成長小說。

其中，第二部曲《春秋茶室》是三篇中最早發表的，也是他在1987年得到第一屆聯合文學小說新人獎中篇小說獎的作品，而《閣樓》與《秋菊》則是在《春秋茶室》之後陸續完成。因此，同樣以美濃為背景，主述者也都是第一人稱代表吳錦發的「我」，卻在閱讀三部作品之後發現差別。「首先完成的《春秋茶室》，完全是以福佬話作為「我」的母語，而其後才寫的《閣樓》與《秋菊》，反而是以客家話作為「我」的母語，而且美濃的背景，在《春秋茶室》中並不顯著，卻反而在其後完成的《閣樓》與《秋菊》二篇中，找到有濃濃的家鄉氣味」（陳國偉 2006：167～190）。這或許可由還我母語運動對作家心靈上的衝擊與影響來作解釋，在運動發生之後，族群意識和認同發酵，引發作者對於美濃的鄉愁，所以在之後的小說，放入了較多的客語詞彙，以及對於家鄉美濃的書寫。

3. 作品與家鄉情感的連結

對於家鄉、土地具有濃厚的情感連結，我們可在吳錦發的小說中，感受到他的家鄉意識。他安排許多作品的最後結局，小說的主角，都能體悟到家鄉對他的意義。例如《流沙之坑》裡〈明娟的鄉愁〉所描述：

> 溫馨的心靈家鄉，孩子很容易地在離開之後馬上又回去了；但是今年已三十九歲的自己，卻一直感覺到好似再也回不去了……
>
> ——《流沙之坑》

離家多年之後，生活的重心已遠離故鄉，但卻渴望可以如同孩童般，只

〔註34〕 出自彭瑞金，1993，〈應是屬於荖濃溪的作家——吳錦發〉。頁303～317，收於《吳錦發集》。台北：前衛。

是短暫離開，馬上又能回到故鄉。隨著歲月的增長，作者知道已回不了過去，甚至即使真實回到家鄉，也非舊時記憶中的面貌，對於過往的記憶，鄉土的情感，只能寄放在心靈之中，那充滿溫馨情懷的家鄉，卻是真實人生再也回不去的地方。

在吳錦發自傳性質濃厚的《青春三部曲》中，作者透過《秋菊》主述者「我」的發言，描述了自己意識中強烈的家鄉意識：

> 我就是那種時刻忘不了家鄉的人，雖然我初中畢業之後，便離開了
> 家鄉到高雄來念高中，但是兩年半來，我依舊不習慣大都會的生活，
> 甚至晚上常想家想得失眠；有一會，連續失眠了好長一段時間，只
> 好去看醫生，醫生問我怎麼回事？我想了好一會，突然告訴醫生說：
> 「我聽不到青蛙叫睡不著！」……
>
> ——《青春三部曲》

居住在都市兩年的生活，讓主角失眠的原因，是因為聽不到青蛙的叫聲，也反映家鄉對主角強烈的召喚與影響。

> 儘管朋友們如何嘲弄我，我始終沒有辦法割捨我對家鄉的愛戀；有
> 時我想想這份感情，真有點像是一棵樹和泥土的情感。或者說，像
> 是蝸牛和牠的殼的關係一般。
>
> ——《青春三部曲》

透過這段主角的自況說明，吳錦發表現了家鄉對於他的意義，那種感情，就像「一棵樹和泥土的情感」，也像「蝸牛和牠的殼」一般，因此對他而言，家鄉是他生命的根源，也像是庇護著他的力量，讓他的心靈可以感覺到安穩。

吳錦發在《閣樓》一書中，敘述他曾在家鄉美濃菸樓旁的閣樓上，度過一段難以忘懷的青春時光。透過這段回憶，在夥房的右方，繞著菸樓的四面牆所釘成的木造閣樓，成為他唸書睡覺、性啟蒙、還包括青澀愛戀的青春歲月，都在這小小的菸樓中誕生。閣樓後來雖然因為拆除而不復存在，但是這些讓他銘心刻骨的家鄉圖像，卻會一直存在於他的作品當中。

吳錦發因為離開家鄉，進入都市生活，除了因為聽不到蛙鳴聲而造成失眠，更因都市充斥福佬語，改變了他寫作的語言。若不是因為客家運動而激起他的客家意識，他可能不會警覺到母語的流失。在〈明娟的鄉愁〉中，「住在都市裡要說國語或閩南語，客家話沒幾個人聽得懂！」，喚起吳錦發的鄉愁，也說明在客家意識被強化之後，1990 年之後的作品更富含對於客家庄的

書寫，原先甚至不經意流露出來的福佬用語，都因客家意識的強化，而開始在文章中加入客語詞彙。客家運動對於客家作家的影響，可在吳錦發於 1988 年前後所出版的作品當中察覺。

（二）醫生詩人──曾貴海

1. 生平簡介

曾貴海，1946 年出生，屏東佳冬六根庄人。高雄醫學院就讀期間，與江自得等人創立「阿米巴詩社」開始寫詩，展現對文學濃厚的興趣，同時也開始在《笠》詩刊發表作品。1982 年與南台灣文友創辦《文學界》雜誌，1991 年參與《文學台灣》雜誌創辦，推動以南台灣觀點出發的文學改革運動，個人詩與文學創作，也在這個階段轉趨積極。出版詩集有：《鯨魚的祭典》、《高雄詩抄》、《台灣男人的心事》、《原鄉・夜合》等。

2. 著作討論

曾貴海是少數走出書房、走入社會，又能從社會走回書房的詩人。剛開始寫作的詩，是以個人內心的世界為關注的焦點，後來因為從事醫療工作而接觸到生命根本的疾苦，使得他的詩逐漸和周遭的世界融為一體，甚至和大自然打成一片，從一個避世哲人成為入世詩人。1990 年代，曾貴海由參與文學改革運動而思考文學、文化生態環境問題，也由一個曾經只追尋內心世界花朵的詩人，轉為環保、人權、文化、政治、教育改革的鬥士。（彭瑞金 2009：122～123）

過去使用華語寫作、出版，後來因為參與相關的文學運動，受到召喚，感覺到母語的重要性，開始嘗試母語寫作。1998 年出版《台灣男人的心事》，曾貴海（2007）認為自己的心靈回到出生和成長的原鄉母土，要用一首一首的客語詩，寫下故鄉──佳冬六根庄的故事。在創作的過程中，努力克服文字書寫的困境，之後也才有了另一本詩集《原鄉・夜合》〔註 35〕的產生。他所創作的客語詩集《原鄉・夜合》，不但為台灣客家文學的詩路闖出一條路來，更重要的這些客語詩關懷思考所及的社會議題及文學議題，開拓了台灣詩的視野。詩人在創作客語詩時，在精神和行動上開始「返鄉」，這樣的文學返鄉之行，不僅重拾了故土故人的記憶，也引出綿綿不盡的土地之愛。順著客家的土地和歷史，可以追溯台灣族群土地，歷史的源頭，找到台灣人族群建構

〔註35〕曾貴海，2000，《原鄉・夜合》。高雄：春暉。

的原則，甚至發展出台灣大地詩篇和民族的史詩來。由此來看，《原鄉‧夜合》在台灣文學發展史上，有其特殊的位置。〔註36〕

曾貴海因為鄉愁的被召喚與釋放，之後才可以源源不絕的寫下，關於高屏溪運動紀實和生態散文，甚至是關於原住民的題材。或許是詩人「返鄉」，尋回了他的原鄉，而又能繼續新的旅程；又更可能是他對家鄉的情感，已擴及到整個台灣，所有相關台灣土地、族群的題材，都是他對於家鄉的情感關懷。

3. 作品與家鄉情感的連結

在曾貴海創作的歷程當中，族群及歷史一直是他詩作的核心（劉佳欣2009：16），詩人關心自己家鄉的人事物，當然包括客庄歷史在內。曾貴海於2000年以全客語的方式創作了客語詩集《原鄉‧夜合》，這本詩集的出版代表詩人將關注焦點擴大至族群的關懷，內容不乏談到客家歷史、客家女性及土地認同的詩篇，流露詩人對於客家族群的認同及意識。

以下，舉〈六堆客家人〉一詩來討論詩人認同六堆是原鄉的意識。

> 亞洲大陸个流浪族群
>
> 將生命交分海峽黑水溝
>
> 來到南台灣屏東平原
>
> 向地泥河壩牛姆豬仔禾仔講客話
>
> 請來三山國王个山神
>
> 落腳佇高屏溪東港溪林邊溪邊
>
> 一路流浪落來个靠山族群
>
> 變成靠河壩个農民
>
> 三百零年來，守著這塊土地
>
> 毋會少祖先个血汗流落圳溝水
>
> 六大座頭正像大樹紮入地泥肚
>
> 跈著含笑樹蘭夜合同桂花香
>
> 就尋得到客家人屋家

〔註36〕參考自 http://lit.hakka.gov.tw/_gcomment/gcomment06.htm 台灣客家文學館
（2014.5.18）。

愛花香又勤儉个勞動民族

好讀書又清淨个客家人

毋好忘了客家話

毋好離開六堆家園

像樹根咬狠腳底土地

吸飽地泥水

生滿樹葉開滿花

——《原鄉‧夜合》

　　曾貴海的原鄉，並不是在黑水溝過去的亞洲大陸，而是在南台灣的屏東平原，也就是六堆地區。流浪至此開墾的客家人，開創了六堆家園，舉出六堆客家常見的三山國王、夜合等，期許後代子孫切勿忘記客話、切勿離開家園，因爲這裡已是六堆客家人的原鄉。

〈肖應〉

佳冬六根庄頭庄尾

挫上挫下

沒人毋識肖應

著一領油粕粕个爛衫褲

頭腦毛長到膝頭

想到了就大喊一聲「好！」

毋知伊好麼介

沒妻沒兒沒頭沒路

身上沒帶半文錢

人生到底好麼介

倚佇路角

看故鄉人來人去

慢慢个

故鄉个河壩田坵海岸巷路

變款又變樣

還小時節个佳冬去那了

毋識同庄肚人講過話

每日惦惦看著故鄉

暗了，正尋新開个路歸去

——《原鄉·夜合》

「肖應」一詞，是一般俗稱的瘋子之意，主題是曾貴海在描寫故鄉的一位精神病患，以「肖應」來見證故鄉的改變。故鄉的人來來去去，只有「肖應」是不變的場景，倚在路邊，靜觀這一切景色流轉。故鄉原有的河壩田坵海岸路已經不知到哪裡去了，完全不是小時候所看見的那個佳冬，開了許多的新路，卻又和詩人記憶中的家鄉面貌不同。面對社會的變遷，家鄉景物也因現代化而產生了改造，曾貴海記憶中的六根庄，一直是他在離鄉之後連結鄉土情感的來源，如果已變模樣，讓人追尋不得，那份連結的鄉土情感也就失去了著力點，自然人也就成了「肖應」。

曾貴海離開家鄉，進入都市工作，以華語進行創作。因為受到客家運動的影響，客家意識被激發，積極投入客語創作行列，書寫對象是生長的家鄉六根庄。對曾貴海而言，家鄉即是他對客家文化認同的根源，縱使家鄉的面貌已在改變當中，但始終不變的是他在心靈上所追尋的故鄉，成為召喚他認同的鄉愁。

（三）民眾史工作者──藍博洲

1. 生平簡介

藍博洲，1960 年出生，苗栗人。歷任報社、雜誌記者編輯等工作，其後專業寫作。學生時代已有作品發表，也獲得文學獎的肯定。全力投入「報告文學」，以建構「台灣民眾史」為職志，獨創報導文學式的歷史小說風格。已出版的有：《藤纏樹》、《幌馬車之歌》、《白色恐怖》、《紅色客家人：一九四○、五○年代台灣客家人的社會運動》、《紅色客家庄：大河底的政治風暴》、《夜未央》等。

2. 著作討論

藍博洲早期的作品，不是鄉土之情，而是憂鬱少年的苦悶情懷。但自 1988

年之後，陸續寫出了《旅行者》（1989）、《藤纏樹》（2002）與《一個青年小說家的誕生》（2004）小說創作。雖然作品大多數為報導文學，但是記錄的場景和對象，始終都是在客家庄，關懷的也都是客家人。過去可能不在台灣歷史當中，卻曾經深刻與土地發生過關係的客庄回憶，重建一段段被淹沒的民眾史，除了是使命感，也是為過去被視為膽小、怕事，依附政權的義民情結平反，還原在台灣的革命歷史中，始終都有客家人的參與。〔註37〕

學術論文對於藍博洲的評論，多半在其歷史書寫，還有他對報導文學的貢獻。其實他有獨特的個人敘事方式，不願為文類所侷限，在處理小說材料方面，亦有藍博洲的個人行事風格。歷史和報導文學的精神在於挖掘真相，然而「死者為大」，即使有材料、有機會可以書寫出來，但是他會秉持人道精神，還原他認為可還原的歷史部分。〔註38〕

作為一位民眾史的工作者，藍博洲長期為過去台灣歷史所忽略的庶民歷史發聲，特別是在他的家鄉苗栗，一直以客家人為歷史調查對象。這些在客庄發生的故事，其實就是客家歷史；記錄這些客庄故事的文字，即是客家文學。

3. 作品與家鄉情感的連結

《藤纏樹》書名取自客家山歌：「入山看見藤纏樹，出山看見樹纏藤；藤生樹死纏到死，藤死樹生死也纏」，通常意指男女情愛的堅貞不移。而《藤纏樹》一書中，不管是書中作者阿里和妻子阿靜；或是故事的主角林明華和其妻子傅雙妹，都可以適用於藤纏樹的客家意象。而這本似是作者與自我的對話，由寫給妻子阿靜的信中，提到欲將這本《藤纏樹》寫成一篇包含「紀實與虛構」的小說，並透過不斷的書信往返，將過去的、現實的，關於情感上的複雜一一道出。

阿里藉著返回家鄉竹頭庄之行，尋找創作的靈感，同時也反映藍博洲的返鄉之旅。文中提到「面帕板」〔註39〕、「開庄伯公廟」「掛紙」，以及各種客家小調、山歌等，特意表現出的客家文化，於以下分段摘錄並討論：

〔註37〕摘錄自藍博洲在成大台文系課堂演講上所做的分享。

〔註38〕李潼指出，藍博洲曾經找到「傳說」出賣了難友的小張女士，查出當時負責抓人的台籍特務林頂立，以及導致高草悲慘下場的王子英，然而藍博洲卻放過了讓「雙方間接與直接當事者」陳述的機會。詳見李潼，2001，〈老紅色青年和她的同志們——讀藍博洲的《台灣好女人》〉，《文訊》192：20～21。

〔註39〕藍博洲，2002，《藤纏樹》，頁33。台北：印刻。

板條是由一塊外型像毛巾的板，切割下來的，所以竹頭庄的人，世
世代代就把一般名為「板條」的客家小吃，稱為「面帕板」……

……小時候，我祖母還在世的時候，經常會叫我和弟弟，拿一袋再
來米，去代工磨米的店裡，把米磨成米漿；拿回家後，她就把米漿
到倒入塗了沙拉油的蒸盤裡頭，再把盛了米漿的蒸盤放進爐灶裡
蒸；等到蒸熟的時候，再把它端出來；這時候，蒸盤裡的米漿就變
成一盤雪白的、一搓就破的板了；然後，祖母再把蒸盤裡又薄又 Q
的板倒出來，將它對折再對折，折成像一塊白毛巾的形狀；然後再
把它切成像麵條一樣的板條，這樣就可以煮或炒來吃了！

《藤纏樹》

　面帕板或板條，是客家飲食中常見到的特色食物，作者在文中花了一些
篇幅為板條的製作過程做說明，也解釋之所以被稱做面帕板的緣故。因為有
了強烈的客家意識，反映在書寫上，會特意多為客家文化做介紹，這和前行
代作家只是不經意的流露客家意識，表現在作品上是很不同的。

　另外一段摘錄：

其中一名帶頭的民眾，轉過身來，冷眼瞧了又瞧邱民華，然後用福
佬語帶威脅地問道：「你是哪裡人？」

「我，」邱明華仍然用帶著濃厚客家口音的福佬話回答。「我是台灣
人。」

「騙肖！」那人說。「台灣人為什麼不會講台灣話！」

「我是客家人，」邱明華改口用日語回答道：「難道客家人不是台灣
人嗎？」

「原來是『客人仔』！」那人語帶輕蔑地說道：「你們『客人仔』為
什麼要幫這隻外省豬求情呢？……你的立場在哪裡？」……

《藤纏樹》

　對應於本研究在第二、三章的解釋，戰後初期台灣人方才剛被介紹「客
家」的名稱，其實不太可能會向福佬人說明族群的身分表達，況且在吳濁流
的作品之中，台灣話可以是客話。不過經過客家運動之後，除了客家意識鮮
明，以族群區分他我，對於「台灣」一詞的使用權，更是敏感。文中提到「台
灣人為什麼不會說台灣話」，而客家人以「難道客家人不是台灣人嗎？」作為

回答，這同時也為 1990 年代之後的客家人心情，作了最好的詮釋與抗議。作品描述時間雖是由日治過渡到戰後，藍博洲的寫作時間點卻反映在還我母語運動過後的客家作家想法，對於 1990 年代面對的「台語」爭論，提出客家人所想要表達的抗議。

藍博洲藉由報導文學式的小說形式寫作，追查故鄉曾經發生過，卻又逐漸消失在歷史記憶中的一段故事，除了要將客庄的人事物書寫下來，更重要的事呈現另一種鄉愁，一種來自血液中的鄉愁。客家人在離散之後，對於故鄉的種種，只能藉由寫作稍解對於故鄉的情感與眷戀。

（四）結語

受到 1988 年客家運動影響的年輕作家，特別是離鄉居住在都市的客家人，因為客家意識的被強化，開始注重在母語的表現上，以及傳統文化的追尋。因為前行代作家一直生活在客家庄當中，舉手投足皆是客家文化的一部分，只要將所見所聞寫出即可。但是居住在都市的年輕客家作家，已經離開客家傳統生活，真實的客家經驗只存在他們的記憶當中。唯有透過不斷地思鄉、返鄉，以鄉愁所召喚的情感，才能凝聚他們對於客家的認同以及想像。

吳錦發、曾貴海和藍博洲的作品，代表一種鄉愁的被召喚。他們少時擁有傳統的客庄生活經驗，後來因為升學、就業等等因素，離開家鄉到外地，受到客家運動啟發之後，開始關懷客庄人事物，以及文化的傳承。因此，回過頭尋找記憶中的客庄印象，並將這些鄉愁訴諸於文字，表達他們所認知、想像的客家文學。而讀者經由他們對於傳統客家生活的描述，透過回憶家鄉的方式，也相對召喚讀者的鄉愁，接受他們對於客家文化的形塑與認同。當客家文學定義的生產者，提出在身分、語言和內容上的書寫範疇，如吳錦發等的同輩作家，受到影響成為詮釋的共同體。這批在客家運動過後出版作品的作家們，寫作的方向亦是朝向客家文學定義實踐，如山歌、菸樓等，在 1990 年代之後，這些客家文化元素，開始被讀者視為是「客家」特色，閱讀作品時即帶有此種的期待視野。也就是說，1990 年代之後對於客家文學的想像，即是構築完成於今日這批中生代的作家們，他們的作品反映該時代客家文學所應該呈現的面貌和評價，也形塑日後讀者對於客家文學的認知背景。

二、女詩人筆下的客家女性

上一節談到如吳濁流等五位客家作家的作品評論，關於客家的議題，多

數會選擇以客家女性的形象作討論。然而過去對於客家女性的描述，多是客家男性作家筆下所塑造的客家女性形象，也成為後來作家們喜愛選擇的書寫題材。那麼客家女性作家又是如何書寫客家呢？當這些長期被書寫、只出現在作品當中的客家女性，成為能執筆書寫客家的作者時，他們筆下的女性會呈現何種風貌？以下舉杜潘芳格和利玉芳兩位客家女性作家，來看他們筆下所書寫的客家女性形象。

（一）跨語詩人——杜潘芳格

1. 生平簡介

杜潘芳格，1927 年出生，新竹新埔人。1965 年加入「笠詩社」之後，開始發表創作，成為《笠》詩刊的重要代表詩人。她經歷過戰前、戰後兩個不同的統治體制，是「跨越語言一代」的台灣第一位「女性詩人」，創作詩可出現日語、華語以及客語，呈現交叉思考的現象。1980 年代開始以母語書寫客語詩，已出版的詩集有：　《朝晴》、《青鳳蘭波》、《芙蓉花的季節》等。

2. 著作討論

杜潘芳格生於 1930 年代，承襲客家女性該要刻苦勤勞、尊敬丈夫的特質，她未曾有過直接挑戰傳統父權的前衛觀念。然而在現實生活中，傳統美德的束縛與生命歷程裡的內在自我，是杜潘芳格省思醒悟時的掙扎與困惑。杜潘芳格除了受到現實體制的壓力外，更感受自己「性別」所帶來的種種歧視，為此她積極寫作。面對 1980 年代社會與政治生態的丕變、婦女運動的蓬勃發展，原先處於傳統與現代交界點的女性作家，在保守與開放之間，書寫過程面對重大的改變與突破。尤其在 1990 年代以後，因著大眾傳媒的無遠弗屆、女性意識的開展，於傳統父權體制底下的女性作家紛紛從身為邊緣位置的困頓躍身而起，表明其「身份」的書寫慾望強烈的催促著，女性作家開始以「我」發音。

〈相思樹〉一詩當中，呈現杜潘芳格紓情細膩的情懷以及對鄉土家園的認同。從國族強權統治的台灣歷史殖民經驗裡，以本土意識的初萌到台灣精神的崛起，進而由理性冷凝的反思書寫過程中，映現而出女性書寫的主體意識，杜潘芳格以「相思樹」耐強的生命力作為生命寫照，不但是對自我國族與本土意識的認同，亦是代表著台灣女性自主意識覺醒的精神象徵。（劉維瑛 2009）

詩人李敏勇認為：「杜潘芳格確是一棵女人樹。她的詩，是抒情性隱含在剛性思維裡的詩；是在抒情理包容著思想的詩。雖然，因為她的生涯跨過日本殖民統治時代和戰後國民黨類殖民統治而面臨語言表達運用的困境，在戰後的中國國語敘述環境未能受到公允的評價，但是，在我心目中，杜潘芳格的詩人位置，與同時代的女性相比，唯陳秀喜與她最為突出。」〔註40〕杜潘芳格為台灣女性詩人開放另一種別於閨怨詩派的風格，她的詩包括對生命的尊重，對社會現象的關懷。

3. 作品與客家女性的連結

杜潘芳格於1988年起，受到客家運動的影響，加入客語詩寫作的行列。對杜潘芳格而言，「語言」的困境讓她更能體會處在邊緣文化的悲哀。

> 客家話沒有人說了，也沒有人聽得懂了，這時候就是我們需要反省、
> 深想、思考的時期了。聽說賴和也是客家人的子孫，宋澤萊也是，
> 還有很多很多客家人，給別的族群人同化掉。好像現在的台灣的年
> 輕一代受了北京話的教育以後完全不關心自己的母語，變成不會
> 說，不會聽台語的人，這樣下去就會有台灣島但沒有台灣人了……。

當客家話沒人說、沒人聽時，就代表客家人消失。杜潘芳格認為，語言（母語）象徵文化的根脈，根若是斷絕了，文化也就隨之散失，因此，我們必須建立自己語言的主體結構，為了母語語言的復興，『我手寫我口』勢在必行。客語的寫作，成為杜潘芳格認為能夠挽救客家消失的一種方法，帶有保存族群文化的任務和目的。同時也是參與運動者，對於族群存續的投射，只要有客語的存在，客家就不會滅亡。

以下舉出杜潘芳格過去以華語創作關於女性的詩作，再對照她以客語創作後，作品中呈現的客家女性：

> 〈男人〉
>
> 忽然死去的
>
> 男人
>
> 雖然春剛來到。

〔註40〕 參考自 http://lit.hakka.gov.tw/_gcomment/gcomment06.htm 台灣客家文學館
（2014.5.18）。

妻私通過另一男人，

因為那個妻

確是較男人「能幹。」

尋找春日的陽光把椅子靠近窗邊

能幹是什麼？

甚麼是能幹？

死，微冷的春晨，

尋找太陽的能量把椅子靠近窗邊。

忽然死去，那是簡單的，

男人那兒去了？

忽然空下來的，活著的時候，一直在家的片隅蠕動著的男人所佔的

位置，

留著四個女孩，

忽然

不在了。

於是

大家，都放心了。

——《男人》

　　杜潘芳格是虔誠的基督徒，又是出生於舊時代的女性，其實對於父權的壓迫，很多時候會採取柔順的態度，可在詩人的其他篇章察覺。而這篇〈男人〉

　　卻用「私通過另一男人」來描述「能幹」的妻子，其實對於傳統保守社會來說，寫出來需要很大的勇氣。面對追求情慾的婦女，甚至反轉男強女弱的父權心態，寫出妻子較男人「能幹」，還在文中反覆問著：「能幹是什麼？」「甚麼是能幹？」，「微冷的春晨」象徵杜潘芳格的女性意識，她在自我發現的過程裡欲瓦解父權，卻仍存有來自時代歷史經驗中不安怯懼的感覺，所以

要尋找春日的陽光。最後，文中代表家中父權地位的男人「忽然／不在了」，留下來的四個女孩不必再被壓迫，「於是／大家，都放心了」，很能表現挑戰父權的心情和決心。而〈月桃花〉、〈末日〉，則是杜潘芳格以母語所寫的客語詩：

〈月桃花〉

月桃花在个位開垂乳色白花

像婦人家个乳房垂開一波一波

長又大个葉下搖啊搖像乳姑樣

上台北个車窗看過个景色

從台北南下時還想愛再看一擺

但

因爲坐唔對邊

只有看到

鄭成功个鶯歌石

——《青鳳蘭波》

〈月桃花〉一文，以月桃花、乳房象徵客家女性，鄭成功、鶯歌石代表男性，即使女性心中原有想看的風景，因爲跟隨著男性而坐在不同的方向，只好放棄，而接受男性所給予的風景，說明女性無法自主的命運。

〈末日〉

油桐樹開百花召來夏日聲

所有个婦人家應該愛經過生產个痛苦

受過艱苦生養自家个細孲子个餔娘人

還係會愛慕姖个丈夫畀丈夫管制到底。

相思樹開花來告五月風

這下有盡多唔甘願受生產个痛苦，唔甘心樂意生養細孲子个婦人家

出現咧，

姖兜儕根本唔使丈夫个存在囉。

禁忌果子完完全全畀姖兜消化到徹底光光。

白花黃花共下滯在小小个海島上

初夏个山林知背肚。

——《青鳳蘭波》

杜潘芳格作爲跨越語言的一代，在思想觀念上也爲著是否「跨越」而苦惱。她雖然受到傳統美德的束縛，但心中也曾有過挑戰傳統父權的觀念。因此在〈男人〉一文中，可以感受到她想突破，卻又在臨界點之中徘徊的掙扎心境。然而在強調「我手寫我口」的客語創作詩之中，傳統柔順的客家女性特質便彰顯無遺。不管是〈月桃花〉的忍從，還是在〈末日〉之中看到身爲女人心甘情願的一面，都可在他的客語詩中反映出，客家女性願爲人妻、生育，實踐做爲一個女人應盡的職責，這也是在客家文學作品之中，不斷出現以母親形象的客家女性角色。

（二）白鵝詩人——利玉芳

1. 生平簡介

1952 年出生，屏東內埔鄉人。初中時代即以「綠莎」筆名發表散文，婚後住在台南縣下營鄉，詩作從 1978 年加入「笠」詩社之後，正式展開。利玉芳先後獲得吳濁流文學獎新詩獎及陳秀喜詩獎的肯定。1990 年代以後，開始以客語寫詩，作品有《向日葵》、《淡飲洛神花的早晨》等。

2. 著作討論

利玉芳的第一本詩集《活的滋味》，所寫的內容屬於生活的觀察，想到什麼就寫什麼，周遭的土地、人文的都是她創作的重要題材，作品單純樸實。作家林鍾隆認爲她的詩寫到女性時，「絲毫沒有忸怩作態的妖嬌，能毫無顧忌呈現一顆赤裸裸的跳動著的心來。」〔註41〕詩想相當成熟，執著於「生」與「活」的意義性表現，有深入的見解，又具女性獨自的思考。

《向日葵》是以客家女性身份書寫的客語詩作，以自創童謠的方式，將客家文化融入詩作，讓讀者在欣賞詩作之餘，能夠更深入瞭解客家文化的博雅質樸。在以女性爲主題的詩作當中，她以細膩的心靈，婉約的情感，透過內心形象思維的操作，表達了深刻的關懷與省思。

〔註41〕參考自 http://lit.hakka.gov.tw/_gcomment/gcomment06.htm 台灣客家文學館（2014.
5.18）。

　　利玉芳的詩作，融入台灣政治、社會、生態與女性書寫等多元議題，她的詩顯現女性主義意識，對於現實生活的觀察有其新的視野展現。透過主體的顯現觀照，利玉芳真實地表露女性的心聲，對於處於保守年代的詩人而言，如此勇於書寫女性情慾，以大膽、潑辣、犀利探入男女生活的隱密地帶，並以自身的經驗和感觸剖析女性的胴體且不帶情色猥褻，反而替女性爭取身體與精神的自主。

3. 作品與客家女性的連結

　　利玉芳的〈水稻不稔症〉、〈貓〉、〈嫁〉、〈古蹟修護〉等作品，被視為表現對女性身體自覺的代表，在同一輩之中，她是少數敢直接處理情慾題材的女詩人。以下舉〈水稻不稔症〉為例：

〈水稻不稔症〉

莫嘆我肚子裡沒有你的愛

因為你陰晴善變的脾氣

傷害了我心中的胎兒

主人送來的一帖安胎藥

仍然治癒不了我流產後的心

即使你再愛我一季春天的床

莫嘆我肚子裡沒有你的愛

是你不讓我做你四月的情婦

——《活的滋味》

　　利玉芳直接赤裸裸地將兩性情慾，以水稻收成來比擬身體，令人激賞。反映在詩人的其他作品上，都有類似作風大膽的行徑，實為同輩中的「異數」，也有別女詩人一向予人的閨秀筆風。可是閱讀到利玉芳描述自身體驗的〈際遇〉、〈擺脫〉等，女性依靠自力脫險而避難的情節，不禁令人想起鍾理和筆下的「平妹」、鍾肇政筆下的「奔妹」等客家女性形象（彭瑞金 2010：107）。

　　以下舉兩篇利玉芳的客語作品討論，分別是〈新丁花〉、〈客家心舅〉，將客家女性勤儉持家、堅毅和順的形象展現而出：

〈新丁花〉

庄頭作福

伯公神壇桌頂項

乳菇粄打紅花

賴仔好做種

供妹仔莫在意

雖然這係汝分安慰

但係有身項分肚笥

像一粒地球分重量

有息把墜下來个壓力

——《淡飲洛神花茶的早晨》

〈客家心舅〉

佢肖豬

捱肖兔

增差四歲

大家都講

這個婚姻會幸福

新年吂到

將捱討入屋

做河洛心舅

晝暗煮飯洗衫服

割禾晒穀愛捘手

閒時掌屋同讀書

家官講話一句還一句

燒窯賣瓦教捱做生理

家娘看捱苦瓜無削皮

心肝肚偷偷仔歡喜

　　　　說客家心舅盡明理

　　　　　　　　　　　——《淡飲洛神花茶的早晨》

　　利玉芳的作品一向反映女性自覺意識，對於情慾議題的處理，也向來作風大膽，可是寫到客家女性時，仍是以堅強、柔順的形象呈現，說明客家女性勤勞、刻苦的一面。尤其是使用客語書寫，更能進入描寫客家女性特質的情境，也藉此證明在作品中呈現的客家女性形象，確實是客家文學才有的特色。

（三）結語

　　李喬曾在小說《寒夜三部曲》當中，宣揚客家女性堪稱為客家文化的重要內涵，更是客家史不可或缺的一環。透過杜潘芳格、利玉芳等女作家，筆下所書寫的女性形象，可以看到她們在現代身為女性向傳統父權社會爭取發聲的一面；可是當作品的書寫對象是客家女性，特別是以客語創作呈現時，女性的形象卻又不由自主的朝向傳統對於客家女性的認識，以勤勞、柔順的形象表現。

　　筆者觀察到，從彭瑞金自1990年代初期，以一篇〈台灣客家文學的可能性及其以女性為主導的特質〉發表之後，似乎在學術上為客家女性特質和形象作了定位。文中彭瑞金分別舉了吳濁流、鍾理和、鍾肇政和李喬等人的作品，以其筆下塑造的客家女性形象，充分反映勤勞、堅毅等特質，作為客家文學的特色。而受到客家運動影響，1990年代開始，對於吳濁流、鍾理和等作品的評論，受到此類的影響，開始關注到客家女性形象的議題，甚至成為後來研究李喬《寒夜三部曲》作品，客家女性形象是不可忽視的主軸。

　　彭瑞金等建立第一讀者對客家女性形象的評論，將勤勞、堅毅等特質，塑造成為歷來讀者對於客家女性的期待視野，又或者說已對客家女性形成了「刻板印象」。杜潘芳格和利玉芳，都因受到客家運動影響而開始投入客語創作，同時也在此運動之中，受到客家女性形象建構者對於客家女性所賦予的定位。即使他們在華語詩的創作上，具前衛的性別觀點，可以挑戰傳統父權觀念，但面對以客語詩來描述客家女性時，呈現的就是被「刻板化」的客家女性形象，具柔順、勤勞的特質。如上一章在討論客家如何被表述時，學術上對於客家女性的被重視，得到同樣以勤勞、堅毅為特質的結果，甚至成為客家的族群意象，這便是作品將客家女性刻板印象化的接受過程。

三、和政策發展連結的新生代作家

　　「文化資本」有兩層涵義，除了文化人在文化場域中的「位置」所佔據的文化資源，例如官方政策執行者、報刊主編與出版商所擁有的文化生產的主導權；還包括文化人各自因「習性」與「美學品味」的不同，選擇性地繼承不同的「文學遺產」在文化場域裡「再現」或「轉換」，並得到讀者的支持與公認的地位。（張誦聖 2001：117）台灣新生代的小說家，多是以取得文化資本的方式，進入文學的場域。

　　評論家陳昌明（2013）認為，長篇小說過去曾在 1950 到 70 年代，成為台灣文學發展的特殊景觀，但自 1980 年代以降，小說出版品的發行，也呈現由盛轉衰的現象。〔註 42〕「近十年來，這種頹勢有重新改變的趨向，其中一個重要因素是國家文化藝術基金會，對於長篇小說的補助及創作年金的發放，加上部分文學獎的獎勵，使得長篇小說的創作及發行，有較為蓬勃現象。」

　　國家文化藝術基金會（簡稱國藝會），十多年來提供台灣藝文方面的申請補助，以文學類的申請來說，向來競爭激烈。補助計畫的得獎，對申請者的能力是一項肯定，尤其表現在創作類與出版類的補助案件；更重要的是，申請者在結案之後可受到各大文學出版社的爭取，並且得在文學閱讀市場中受到重視。（向陽 2011）創作類的申請方面，優先考量的是「創作品質」，因此補助重點是以能「持續創作及具潛力之作家」為主；出版類的申請方面，則是以「具文學價值、文獻史料意義、富推廣價值之作品」為主要考量對象。

　　由 2011 年整體通過補助的案量來看，第一期通過創作類 20 案、出版類 8 案；第二期通過創作類 19 案、出版類 10 案。以「量」而言，第一期創作類在總通過案件數 35 案中占 57%，出版類 23%；第二期創作類在總通過案件數 32 案中占 59%，出版類 31%，顯然創作類補助項目，占有通過案量近 6 成之比例，是國藝會年度補助的主要標的。（賴芳伶 2012）

　　再來看看 2012 年度的補助申請案，第一期通過補助的案量有 128 件，以創作類 77 件居多，出版類 36 件其次；第二期申請案為 107 件，創作類有 54

〔註 42〕 以「年度短篇小說選」為例，自民國 58 年至今，經歷大江、書評書目、爾雅、九歌等出版社，其中發行最盛為民國 76 年，單一長篇小說年銷售約一萬六千本，至 85 年銷量驟減至三千本不到，其後則每下愈況，說明小說發行市場的萎縮。

件，出版類 37 件，結果仍是顯示「文學類」申請補助者，泰半多是以創作類為主。由此可觀察到，能通過補助的獲補助率約有 31～35%左右，獲得補助者的年紀以 25～40 歲的青壯輩為多數，而申請計畫屬性一如以往，以小說為大宗，其次才是其他文類。（廖玉蕙 2012）

調查臺灣作家出版的小說，在 2003～2008 年間有 90～110 本，以 2006 年最盛，當年度小說出版達 134 本；而 2008 年金融海嘯後景氣低迷，導致 2009 年臺灣小說出版總數萎縮至 78 本，經濟的不振，加上電子書等因素的影響，過去暢銷書動輒 10 萬本的風光不在，2 萬本即可能成為如今最暢銷的文學書。（陳昌明 2013）

台灣文學市場的萎縮，讓許多縣市政府為了提倡藝文風氣，或鼓勵在地書寫，廣設文學獎，也出版作家作品集，讓「地方書寫」成為這類文學獎的創作趨勢。文學獎雖能提供獎金，但也只是提供作家進入文壇的一種方式。在徵獎創作上，多以短篇小說為主，對於培養優秀的專職創作者而言，僅能稍解生活支出。而某些徵選長篇小說的文學獎雖然獎金豐厚，但徵文對象並不限定臺灣本地作家（或具中華民國籍），而是以中文創作的海內外華人皆可參賽。此外，從類型文學的角度來看，除了地方文學獎要求作品需具備「地方特色」外，只有少數如「法律文學獎」、「倪匡科幻獎」、「溫世仁武俠小說百萬大賞」、「島田莊司推理小說獎」等，以類型來強調自身文學獎的特殊性。因此，徵文類文學獎，雖能給予文學新人鼓勵，但站在培養作家的立場而言，申請國藝會的長期補助，可能才是許多新生代作家想爭取的選擇。以下舉甘耀明和鍾文音兩位，和文學獎、國藝會息息相關的新生代作家為例，說明創作歷程和國家政策的關連，以及和客家身分的連結。

（一）千面寫手——甘耀明

1. 生平介紹

甘耀明，1972 年生，苗栗獅潭人。創作文類以小說為主，兼及散文，作品獲得多項重要獎項，如聯合報文學獎、林榮三文學獎、吳濁流文學獎、聯合文學獎等。著有《神秘列車》、《水鬼學校與失去媽媽的水獺》、《殺鬼》等。過去擔任過記者、兒童作文教師、劇場編劇，累積不少鄉野傳奇故事，以及說故事的能力，透過繁複的想像、歷史的刻痕，賦予作品題材和語言的藝術性，現今擔任台灣多處文學獎競賽中的小說組評審委員。

2. 著作討論

　　近年討論甘耀明的作品，會爲他冠上「後鄉土」的名稱，作品內容論及許多台灣的鄉野傳奇和歷史故事，看得讀者目不暇給。如果不是他在文中夾帶許多特殊的客語用法，或是讀者特別注意到故事發生場景是在客家庄，可能就如這些關於「鄉土」的作品討論一般，忽略了客家文化的精彩。但是閱讀甘耀明作品的讀者，未定都帶著對於「客家」的期待視野，那麼作品在被討論關於「後鄉土」之餘，因爲文中的客語對白和客家庄場景，使其被連結到客家，而被視爲是客家作家。例如甘耀明「在〈伯公討妾〉中，使用非常多的客語詞彙，又將客家的「伯公」信仰躍然紙上，成爲令人矚目的新生代客家作家」。（彭欽清、黃子堯　2008：355）

　　甘耀明近期的長篇小說《殺鬼》〔註43〕，發生地點在關牛窩，即今日的苗栗獅潭——作者的故鄉，描述時間從日治時期到戰後，關於客家庄的歷史故事。作者以自己生長的環境當作故事的場景，將祖父娶三房，其中一房是原住民的祖母，他小時候在家鄉所聽聞的傳奇故事，以及當代的新聞事件匯流一體，當作故事中漢人和原住民，以及日本人彼此之間互動的族群〔註44〕故事腳本，得到書寫台灣文學魔幻寫實作品的好評。以下就《殺鬼》一書的內容來討論。

　　「關牛窩」，是獅潭客家庄在日治時期的名字，從前是泰雅族的獵地及賽夏族的耕地，族群向來互動頻繁。日本人來了之後，村庄出現堅決當清國人和努力當皇民的差別現象。首先，是主角帕的登場，帕是番名，漢名劉興帕，日本名字叫作鹿野千拔。帕的祖父劉金福將自己居住的地方獨立成另一國，繼續留辮子，不說日語、不看日文，在家視一切日方的事物爲禁忌。帕卻想要變成日本人，立場和祖父劉金福對立。

　　台灣光復後，新時代來臨，關牛窩的村民，卻道三座神明（恩主公）的時代來臨。關牛窩的人不懂何謂三民主義？劉金福宣布不只三民，更要實行九民主義，於是另找八位老人，共組「九民主義青年團」，一切回復清國那套，儀禮、搭廟祭祀。然而見到1945年9月前來接收的國軍軍紀之後，卻被習慣日本軍紀的關牛窩村民所瞧不起。

〔註43〕甘耀明，2009，《殺鬼》。台北：寶瓶文化。
〔註44〕筆者雖然不認爲台灣在清代、日治時期有族群概念的出現，當是以今日的寫作習慣而言，仍使用當代的族群名稱來作爲人群稱謂。

　　北上進城的帕，見到通貨膨脹的台北城，帕的賣藝，以及教唱日本歌所帶來的騷動，引起警方有關單位的注意，將之逮捕囚禁。士兵被派到台北城鎮壓，帕充當土公仔（葬儀社人員），把被槍決的人民帶走去埋，看到二十六個手掌被鐵絲穿過的死去青年。劉金福的返鄉之路恰如五十年前的乙未戰爭，吳湯興等客籍義軍用肉體形成防波堤，最後戰死在八卦山上。

　　以上三段小說內容介紹，時間橫跨清代、日治到民國，甘耀明以族群交雜的關牛窩爲場景，運用到番名、漢名和日本名，以及日人、清人等不同的對比，顯示改朝換代之後，面對不同的統治者，各自有其身分認同。關牛窩居民在面對統制政權的改變，仍是單純過日，什麼事情都比不上恩主公信仰來得重要。主角帕反映日治時期成長的一代，有其日本認同，可以斷漢人神明的頭、誓死效忠日本天皇。祖父劉金福卻依舊守著清國儀禮，一心能夠回歸祖國。祖孫雖有不同的認同立場，在文中卻可彼此透過客語來溝通。後半段以台北都會發生二二八事件的恐慌，來對比城、鄉在歷史記憶上的不同，嚮往回復清代生活的祖父和想當日本人的帕，卻都在此事件之後相同失望。最後，他們和客籍義士吳湯興有著共同的返鄉之路，回頭找到他們對於家鄉的情感。

　　作品以描述過去關牛窩客庄的面貌，樹立現代客家小說寫作新典範爲號召。事實上，前文提及討論甘耀明文本在於其「後鄉土」的部分，筆者也將書中大意以時序分爲三段來作重點說明，以讀者來說，這樣的故事就是台灣歷史的縮影，主要場景爲苗栗的客庄，究竟是否爲客家文學中所談具客家史觀、背負民族使命的寫作，必須要由讀者閱讀之後決定。不過藉由甘耀明的客家身分，將長輩們所口傳的鄉野故事改寫，已經奠定他作爲客家作家的地位。

　　年輕一代對於客庄的接觸經驗不多，只能經由長輩對於故事的描述，再以自身對於歷史的背景認識來書寫，至於其他讀者帶著何種期待視野來閱讀，作者是否滿足部分讀者對於客家文學的想像，目前還不是評論家對於甘耀明作品的關懷所在。甘耀明的《殺鬼》，寫出作者本身對於客家的理解，也讓主角在國族認同之間游移，挑戰過去對於台灣的國族論述的單一認定。此外，文本中的擬音借用詞不少，尤其表現在客語對白的部分，作者試圖以鄉土語言作爲呈現。甘耀明將客家傳統的山野故事、語言和生活，表現在文學作品當中，使他得到「六年級第一人」的美名。

3. 與政策的連結

《殺鬼》一書，即是脫胎於甘耀明在 2003 年得到國藝會——《殺神》的其中一篇，欲罷不能又寫出的小說故事，出版後備受推崇。相同受到國藝會的補助肯定，還有 2009 年第一期的文學類創作，以及 2011 年的長篇小說創作發表專案。〔註 45〕同年，甘耀明參與推動「99～101 年度臺德文學交流合作」計畫，和同為臺灣作家的蔡素芬、鴻鴻等於 2011 年一起赴德國駐村。〔註 46〕

作為六年級生的文壇新生代作家，甘耀明受到多次國藝會的創作補助，以及代表台灣作家赴外國駐村，顯示甘耀明於今日的文壇，非常重要且具代表性。而甘耀明的作品曾於 2006 年，成為客委會錄製「客家文學經典單元劇」的系列之一，也代表推展客家事務的客委會，已注意到甘耀明在文學上的表現，將其作品列為客家文學的經典之一。目前在客委會的官方網站上，關於客家文學的課程，除了相關語言的專家學者之外，作家部分便是以李喬和甘耀明為代表〔註 47〕。過去客委會在文學方面，除了補助許多客語有聲書的出版，更是鼓勵將過去經典的客家作品，改寫成客語作品〔註 48〕，供民眾閱讀、學習。電影「一八九五——乙未」，是將李喬作品改編成為電影，客委會贊助，以客語發音的例子。而甘耀明的作品，文字更是富含客語語境，經過官方政策的補助與獲選肯定，相信甘耀明的作品，未來將是可以作為客家文學走向的指標。

（二）城市的漫遊者——鍾文音

1. 生平簡介

鍾文音，1966 年出生，雲林二崙人。創作以散文、小說為主，曾得到《第八屆聯合文學小說新人獎》、《時報文學獎》、《世界華文成長小說獎》等多項文學獎項。過去擔任過記者，於 2000 年開始專職寫作。出版作品有《昨日重現》、《在河左岸》、《愛別離》、《三城三戀》、《艷歌行》、《短歌行》、《傷歌行》

〔註 45〕 詳情可查閱國藝會的各期常態補助名單，及各期專案補助名單。（http://www.ncafroc.org.tw/）

〔註 46〕 詳情可查閱文化部官網的業務說明：（http://www.moc.gov.tw/business.do?method=list&id=17&sa=U&ei=BrUZUuXwlIaqiQLU-YGYDg&ved=0CCkQFjABOBQ&usg=AFQjCNH7tKZMov_BlkAaQWIaxwW6fyg_1A）

〔註 47〕 在哈客網路學院李喬開設「現代客家小說概覽」，甘耀明開設「客家文學當抒情」課程。

〔註 48〕 例如李喬編的《台灣客家文學選集》。

等。經常受邀至各地演講，分享創作歷程。

2. 著作討論

根據現有的學術論文研究，鍾文音的作品多在女性、旅遊和家鄉的主題中討論。事實上她本人並不想被定位於旅遊文學作家，因為旅遊必須不斷的移動、流浪，而她對家鄉、土地是極度眷戀的。〔註49〕鍾文音於 2000 年過後關注到家族書寫，《昨日重現》是她以家族親人留下的物件、相片，對家族歷史所進行的還原、拼湊，以過去被忽略的聲音，特別是女性的聲音來發聲。出版島嶼百年紀事，《艷歌行》、《短歌行》、《傷歌行》，也同樣以小人物的故事來看台灣百年來的歷史，而且和大河小說所不同之處，在於她寫作的方式並非編年方式，是從現在倒敘過去，也就是從個人歷史再推到父執輩的歷史。描述的主軸也並非單一主角人物，而是多人敘事的方式，讓各方的聲音都可被聽到。

鍾文音創作風格獨樹一幟，尤其關懷弱勢的聲音，例如文盲的母親，她願為這些將被歷史遺忘的人物留下紀錄，特別是故鄉二崙，記憶中非常窮困的地方，書寫家鄉就是希望可以將幼時的情感保留在作品裡。早年移居北部的經驗，使她早已忘記故鄉二崙的鄉音，對於家族的記憶，也只能夠在過去的物件之中尋找和重現。

3. 和政策的連結

鍾文音在 1999 年開始，多次獲得國藝會申請文學創作類的補助〔註50〕。剛開始是書寫關於旅遊方面的題材，2003 年開始，書寫主題關懷到「鄉愁」〔註 51〕，也就是她已遠離許久的故鄉雲林，得到國藝會創作類的補助。2007年拿到長篇小說創作發表專案，讓她得以構築台灣百年歷史的藍圖，以家族史的觀點來看過往被忽略的小人物故事。

鍾文音的作品得到「臺灣文學翻譯出版補助計畫」的通過，於 2010 年將《艷歌行》翻譯成英文版，《短歌行》翻譯成日文版〔註52〕；2013 年《傷歌行》

〔註49〕 資料來自雲林姊妹電台「文學的聲音」節目專訪內容（2010.6.27）
〔註50〕 詳情可查閱國藝會的各期常態補助名單，及各期專案補助名單。（http://www.ncafroc.org.tw/）
〔註51〕 例如 2003 年得到創作補助的「百態的鄉愁」計劃。
〔註52〕 詳情可參閱：2013.1.15 台灣文學館訊息快報（http://www.nmtl.gov.tw/index.php?option=com_content&task=view&id=2620&Itemid=15）。

通過英文翻譯計畫，將台灣百年物語長篇小說介紹到外國〔註53〕。因此，文化部首次有文學作家參與的「選送文化相關人才出國駐村交流計畫」，便是選定鍾文音和臺灣作家羅洭薇一同前往駐村〔註54〕。

具有多國旅遊經驗的鍾文音，也積極參與將文學作品譯成外文的計畫、駐村，和世界一同交流，更彰顯她的世界觀與在文壇的一席地位。客家電視台最近一季才播畢的連續劇「在河左岸」，即是改編自鍾文音的《在河左岸》同名作品，以雲林詔安客家的背景，舉家遷移台北的故事〔註55〕。客家電視台於2004年成立，不斷努力將文學作品改編成戲劇，搬上螢幕，全劇以客語發音。例如「魯冰花」，改編自鍾肇政的同名作品；「寒夜」、「寒夜續曲」，改編自李喬的《寒夜三部曲》；「菸田少年」則是改編自吳錦發的《青春三部曲》等等。此次將鍾文音的作品以客語呈現，不但對鍾文音而言，是全新的感受，對於客家觀眾來說，也是對鍾文音客家身分的認同與認識。

過去討論關於宋澤萊身分的問題，多認定為福佬客，因為是不會說客語而被福佬化的客家人，但是在2000年過後，改以「詔安客家」名稱來指這群住在雲林說詔安客話的客家人〔註56〕。在上一章中，宋澤萊的身分被歸於福佬客，而不是土生土長的客家人，但是通過鍾文音的經驗，作家被認可具詔安客家身分，那些書寫故鄉二崙的內容，也連帶使得其作品被認可為客家文學。特別的是，客家電視台還邀請鍾文音，為電視台重新創作關於雲林故事的劇本，由此可以解讀，客家文學的版圖還在持續流動、發展中。

（三）結語

客家文學由極具抗爭意味的寫作目的，發展至2000年代，各項運動訴求

〔註53〕 詳情可參閱：2013.2.8 台灣文學館新聞稿 http://www.nmtl.gov.tw/index.php?option=com_content&task=view&id=2657&Itemid=1。

〔註54〕 詳情可參閱：2014.3.28 新聞網 http://newnet.tw/newsletter/Comment.aspx?Iinfo=5&iNumber=11622。

〔註55〕 《在河左岸》作者鍾文音：「我覺得滿好的，我其實從來沒有想過說，我的小說可以變成客語發音，因為它好像有另外一個戲，另外一本小說的感覺。」https://tw.news.yahoo.com/%E6%94%B9%E7%B7%A8%E9%8D%BE%E6%96%87%E9%9F%B3%E5%8E%9F%E8%91%97-%E5%9C%A8%E6%B2%B3%E5%B7%A6%E5%B2%B8-%E6%88%B2%E5%8A%87%E6%BA%AF%E6%BA%90-120603336.html（2014年2月18日）。

〔註56〕 黃靖嵐，2011，〈閩南的客家人：談台灣雲林地區崙背、二崙「詔安客」的族群認同與轉變〉，「2011年南台灣歷史與文化學術研討會」，2011.6.9。高雄：自然史教育館。

漸次落實兌現，對於客家族群的寫作內容和題材，日益豐富多元。例如甘耀明和鍾文音，藉由國藝會補助的肯定，以及各類代表台灣前往他國駐村的經驗，在在顯示他們現今在文壇具有重要地位。客委會和客家電視台於 2000 年過後先後成立，也希望可以借重作家的名氣，凸顯作家的客家身分，讓客家的版圖更加寬廣。甘耀明為客委會製作客家文學相關單元；鍾文音的文學作品拍成客家連續劇等，都使得甘耀明和鍾文音的身分，被冠上客家作家的稱號，作品自然也被歸類為客家文學的一環。

　　前行代作家生長、居住在客庄的經驗，轉換成文字，表現在作品當中。受到客家運動洗禮的中生代作家，依靠對於故鄉的書寫，成為構築客家文學定義的響應者，被運動激發的客家意識，使他們開始有意識的參與文學活動，並將族群的語言、文字，視為保存客家的方法。然而如甘耀明、鍾文音等新一代的作家，他們缺乏居住傳統客庄經驗，只能根據口傳的鄉野傳奇，家族相片和故事等方式去認識客庄、想像客庄。他們在寫作上不受限於族群包袱，亦不受到傳統的影響。他們對於文學作品的詮釋，或許不見得為曾接受過運動洗禮的中生代客家作家們所全然接受，但是也反映著日後對於客家文學的看法，漸被新一代的讀者所接受，這正是現階段的客家文學概念，對於過去客家中生代作家的客家文學建構，提出再定義的可能。

第三節　本章小結

　　吳濁流、鍾理和、鍾肇政、李喬和鍾鐵民五位客家作家，身分都是客家人，都著有客家內容的作品。雖然大多是華語創作，也非每一本著作都是客家作品，但是對讀者而言，他們就是客家作家，作品即為客家文學。鍾理和、吳濁流分別在 1960、1970 年代過世，來不及參與 1988 年的還我母語運動，而鍾肇政、李喬和鍾鐵民，則一直與相關的客家運動關係密切。他們的作品有抵抗意識，也大都以小說見長。對於客家文化的認同、客家女性的書寫、土地/家鄉的眷戀，也都能代表客家文學的特色。

　　客家運動開啟，加強了客家族群的認同意識，也影響創作者對於作品內容的客家觀點。前行代作家的原生客家表述，僅朦朦朧朧隱藏在作品當中，而在運動過後，可在 1988 年之後出版作品的客家作家書寫中，看到直言客庄、客家、相關客家文化介紹，甚至直接以客語來書寫作品的表達、行動上，看

到客家文學的新開展。在此，是以吳錦發、曾貴海和藍博洲作爲代表。

　　吳錦發、曾貴海和藍博洲三位作家，作品在 1988 年之後出版，內容顯然較過去更富有客家意識，尤其奠定吳錦發文壇地位的《青春三部曲》，就是受到還我母語運動的影響，開始對家鄉美濃進行書寫，作品內容的後期也較前期有更多的客語、客家意象融入。曾貴海從還我母語之後思考自己的身分，開始以母語來寫詩，期使客語寫作能夠爲後代子孫保留日漸流失的母語。藍博洲在客家運動後開始出版作品，尤其《藤纏樹》，是以客家山歌命名，描述的是客庄的歷史與人物，對白時見客語穿插，也有關於客家文化方面的介紹，和過去吳濁流輩作品中的「隱約」客家描述不同，足見客家意識的彰顯。

　　2000 年開始，政黨輪替，時代氛圍呈現新的氣象。隨著客委會、客家電視台的成立，對於客家文學的發展，也有了國家制度的影響。例如受到國藝會肯定且補助的新生代作家甘耀明和鍾文音，也獲得代表台灣去外國駐村交流的榮譽，因爲具客家的身分，所以客委會邀請甘耀明協助製作客家文學的課程，也將其作品拍成單元劇；而鍾文音也受到客家電視台的邀請，協助撰寫劇本，客台也將其作品拍成連續劇，以客語發音播出。客家文學因國家制度變革和政策補助的影響，繼續發展不同的面貌，收納更多元身分的客家。

第六章　由文學獎來看當代的客家展現

　　本章主在討論相關客家方面的文學獎，依主辦單位分為，由官方舉辦的全國性文學獎，如教育部母語文學獎和客委會桐花文學獎；另一是由民間舉辦的全國性客語文學獎。整理文學獎的得獎作品內容，依照常見的客家書寫主題類型，分為客家女性、懷念家鄉等主題。為了區分對家鄉的懷念，是較多屬於地方歷史、文化的部分，還是偏向於描述記憶中的情感層面，所以分成客庄風土和回憶過往。客庄風土主在表現客家庄的歷史、習俗；而回憶過往則重於對過去生活情景的描述、追憶。另外為了對照以桐花為主題的桐花文學獎，特將桐花列入主題類型之一，而主題不在上述類型當中的作品，便歸入其他類的項目。

　　本章使用列表統計的方法，將兩大類型相關客家文學獎的得獎作品逐一列出且製成表格，歸納每項類別的主題、書寫方法，以及作品中特殊的的客家相關詞彙，並依照其詞彙的屬性而做分類。透過這些統計數據，比較反映在文學獎得獎作品的主題上，是呈現過去對客家文學定義者所認同的傳統客家文學特色，還是另有不同的書寫題材和內容浮現？參與文學獎的作者，許多就是受到運動影響的讀者，甚至就是被動員的運動者，尤其在與非客家身分、使用華語的書寫對照之下，顯現讀者他們對於客家文學的各自想像。也為過去客家文學定義中，較為模糊不清的解釋，例如客家特色等如何展現？透過具體的數字、詞彙和例句來分析，以呈現當代相關客家文學獎作品在實質寫作上的面貌，同時也是新一代客家書寫對於傳統客家文學定義的挑戰。

第一節　官方舉辦的全國性相關客家文學獎

　　近年的文學獎種類繁多，本節列出由官方所舉辦的教育部母語文學獎和客委會桐花文學獎，主要為全國性相關客家方面的文學獎。截至筆者整理資料時間，教育部的母語文學獎，從 2008 年、2009 年連續舉辦兩屆之後，便改為兩年舉辦一次，由於 2011 年的得獎資料遲遲尚未出刊，是故只取這兩年的作品分析為代表。客委會的桐花文學獎至今舉辦四屆，但是同樣因為筆者整理得獎作品的時間，第四屆的得獎作品集尚未出刊，所以在桐花文學獎方面，只取 2010 年、2011 年、2012 年三屆的作品進行分析。

一、教育部母語文學獎

　　為了因應聯合國於 2000 年所通過的《文化多樣性宣言》，希望世界各國政府都能採取相關的推動措施，提倡共同使用母語與國際語言的理念。教育部積極展開提升本土語文地位和功能的一系列政策，於 2009 年至 2012 年的教育施政藍圖中，規劃推展本土語言教育的辦法。顯見母語的使用能力日漸受到重視，甚至已經成為世界各國政府的應行方向。以下是對母語文學獎的討論：

（一）「用咱的母語寫咱的文學／用恩兜个母語寫恩兜个文學創作獎」

　　教育部在 2008 年舉辦首屆「用咱的母語寫咱的文學／用恩兜个母語寫恩兜个文學創作獎」活動，參選類別主為閩南語及客家語，組別分成教師組、大專校院學生組及社會組。依據教育部長對於此文學創作獎的發刊序言內容，提到在重視母語的世界潮流中，期待能借文學創作獎的舉辦，使大眾能夠進一步了解臺灣的母語，並發掘臺灣母語文學創作之美，便知各族群彼此尊重他族的母語，讓多元族群語言文化平衡發展，就是未來母語文學獎發展的要旨。〔註1〕

　　客語書寫的腔調，依客語認證的四縣、海陸、詔安、大埔和饒平等五腔調為主。四縣腔調中，又以南北的腔調不同，分為南四縣腔和北四縣腔。以下，是此次文學創作獎的得獎作品名單和討論：

〔註 1〕詳情請參考教育部，2009，教育部長〈序言〉。收於《用咱的母語寫咱的文學用恩兜个個母語寫恩兜个文學創作獎作品集》。台北：教育部。

1. 現代詩組

客語現代詩部分，詳列在附錄六表 6-1-1，除了學生組單取前二名之外，教師組和社會組分別取前三名作品，另外各組均取多名佳作。以此屆現代詩 29 件獲獎作品來說，依據附錄六表 6-1-1A 的整理，以其他類的作品為最多，回憶過往的主題其次。得到這結果，是分類的方式有問題，還是參與文學獎的作者，並不同於傳統的書寫內容，致使現代詩的主題在其他類的表現相對突出。觀察到幾篇，例如關於客家認同的〈渡台　悲歌〉；期許未來客語發展的〈勉鄉土語文教學〉；以及描述時代轉變的〈從來無想著〉等等。於文中看到客家認同，和強調對客語發展的期許，這樣偏向論述的文章，是過去客家作品不會特意呈現的。作品主題討論到關於客家語言的，當然也是客家內容的一部分，只是因為母語文學獎通篇都以客語寫作，自然也就不需要在分類上刻意強調語言。

黃秋菊的〈渡台　悲歌〉，主在描述從印尼嫁來台灣的客家新移民生活，明明就是會說客語，自小住客家庄的客家人，但嫁來台灣仍被當作外籍新娘對待。這樣新時代的跨國族認同，正反映作品跟隨時代的腳步，接受者所出現的視野融合觀點。黃火盛的〈從來無想著〉，在反映由過去演變到今日的感嘆。在過去是無法想像今日社會的科技文明，物質條件更好了、學歷提升、性別觀念不同、人情味也隨之變了……探討時代變遷的新議題。在在都呈現時代意涵，對於客家的寫作內容，未必是一成不變的。

而回憶過往為主題的內容，反映記憶的場景都在客家庄，例如伙房、老屋，回憶過去住在傳統客庄，和家人、親友的生活情景，尤其割禾等經驗，更是呈現客家農村的景象。詩人們透過對親人的回憶，還有童年過往，來寫作熟識的客家庄；也將母親、阿婆女性身影的描述，放進作品當中，凸顯客家作品喜以客家女性為寫作主題的特色。

書寫的腔調，附錄六表 6-1-1B 作了使用腔調統計，以四縣腔為多，次數超過三分之二的比重，南部四縣腔的使用次數，高於北部四縣腔，顯示此屆的現代詩創作者，應以高屏六堆地區的投稿者為多。另外，也有詔安腔、大埔腔和饒平腔的得獎者，讓客語書寫呈現多元面貌。

2. 散文組

客語散文部份，如附錄六表 6-1-2 所列，依序按教師、學生、社會等三組分別排名次，除前三名之外，亦取多名佳作。得獎散文共計 26 件，主題分類

詳見附錄六表 6-1-2A，以書寫客家女性和回憶過往的主題，佔了作品較多的比重。由此反映在客語散文創作方面，寫作者透過對客家女性形象的描寫、過去記憶中對家鄉種種情感上的回憶，達到抒發個人和連結客家的目的。作品主題書寫客家女性的部分，不論是母親做便當的身影、阿婆面對病魔的意志力等等，符合向來予人印象中，勤勞、堅毅的客家女性特質。回憶小時候吃番薯的歲月、住老伙房的時光，作品讓記憶中家鄉的輪廓浮現。回憶客家生活，也等於同時認同客家身分。黎華亮的〈讀唐書毋單只為客話傳承〉更是為傳承客話，而說出客家人的心聲。

詔安腔的寫作在此僅一篇，大埔、饒平腔無人使用。客語四縣腔的比重仍然為多數，由附錄六表 6-1-2B 來看，幾佔八成左右，而北四縣腔的使用者在此項較多，顯示北部投稿客語散文類別者為多。

3. 小說戲劇組

以母語書寫小說戲劇，可以看到文字使用的精采程度，特別是很生活化的客語對話，以及客家生活經驗，都能透過小說，以故事的方式栩栩如生。此徵文項目，詳見附錄六表 6-1-3，在教師、社會組取一、二、三名及佳作，學生組只取佳作一名，顯示對於小說戲劇的寫作，有更嚴謹的要求，以及母語的駕馭能力。

使用腔調方面，如附錄六表 6-1-3B 所列，饒平腔僅有一篇，詔安和大埔腔則無。次數上有三分之一使用海陸腔，近三分之二使用四縣腔，而以南部的四縣腔使用為多。觸及的主題上，依附錄六表 6-1-3A 的分類顯示，以主題故事的類型為多。描寫對象除了親人、童年生活之外，鍾麗美的〈義民爺个金仔豬〉，以客庄風土的主題突出，將客家的信仰以兒童劇的方式書寫，不但介紹台灣客家所獨有的義民爺守護神，也將往年慣例要賽神豬的活動，透過劇中新舊觀念的論戰，由保護動物的觀點，將義民祭典加以改良，成為屬於大家的新義民祭。另外，吳聲淼的〈勇敢个屋簷鳥〉，以童趣的方式，藉著小鳥努力學飛、克服困難的過程，達到啟發的教育目的。

4. 得獎作品的客家展現

綜合以上要討論的客語現代詩、散文、小說戲劇等三組，依寫作主題分成客家女性、桐花主題、客庄風土、回憶過往、主題故事等五類，由表 9 得知，此次客語徵文的得獎作品，以描寫回憶過往為主題的次數最多，客家女性其次，其他類和主題故事類的次數也不少。誠如各分段討論所談的，現代

詩部分，雖然回憶過往是主要的主題，但是其他類的次數卻超過回憶過往類，顯見在現代詩的部分，創作者所選擇的主題未必如傳統的分類呈現。散文部分，回憶過往依舊是主要的選擇主題，但是在這組別，客家女性的主題次數又勝於回憶過往，其他類則無篇數。表現在散文組的主題上，客語寫作內容呈現較趨向傳統對客家女性的意象和類型。小說戲劇部分，以主題故事的方式表現爲多。因此總和現代詩、散文、小說戲劇等三組的主題分類，以回憶過往主題，爲 97 教育部母語文學獎得獎作品的寫作內容趨勢。在在證明客家人對於家鄉的眷戀，而客庄的歷史、文化，並非作者想要強調的，但是對於家鄉的情感，卻透過回憶、書寫，在故事中傳遞給讀者。都市中的客家人，無法凸顯客家特色，只有在傳統的客庄之中找尋，也說明回憶過往的主題，和客家生活的連結性。

　　由表 10 可以觀察到使用四縣腔調的人數最多，其中又以南四縣腔爲多。現代詩和小說戲劇的表現上，以南部四縣腔的使用者居多，散文組的書寫語體上，則以北部四縣腔的使用者爲多。或許反映出北部的客家人，可能較擅長於散文類的創作。至於在作品上常看到的伙房等客家文化形象，則是表現南部客家特有的建築形式，因爲使用南部四縣腔的作者較多，相對南部的客家特色，也會隨之在作品中呈現。

表 9、97 教育部客語得獎作品主題分類次數總計

作品主題	客家女性	桐花主題	客庄風土	回憶過往	主題故事	其他
次數	15	2	8	19	11	12

表 10、97 教育部客語得獎作品使用腔調次數總計

腔調	南四縣腔	北四縣腔	海陸	詔安	饒平	大埔
次數	26	21	15	2	2	1

以上資料依據 97 教育部客語得獎作品製作而來

　　使用客語寫作的作品，除了使用母語本身就是一項客家特色的表達，作品內容中還能看到哪些客家特色？從 97 教育部客語得獎作品當中，出現在作品裡的客家特色相關詞彙，整理在以下的表 11。依據詞彙類屬分爲客家食物、客家庄、客語裡的動植物、客家人際稱謂、客家建築與環境、客家習俗和其

他等七類。從 66 項客家相關詞彙裡，在表 11 的統計中看到，對於客家庄詞彙的使用和描寫是最多的，其次是客家食物的描寫，客家菜、粄類等米食是書寫客家最容易識別的事物。另外，客家習俗的描寫上，例如掛紙〔註2〕、山歌、義民爺等等，能夠清楚看到客家的文化意象。

　　97 教育部母語文學獎的得獎作品內容，主要反映回憶過往和客家女性兩大主題，透過母語書寫，呈現傳統的客家內容，以及客家族群意象。而以客家庄和客家食物類爲多的客家詞彙，代表客家特色可從這些方面來表現，和其他族群所不同的文化特色。特別是使用這些生動的客家詞彙來描寫，能令人感受到客家文化形象的展現和趣味。

表 11、97 教育部客語得獎作品常出現的客家相關詞彙分類

主題	詞彙表	數量
客家食物	甜粄（年糕）、鹹粄、菜頭粄、菜包、紅粄、艾粄（艾草糕）、米篩目、九層粄、發粄、芋仔粄、水粄仔、鹼粄、粢粑、蘿粢、假柿仔、鹹菜、仙草、長年菜、鹹肥香、桔醬、粄條（面帕粄）、四炆四炒、擂茶	23
客家庄	六堆、右堆（甲仙、六龜、高樹）、前堆（長治、麟洛）、後堆（內埔）、先鋒堆（萬巒、五溝水、泗溝水）、左堆（新埤、佳冬）、南庄、東竹、長治、橫山大山背、三灣、楊梅、卓蘭、東勢、獅潭、汶水、公館、頭份、公埔	30
客語裡的動植物	圓粄花、火焰蟲、桐花、燈籠花	4
客家人際稱謂	爺哀、後生人、花囤女、姑換嫂、餔娘	5
客家建築與環境	化胎、禾埕、伙房、河灞	4
客家習俗	山歌、做大戲、換工、掛紙、伯公、義民廟、神豬、竹田西勢文筆亭、四頭四尾、八音、月光華華、打採茶	12
其他	硬頸、笠嫲、蒔田、紙鷂、鑊頭、流籠	6

筆者依據97教育部客語得獎作品內容自行整理而來

（二）「臺灣閩客語文學獎」

　　「臺灣閩客語文學獎」於 2009 年舉辦。根據聯合國教科文組織於 1999

〔註 2〕即掃墓之意，客語稱掛紙。

年提出倡議，從 2000 年起，每年的 2 月 21 日爲「世界母語日」，目標是向全球宣傳保護語言的重要，促進母語傳播的運動。基於這股全球性的母語運動，教育部在此次的文學獎發刊序言就清楚說明要推動台灣本土語言，從民國 90 學年度起，將本土語言列爲正式課程，研訂臺灣閩南語、臺灣客家語及臺灣原住民族語之拼音書寫系統；整理並研議臺灣閩南語、臺灣客家語推薦用字；辦理本土語言相關研習活動，補助各縣市政府及民間團體推動臺灣母語等。

延續 2008 年的母語文學創作獎活動，此屆同樣分爲教師、學生和社會組，舉辦「台灣閩客語文學獎」徵稿，分成新詩、散文、小說三大類。以下是此次文學創作獎客語的得獎作品討論：

1. 現代詩組

教育部 2009 年閩客文學獎客語新詩的 9 篇得獎件數，相較於 2008 年的 29 篇客語新詩得獎件數，明顯少了很多，但也相對代表競爭激烈。教師、學生、社會組都各取三名，教師組和學生組的首獎都從缺。特別是因爲該年台灣遭受八八風災，許多客家庄也面臨流離失所，災後重建的問題，所以鍾麗美的〈問天〉，便反映了這樣的災後心情（現代詩組得獎詳情請見附錄六表 6-1-4）。寫作主題選擇上，附錄六表 6-1-4A 顯示，其他類的主題爲多，回憶過往和客家女性次之。寫作使用腔調上，附錄六表 6-1-4B 說明，以北部的四縣腔客語使用爲多。饒平腔僅一篇，詔安、大埔腔則無。

和 97 年客語現代詩的得獎情形做比較，現代詩同樣也由其他類爲最多。收納的內容有遭遇水災的〈問天〉；讓客家文化融入生活中〈自從認識你〉等。描寫八八風災爲反映時事，當然是過去沒有的分類內容；而〈自從認識你〉的「你」，所指的是客家文化，也就是說，客家文化已在日常生活當中。書寫這類題材者，在創作時已帶有較強的意識在執筆，所以反映在作品中的印象鮮明。當然也有如〈風〉、〈鬧熱个城市 恬靜个夜〉等這類作品，單純只以客語抒情，閱讀之後也不會產生強烈的客家連結。因此這些無法分類於傳統主題類型的題材，自然就在其他類組中集合，使得其他類反而成爲得獎作品類型最多作者選擇的一種主題。這結果也再度反映，客語現代詩的創作，已和過去客家書寫常見的主題內容不盡相同，也可能是客語詩創作本來就是較爲成熟的一項，致使這兩次的文學獎，表現於現代詩組的主題選擇方面顯得多元，反而是以其他類的主題較傳統的回憶過往和客家女性主題爲多。

2. 散文組

散文方面，相較於 2008 年的 26 篇得獎作品，2009 年的客語散文共 9 篇入選，依教師、學生、社會三組，分組各取前三名（散文組得獎詳情請見附錄六表 6-1-5）。當然得獎作品都是一時之選，作者也不乏經常問鼎文學獎的常勝軍。即使得獎篇數不多，在寫作主題反映上，顯示在附錄六表 6-1-5A 中，以客家女性為多，回憶過往和故事類的主題次多。作品中阿金姐、阿鵲妹等人物，可以看到傳統客家婦女的身影，也是大眾對於客家女性勤儉、刻苦的印象。其中〈阿鵲妹〉一文，還論及族群關係，描述客家女性嫁至閩南家庭的甘苦，含有族群相處和適應等情節，不但是少見論及關於族群關係的作品，也是建立客家婦女意象的陳述。

參照附錄六表 6-1-5B 內容，可看到這部份的寫作語體，四縣腔的部分皆是使用北四縣腔。倒也反映一件有趣的事情，即客語散文的得獎作品，似乎以使用北四縣腔者為優勢，連續兩年都如此。張捷明的〈山會帶恩轉屋〉，旨在敘述八八風災之後，重建家園的故事，對應時事。邱一帆的〈阿煥伯个望想〉，以及謝榮光的〈阿鵲妹〉，都以主題故事的方式表現。客家人擅長寫小說，也在這組看到以類似短篇小說的形式呈現散文。而王興宏的〈回收个人生〉，說明萬物皆有用，回收也是一種重生，極富教育寓意，發人深省。

3. 短篇小說組

客語短篇小說的部分，每組取前三名，學生組沒有第一名，但取兩名第三名。短篇小說組的主題以故事為多（小說組得獎詳情請見附錄六表 6-1-6），不但有歷史、社會事件、愛情、童趣、都市經驗、客家婦女等多元題材，還出現這兩屆鮮少出現的「桐花」題材，顯示客語短篇小說的創作上，已日趨多元且豐富。

小說創作以主題故事為主（詳見附錄六表 6-1-6A），使用的腔調以南部四縣腔為多（詳見附錄六表 6-1-6B）。腔調上，饒平、大埔、詔安等腔調均無。〈板模頭家〉述說客家人到都市打拼的生活；〈阿香伯姆〉充分表現客家女性阿香的一生，反映客家族群意象。其中，〈山茶花〉這篇，主題以南庄地區的開拓歷史為軸線，描述客家族群和原住民賽夏族人的相處，以及頻繁接觸的族群關係，以歷史故事的方式呈現，也是少見論及客家與原住民關係的小說。

4. 得獎作品的客家展現

　　2008 年和 2009 年的徵文雖然都由教育部主辦，但是這兩年的徵文標題卻不同，由本來各以客語、Ho-lo 語書寫的名稱，當作文學獎的標題，到統一定調爲閩客語文學獎，而且得獎名額也相對減少，因此筆者將其視爲是獨立的兩次母語文學獎競賽，對這兩次的統計採分開討論。此次分爲現代詩、散文、短篇小說組，在主題表現上，總和客語新詩、散文、短篇小說等三組得獎作品，由表 12 來看，98 教育部客語得獎作品，主題以故事類獲得較多的選擇次數，其次爲客家女性的類別。和上一屆比較起來不太一樣，雖然客家女性在作品上也有不錯的主題反映，但是上屆最愛喜愛的回憶過往主題，本屆卻落到第三，而讓主題故事類成爲本屆最受歡迎的寫作主題。推究原因，這和散文組創作，主題就以故事類當作內容的發展趨勢有關，這種小說式的散文，或許就是未來的一種寫作潮流。

　　使用腔調上，和上屆不同的是，此屆是由北四縣腔的使用爲多，而詔安和大埔腔調，無人使用（詳見表 13）。如在分段中所討論的，散文創作似是使用北四縣腔者的優勢；而小說創作方面，由小說戲劇改成短篇小說組，看來是由南部四縣腔的使用者人數較多。

表 12、98 教育部客語得獎作品主題分類次數總計

作品主題	客家女性	桐花主題	客庄風土	回憶過往	主題故事	其他
次數	6	0	3	5	8	5

表 13、98 教育部客語得獎作品使用腔調次數統計

腔調	南四縣腔	北四縣腔	海陸	詔安	饒平	大埔
次數	7	15	4	0	1	0

以上資料依據 98 教育部客語得獎作品製作而來

　　2009 年由客語文學獎得獎作品當中，整理、分類客家相關詞彙表，發現使用客家食物方面的客家詞彙不少。再來對照 2008 年的詞彙表，得到一個很有趣的結果：即是兩屆文學獎得獎作品的客家詞彙中，共同的特色就是，對於客家食物的熱愛。將兩表的詞彙使用次數相加，在客家食物方面，提供選擇使用的詞彙量爲最多。客家人在飲食習慣上，是僅次於語言方面，是可以

突顯族群特色與辨別的方法，所以反映在文學作品上，也常以食物來連結客家。根據彭文正的研究，客家飲食確實是鮮明的客家文化形象。

對照表 11 和表 14，也就是 2008、2009 根據得獎作品所整理出來的常見客家詞彙表，共同都出現的詞彙有「粢粑、柿、芋粄、紅粄、粄條、鹹菜」，是書寫客語創作上，容易被使用當成作品內容的客家食物，以粄類為主的米製食品為多。此外，「柿與鹹菜」，也都會令人連結到客家。

從表 14 的分項出現頻率看來，相關客家庄的詞彙，出現的數量雖然沒有比前一年還多，但是綜合兩年的得獎作品相較下來，所出現的地名卻沒有重疊。97 年較多六堆的地名出現，推測和使用南四縣腔為多的原因相關；而 98 年較多使用北四縣腔的作者，所以出現的多是苗栗地區的地名。另外，兩表分別都出現的相關客家詞彙，還有「山歌、桐花」，根據第四章的研究，山歌和桐花是目前大眾對於客家族群意象和客家文化形象的認識。

這些在作品中常見的特殊客家詞彙，其實也是大多數人對於客家的認識。在現代化的生活之中，客家人和其他族群的明顯區隔界線，除了語言之外，就是這些留在作品中的特殊相關詞彙。藉著客庄的描寫、客家特色的飲食，呈現屬於客家人的生活。

表 14、98 教育部客語得獎作品常出現的客家相關詞彙分類

主題	詞彙	數量
客家食物	筍乾、覆菜、粢粑、鹹粄圓、紅柿、客家菜包（豬籠粄）、芋粄、紅粄、粄條、菜脯、鹹菜、糖李仔	13
客家庄	西湖、銅鑼、勝興、舊山線、十六份、南庄	6
客語裡的動植物	桐花、阿啾箭、苦楝、茄苳、蝦公夾草、鬼針草、蝓螺仔	6
客家人際稱謂	阿公婆、爺哀	2
客家建築與環境	吳濁流紀念館、龍潭聖蹟亭、腦寮、香茅寮、關刀山	5
客家習俗	山歌、五月節	2
其他	河灞、炭窯、客家話、鑊頭、極樂仔、家啦貨仔	6

筆者依據 98 教育部客語得獎作品內容自行整理而來

二、桐花文學獎

　　客家委員會在 2001 年成立，是全球第一個相關客家事務的中央政府單位。爲了活化客庄，於 2002 年 4 月開始舉辦桐花祭活動，迄今已經十年有成，成爲當代客家文化形象的一項傳統。2010 年開始舉辦「桐花文學獎」，引席慕蓉的〈有一首歌〉；顏愛琳〈這裡美得不像地球〉；愛亞〈春五月、白花桐〉，以及葉日松〈客家樹客家花〉、李喬〈油桐花客家花〉等作品，希望喚起國人對於桐花的記憶，以及大眾對於桐花即是客家花的形象。

　　同時也因爲文學獎以「桐花」爲主題，因此在主題分類上，將「桐花」定爲一個獨立的主題；又因徵稿的條件不限定身分、語言，和教育部舉辦的母語文獎學獎不同，因此觀察主題在不同文學獎的使用差別，以和其他的文學獎作對照。

（一）第一屆桐花文學獎

　　2010 年舉辦「第一屆桐花文學獎」，徵文主題爲「遊客庄，賞桐花」，在遊玩客庄的同時，將當下的心情書寫出來。除了基本的新詩、散文、小說組別，還設有小品文類的獎項，投稿方面，不限使用文字和投稿者的身分，推出後得到熱烈的迴響。只要主題有關桐花，內容可用各種角度來看待客家文化及桐花意象，主辦單位希望可以創造客家文學的無限可能。客委會主委也在發刊序言中期許，桐花文學獎是一個美好的開始，讓客家文學不僅如桐花般滿山開放，更能結滿豐碩的油桐子，豐富當代客家的文化面貌。

　　以下是相關第一屆桐花文學獎得獎作品的討論：

1. 新詩類

　　新詩組的得獎作品部分，詳見附錄六表 6-2-1，有別於教育部徵文，分爲教師、學生、社會等組，桐花文學獎不因身分、語言而受限。使用華文書寫參賽，在文字的表達上，勢必較母語書寫得心應手，特別是在高額獎金的鼓勵之下，吸引了不少的文學獎常勝軍。例如此次桐花文學獎，入選件數共十件，新詩的首獎和佳作部份，便是由曾得過文學獎的余麗丹和曾元耀、沈眠獲得〔註3〕。寫作主題在欣賞桐花之美者爲多，於是從附錄六表 6-2-1A 便可看出，大部分投稿者，都將自身對於桐花的經驗、讚嘆，都訴諸於文字當中，例如上述的幾位文學獎常勝軍，都是以書寫桐花爲主題，但是在表達客家文

〔註 3〕依作者介紹的資料可得知，過去曾參與過大大小小的文學獎。

化情感方面，便相對顯得薄弱。

　　由附錄六表 6-2-1B 可發現，絕大多數作者都使用華語寫作，僅有一篇是來自花蓮鳳林的黎璧賢之作，全文使用客語書寫，尤顯得珍貴。母語在寫作上，較華語書寫更費心，也更貼近客家文化，但是參賽機制似乎都在同一立足點上比較。通篇都以客語書寫，在眾多華語參賽作品之中，此文特別顯得耀眼。先前提到教育部在分類作品使用腔調的部份，區分四縣腔僅有有南北之分，其實東部客家在客語上，也有其在地的腔調。其作品〈阿婆的目汁〉，在主題分類上，是描寫阿婆為主的母親形象，屬客家女性類別，也是客家文學的書寫上，喜用的主題特色之一。另一位忘玉的作品，則是在華語中夾雜著客語書寫，作者本身並非客家人〔註4〕，但是也嘗試在華語書寫之際夾雜了客語的使用，增添客家風味。

　　2. 小品文類

　　小品文的字數較散文為短，主在抒發情感。在此十篇入選作品當中（見附錄六表 6-2-2），全以華語書寫（見附錄六表 6-2-2B）。回憶過往的主題，選擇次數為作品全部的二分之一比重（見附錄六表 6-2-2A），顯見文學獎在小品文的部份，緬懷過去的回憶內容，較桐花主題更受到喜愛。其中有篇〈山凹下的伯公壇〉，作者陳錦雲本身不是客家人，是以參與的心情來描述遊客庄的桐花經驗。其標題和內容，論及部分的客家元素，例如伯公、桐花、客家話等，以他者的角度來描述客庄之旅。作者不是客家人，作品顯見也無客家文化內容，雖然主旨合於桐花文學獎的客庄桐花之旅，但是放在客家文學的書寫內容上，是有問題的。

　　另有一篇小品文，歐陽嘉的〈天刑之花〉，談及樂生療養院的「癩婆」，文中巧妙地和油桐作結合，令人耳目一新。多數作品喜歡將場景預設在客庄，描述傳統阿公、阿婆在農村的意象，而〈天刑之花〉的場景卻在城市，討論一群被隔離的邊緣人，與社會議題作連結。同樣的主題、內容，如果全部換上客語書寫，很容易就可能會被視為客家文學；但是場景在城市，非我們一般所熟知的客庄；書寫的對象是癩婆，也非我們所能想像的客家女性面貌。藉著文中所提到過去掏油桐子的回憶，連結桐花之於客庄的意象。〈天刑之花〉的入選，是評審委員對於桐花文學獎的詮釋，也或許是客委會期許未來客家

〔註4〕在得獎感言中，說明本身非客家人。相同的情況，也反映在以下的內容中，對於寫作者非客家人身分的資料，便不再贅述。

文學內涵的廣度與走向。

3. 散文類

桐花文學獎散文共十篇入選，依附錄六表 6-2-3A 的主題分類來看，散文類的寫作主題偏向選擇相關桐花為題。使用語體上，僅一篇張捷明的〈十面桐花〉是純客語寫作，其餘均為華語書寫（詳見附錄六表 6-2-3B）。從附錄六表 6-2-3 所列的得獎名單上，果覺、楊美紅和冷風俠三位，他們並非客家人，透過參賽的散文作品，將個人的桐花體驗，甚至感情生活，都訴諸作品當中，以客家文學的期待來看，其實不符合條件。徵文要旨在於書寫桐花、客庄經驗，以及客家事物，於是純粹歌詠桐花之美，以及所有和桐花相關的經驗，都可以成為投稿的主題，但是在表達客家文化方面，就顯得連結性不強，這也是第一屆桐花文學獎沒有兼顧到的地方。

第四章提及客家文學定義時，認為「客家人」的身分，對於作品是否為客家文學有極大的影響力。若非客家人身分，為了參加桐花文學獎，也必須要書寫和客家相關的事物方可。可是當書寫以桐花為主題的內容，目的是要能夠讓非客家人也走入客家文學，除了同意桐花即是客家花，也想展現客家文學想要兼容並蓄的一面時，就必須要思考，這樣是否有利於客家文學的發展？雖然筆者不贊同非客家人利用華語的優勢來書寫桐花參賽，但透過文學作品的得獎，也許能進一步思索，如果桐花已有象徵客家的意涵，書寫桐花的非客家人，覺得他正在書寫客家的時候，我們是否也要把他們視為客家？

以果覺的〈桐話〉來說，描述去客庄邂逅一名客家男性，帶領她欣賞客庄與桐花之美，接觸過去曾沒聽過的客家話經驗，這是以他者的視角在描述客家，以非客家人的角度在凝視，含有族群接觸和比較之意。其實以認識客家的這個觀點來說，是很有桐花文學獎的貢獻和意義的，但對於非客家人的族群書寫，卻又挑戰了過去對於客家族群書寫條件的要求。相對來說，另一篇沙子真的〈故鄉的桐花雨〉，以從小住在客庄的經驗，描述帶她長大的三孃客家女性意象，即使後來離開了客庄，但仍視客庄為故鄉，三孃為母親的角色，相信多數人就會同意這是屬於客家內容的作品。雖然兩位作者本身都非客家人，但是他們都用自己接觸客庄的經驗來書寫客家，接納這些多元的寫作者進入客家文學世界，正是客委會對於客家文學想像的表現。

4. 短篇小說類

短篇小說類得獎作品共五篇，寫作主題上，小說類仍以故事類別為多，

客家女性主題為其次（詳見附錄六表 6-2-4A）。使用語體方面，僅一篇使用華客語夾雜，其他均華語書寫（詳見附錄六表 6-2-4B）。從附錄六表 6-2-4 來看，其中方梓的〈離別〉，從主角名字到對話，都見其客家語境。另外，莊華堂的〈白色季節〉，從歷史情景訴說北部客家人早年的生活，以及族群相處。莊華堂在作者感言提到，客委會舉辦桐花文學獎，容納多元主題和聲音，可使非客家人一同來書寫客家，應該持續舉辦。這無形也繼續持續著對於客家文學的定義討論，究竟桐花文學獎是否為客家文學？客委會所舉辦的全國性文學獎，能否不是客家文學？若以中央、官方的力量主導，桐花文學獎即是現在所認同的客家文學獎，是否未來的客家文學內涵和發展走向，也要隨著得獎作品的特點，呈現新的調整風貌？

接續上一段的質疑，此屆短篇小說類有篇〈桐花手記〉，作者忘玉以奇幻小說的寫法創作，故事中以類似多蟲夏草的蛻變方式，安排人和桐花合一的情節，確有新意。這也已經超越傳統所認知的客家生活，但承如前文所討論的，桐花的主題，已是目前非客家人所能理解客家的一種方法，桐花祭的舉辦也行之有年，以桐花當作各文學類型的寫作元素，或許正是許多非客家人所認為的客家文學。此篇小說的得獎，也正說明桐花文學獎，並不只是族群文學，更希望多一點元素來共同豐富客家內涵。

5. 小結

第一屆桐花文學獎，是客委會第一次為文學主題所舉辦的徵文活動。過去雖有桐花祭，但重心多放在活絡客庄經濟，提升文化創意產業。再者，關心客語復興，推出客語認證、客語生活學校，想要向下扎根。而文學的走向，已經討論了二十年，藉由桐花的主題，希望吸引的不單是客語的創作者、關心客家事物的客家人，還有非客家人的一同參與。而遊客庄、賞桐花的主題，反映在新詩、散文、小品文和短篇小說中，確有不少的非客家人參與，以觀看的角度來書寫客庄、桐花之美，也許能夠呈現另一種的現代客庄風貌。

由表 15 的統計看到，以桐花主題為題材確實就是多數作者的選擇，不過只在小品文組，得獎作品卻反映回憶過往的主題，勝過桐花主題為多數選擇的情形。書寫語體方面如表 16，主以華語為主，僅兩篇是完全客語書寫，還有兩篇是夾雜部份客語的情形。假如客委會不是主辦單位，那或許桐花為主題的文學獎，可以盡可能之能事將美感寫出，也不會有書寫語言的問題。但除非不要把桐花文學獎視為客家文學，否則既是以客家內容為書寫的文學

獎，筆者還是希望可以看到作品裡的客家展現。

表 15、第一屆桐花文學獎得獎作品主題分類總計

作品主題	客家女性	桐花主題	客庄風土	回憶過往	主題故事	其他
次數	5	13	4	8	3	2

表 16、第一屆桐花文學獎得獎作品書寫語體總計

書寫語體	全客語	華語夾雜客語	全華語
次數	2	2	31

以上資料依據第一屆桐花文學獎得獎作品內容製作而來

（二）第二屆桐花文學獎

　　延續 2010 年第一屆桐花文學獎的開辦精神，主辦單位期待能夠徵集蘊涵客家文化或桐花意象的作品，鼓勵客家文學創作與藝文人才。在 2011 年的第二屆桐花文學獎的徵稿中，錄取了住在馬來西亞吉隆坡的馬華作家李天葆、梁金群，分別獲得短篇小說首獎和佳作；另一位生長在大陸北方、嫁作臺灣客家媳婦的滿族姑娘李豔，也獲選短篇小說佳作。如客委會主委在發刊序言中所提及的，這一屆不論是參賽者或是寫作題材上，都擴大了格局，表現全球化、國際化的現象。桐花文學獎的參賽作品，似乎已反映出客家族群在全世界落地生根的多元流動現象，桐花文學獎的舉辦，更成為參與新時代的客家書寫運動。客家文學的未來，真會是客委會主委所說的那樣走向嗎？以下是對第二屆桐花文學獎得獎作品的討論：

1. 新詩類

　　第二屆桐花文學獎新詩類得獎作品十篇，使用完全客語書寫的篇數較過去的客語詩作為多（詳見附錄六表 6-2-5），除了首獎之外，還有兩篇的佳作。徐碧美的〈歷史會記錄下這一日——記 1988.12.28.還我母語運動〉，旨在紀錄還我母語這一場走上街頭的社會運動。過去甚少出現書寫關於客家運動的題材，作者或者帶有較強的客家意識，又或許想為過去留下紀錄，然而書寫客家運動主題本身，就是富有使命感、具客家史觀的客家題材。

　　佳作中，張捷明的〈點胭脂〉典雅地敘述筆下的客家女性意象，這也是客家文學一向彰顯的特色。吳佩菁的〈花年農家客〉，「藍衫醃漬，勤時汗如

雨絲的你。曬乾影子，我保存了當年風味，在相思斷腸，冬瓜封年的季節發酵。」很有趣的比喻，也藉著歲令，將許多代表客家的文化形象巧妙編排入文。

參照附錄六表 6-2-5A，此次的作品主題以客家女性最多，桐花的主題其次，使用全客語書寫的得獎作品有三篇（詳見附錄六表 6-2-5B）。

2. 小品文類

第二屆桐花文學獎小品文組，和第一屆的情形一樣，入選件數共十篇（得獎作品列表詳見附錄六表 6-2-6），主題選擇是以客家女性為多（詳見附錄六表 6-2-6A）。寫作語體幾採華語（詳見附錄六表 6-2-6B），部分是在文中夾雜幾句客語的對話。例如嫒心的〈阿婆的花戒指〉，裡面有多句和阿婆的對話。他在作者感言中提到：「此文因油桐花而美」，值得玩味的是，這美是指客家阿婆的故事，因為桐花象徵客家而美嗎？

孫中文的〈毋駛恁遽〉，描寫主角嫁到閩南家庭，每次帶丈夫回家，都無法和父親溝通，唯有離別前的這句：「毋駛恁遽」，是連結彼此心意的一句話，倍感溫馨，也說明了族群溝通的方式。另外，林惠珍的〈時代無共樣咧〉，雖以客語書寫標題，但內文是華語書寫。他的作者感言說道：「客家元素一直是我寫作的題材」，而他作品寫的是他印象中的父親，〈時代無共樣咧〉正是他父親對於桐花鹹魚翻身的說法。於是林惠珍所說的客家元素是指桐花嗎？雖然小品文的主題多在客家女性的部分，但是以桐花為客家元素的想法，卻反映在多位作家的想像之中，未來的桐花意象或許即代表客家；而書寫桐花的桐花文學獎也可能就是客家文學未來的方向。

3. 散文類

第二屆桐花文學獎散文組部分，全部入選件數有十篇（得獎作品列表詳見附錄六表 6-2-7）。作品主題分類上，作者選擇以客家女性的主題為多（詳見附錄六表 6-2-7A）。黃永達的〈兩个叔婆太兩蕊桐花無共樣〉，描寫叔婆太的故事，這是一篇完全以客語寫作的文章，其他為華語書寫（詳見附錄六表 6-2-7B）。梁純綉的〈相惜〉，描述嫁到閩南家庭的客家女性，面對族群文化差異，例如煮菜瓜方式的不同，還有對家務的不同見解，使得她與婆婆間心生芥蒂，但在一次偶然的機會下，打開心結，也為閩客族群關係和互動，留下美好的結局。

首獎張曉惠的〈油桐樹下的豬〉，是由感人的真實故事改編而來，文中與

客家可能的連結，恐怕就是油桐了。相反的，彭名琍的〈相思成炭嘆相思〉，卻認為相思樹的重要性不輸油桐樹，至少在過去的歲月提供他們溫飽，在這群客家人的回憶裡，相思樹才是代表他們的重要象徵。過去的記憶當然很重要，全台的各處客家庄都有不盡相同的成長記憶，盡管油桐樹不見得是全部客家人的生長經驗，卻在一次次的媒體放送、桐花祭典，以及諸如桐花文學獎的活動當中，將台灣客家和桐花作了連結。例如原本沒種植桐花的地方，開始被桐花祭活動也納入，〔註5〕使原本只在桃竹苗地區的桐花祭擴展至全國，把桐花視為客家文化形象，成為連結今日客家的一項重要元素。

　　另外一篇在此提出討論的，是陳品竹的〈漫天歡喜〉，他在文中提到：「那桐樹，那是客家精神簡樸的代表，是伏流穿過黑水溝而來的血液所灌溉的。代表著那個貧窮，卻只要努力就可以取得滿山桐油，或是一圍就像要通向天頂的茶田的時代，而不是那白的不染一絲塵世顏色的桐花」，呼應上段彭名琍印象中的相思樹，對陳品竹而言，除了以桐油來換取溫飽，現在對作者而言，更是客家精神的代表。「你知道，沒有一種顏色可以撐起一整個族群的精神，所以只能留白」，油桐花的白，可以代表客家精神，又再次為桐花成為當代的客家族群意象，作了一番說明。

4. 短篇小說類

　　第二屆桐花文學獎短篇小說類十分引人注目的是，馬來西亞的客家人李天葆和梁金群的得獎，顯示海外客家人的共襄盛舉。另外，李豔是嫁作台灣客家媳婦的大陸姑娘，也得到短篇小說類的佳作。而方秋停的作品，有鄉野傳奇故事的韻味，讓人耳目一新（詳見附錄六表6-2-8）。入選的四篇作品，全文皆以華語寫作（詳見附錄六表6-2-8B），個別都是故事性很強的短篇小說（詳見附錄六表6-2-8A），令人激賞。

　　客委會舉辦的桐花文學獎，固然欣喜見到各地的客家鄉親參與，也讓客委會得到走向國際化的美名。但是台灣的客家文學，乃是客家運動的一環，有其發展的特殊背景和意義。當時運動宣言乃是當新个客家人，不再想望中原，要在台灣走出自己的一片天。如今台灣客家文學逐漸發展出屬於台灣客家的創作特色，卻要再度接受世界客家的想像，把例如馬來西亞的客庄生活，

〔註5〕關於桐花祭在雲林從無到有的過程，詳情可參考黃靖嵐，2011，〈閩南的客家人：談台灣雲林地區崙背、二崙「詔安客」的族群認同與轉變〉，「2011 年南台灣歷史與文化學術研討會」，2011.6.9。高雄：自然史教育館。

也視為台灣客家生活的延續，這對未來客家文學內涵的建構，會產生何種影響，令人好奇。

5. 小結

第二屆桐花文學獎，明顯從得獎作品當中，發覺到純粹歌詠桐花之美的入選篇數變少了，興許是第一屆得獎作品反應桐花主題，卻無客家文化特色的狀況，讓很多讀者和評論者失望，所以第二屆作了調整。反映在表 17 中，客家女性成為此屆得獎作品最多選擇的主題，和第一屆以桐花主題為多的現象不同。舉凡描寫客家女性奮鬥的故事，或是以母親形象作為懷念的內容，都屬於客家女性的範圍，似乎也成為創作者特別喜愛寫作的主題。

而在書寫語體上，使用客語書寫的作品也明顯較第一屆為多（詳見表 6-2D）。不可不注意的是，以故事類為主題的作品篇數，也有一定的選擇人數，尤其反映在散文和短篇小說類。

雖然不限定書寫語體和寫作身分，但是對於客家女性為主題的作品，始終都是此類相關文學獎的特色，如此一代又一代的為讀者所傳頌著，對於客家女性勤勞、節儉且堅毅的形象，確實已經深入人心。

表 17、第二屆桐花文學獎得獎作品主題分類總計

作品主題	客家女性	桐花主題	客庄風土	回憶過往	主題故事	其他
次數	15	7	1	3	4	4

表 18、第二屆桐花文學獎得獎作品書寫語體總計

書寫語體	全客語	華語夾雜客語	全華語
次數	4	1	29

以上資料依據第二屆桐花文學獎得獎作品內容製作而來

（三）第三屆桐花文學獎

過去舉行的二屆桐花文學獎，參賽作品一直不乏以母語書寫之作，但是客委會一直未將之區隔評分，以致有不公平競爭之議。2012 年增設一項客語漢字特別獎，鼓勵以客語漢字來創作，保留客語語言之美的人才。不過以華文或母語創作的文章，依舊還是出現混和評比的局面，對於評審委員的徵選和作品的評分，恐怕還是一項極具挑戰的工作。

以下是第三屆桐花文學獎得獎作品的討論：

1. 新詩組

這屆桐花文學獎新詩組，得獎的共有十篇（詳見附錄六表6-2-9），一篇完全以客語書寫的詩作〈阿母个飯包〉拿下首獎（詳見附錄六表6-2-9B）。洪嘉宏的〈阿母个飯包〉，不但紀錄回憶中母親準備飯包的身影，還寫下了當時的客家生活。例如「副班長个梅菜奢鼻个講，多食焢肉正會伶俐；鍾家周六添新丁，今晡日又食紅粄」喚起過去帶便當的日子，而客家添丁吃粄的習俗也包括在內。另外，「捱吃著晚餐个粢粑，走在阿爸个童年；捱食著晚餐个吊菜仔，嚐到阿婆个藥仔」以客語書寫客家特有的食物，非常能表現客家生活，以及傳承的意味。

依據附錄六表6-2-9A，客家女性的主題在這屆桐花文學獎裡，相對於桐花主題的篇數為多，例如謝春馨的〈致廚房中的客家女子〉，是描寫母親過去在廚房忙碌的身影。「你不著藍布衫，衣櫃花花綠綠」，似乎傳統客家女性衣著藍布衫，已成為一種意象，所以記下母親的衣櫃花花綠綠，沒有藍布衫。「把腳在土地上擀出硬繭，堅毅如擂茶越磨越濃」形容傳統客家婦女放足，要到田裡幫忙幹活，同時也將擂茶結合起來，象徵吃苦耐勞的客家族群意象。

增添客家文化形象入文來突顯客家特質的詩作，還有一篇黃玲玲的〈最好的時光〉，文章充滿各類的客家文化形象，例如「心事在一片碎花布裡蓄意迷路，夢醒還聞著擂茶的香氣。」以客家花布和擂茶，代表沉浸在客家山城之中。「我推開窗，與一山微鏽的綠互道日安，時間就停駐在五月。在五月，卿卿雪意湧上油桐樹，以千朵花的笑靨開綻，這歡囂的夏日山城，最好的時光。」描述五月的桐花之美，「撐開記憶的油紙傘，有一些故事，與流光還留在枝上。童年很遠但我都記得，唇邊彷彿還舔著金桔醬的幸福滋味。」以美濃客家庄特有的油紙傘，開闔記憶，再取客家桔醬的酸甜，形容童年的歲月。整首詩看來充滿了「客家」，不過過去桃竹苗特有的油桐花，以及美濃特色的油紙傘與藍衫，就在作者的回憶之中作了結合，代表以將全台客家都視為一體。

另外，有一篇葉國居的〈父親與義民爺的交響詩〉，「不再管兩百年後史學家輕浮的註解，晃悠悠的桐花海，保鄉衛國的黑令旗隨風飄揚」。當然，義民爺是屬於客家的，相信無人會質疑。有趣的是，句子中出現的桐花一詞，應該不屬於義民爺那時代，因此，不曉得是作者因為投稿桐花文學獎，所以

要和桐花作牽連，還是本身認為桐花即代表客家，所以安排在句中出現。還有，文中提到開口獅，這是在雲林的詔安客家所推廣的客家文化形象，也和義民爺無直接相關。由此可見，許多作者所認知的客家，是當代這許許多多的客家文化形象所一同堆砌而來的。當然，表現在文學作品上，也恐有流於表象描述之虞，而觸及不到真正的客家文化核心。隨著新一代對於母語書寫能力的欠缺，他們要如何表達客家文化？觀察到投稿者仍以華語表達居多，或許諸如這些可能留於表象的客家元素寫作，即是未來新一代對於客家文化以及文學的想像。

2. 小品文組

小品文部分，十篇入選（詳見附錄六表 6-2-10），有兩篇優等獎，書寫主題以客家女性為最多（詳見附錄六表 6-2-10A）。其中林彰揚的〈懷念老灶下〉，是完全以客語來書寫的，其他皆為華語（詳見附錄六表 6-2-10B）。林彰揚在過去第二屆的文學獎中，曾以華語書寫散文而得獎，今年則是以全客語書寫的表現而得獎，可以說明的是，其對於客家書寫有了進一步的認同。桐花文學獎並無限制使用語體，雖被人詬病，卻也是可以吸引各方人士參與的方法，而不因語言能力所限定。林彰揚過去以華語書寫得獎，想必也有不錯的華語表達能力，繼續使用華語書寫，得獎的機率仍是很大，但是這屆文學獎卻朝向完全客語書寫的目標投稿，值得尊敬。這同時也說明，因為參與文學獎，使得林彰揚接受母語寫作，並且積極以客語創作來投稿。即使他也有很好的華語表達能力，如果不是客家意識和認同的被強化，他不需要刻意使用客語來表達客家。也讓我們思考一個問題：吸納多一點的人參與客家文學，是否就能培育更多的客家種子？好比林彰揚的例子，如果一開始他就被使用完全客語創作的門檻給限制住，不能/敢投稿桐花文學獎，是否今日能寫出如〈懷念老灶下〉這樣的文章呢？

此外，黃志聰的〈約定〉，述說因為母親洗腎而陪伴其就醫住院，以一位非客家人的角度，看待隔壁病床的一位客家阿婆，因樂觀面對病情，且唱出客家歌曲來安慰母親的經驗，而寫下這位客家阿婆的故事，也是以他者凝視客家的例子。而高之遠的〈母語漂流〉，則是藉一位嫁來台灣的印尼客阿麗，懷念他的阿姆和母語。

判斷是否為客家作品，通常和作者的身分有關，以非客家的角度，來描寫客家人、客家事，不但可以了解到他者的視角為何，也能達到某程度的族

群交流，這是桐花文學獎不限定書寫語體的一項收穫。林彰揚的例子提醒著我們，或許桐花文學獎寬廣的開放比賽條件，可以增加民眾對於客家書寫的投入，並因投入文學創作而強化族群意識和認同。

3. 散文組

第三屆桐花文學獎散文類的得獎作品有十篇（詳見附錄六表 6-2-11），而書寫的主題，以客家女性的主題為多（詳見附錄六表 6-2-11A），有幾篇都是關於親人生病，描寫陪伴疾病過程的故事。這一組完全以客語書寫的作品有兩篇（詳見附錄六表 6-2-11B），分別是黃火盛的〈油桐樹下个掌牛哥仔〉和黃山高的〈不死鳥〉。〈不死鳥〉乃是描述 1949 年才由廣東前來台灣的「外省客」故事，早年要與對岸通信，都要極秘密且冒險的。也藉南下六堆之行，尋找熟悉的鄉音。外省客的定位，在過去常常被忽略，甚或只當作外省人看待，這篇作品的書寫，也提醒大眾對於這群客家人的關懷和注意。

4. 短篇小說組

經第三屆桐花文學獎的評選，此次的短篇小說組沒有首獎，優等獎則是給了甘弟的〈血桐花〉（詳見附錄六表 6-2-12），描寫革命志士拋頭顱、灑熱血的故事。中華民國成立之後，台灣尚是日本的殖民地，苗栗地區的革命志士，如羅福星等人的抗日事蹟，便以「血桐花」為名記之。這也說明例如羅福星這樣參與革命的客家人，作者以桐花來代表其和客家的連結。以此文來看，羅福星抗日的時候，即使苗栗有桐花的種植，是不會成為客家的象徵；而當桐花和客家出現連結之後，要提及這段可歌可泣的客家人抗日故事，文章標題便有了血染桐花的形象，今日看來，桐花已有成為台灣客家人共同族群之花的意味。

此外，這屆有一項開先例的創舉，即是增設了「客語創作特別獎」。過去兩屆，雖然徵文不限書寫語體，但是母語創作的困難程度較高，特別在短篇小說類，應予以鼓勵。黃永達的〈豬數諸事〉，描寫居住在後山的養豬人家，如何飼養牲畜，供給孩子們唸書、成家的打拼生活。娓娓道出真切的客庄歲月，令人讀來倍感親切。

短篇小說組的得獎作品主題偏向小說故事類（詳見附錄六表 6-2-12A），書寫語體除了得到特別獎的〈豬數諸事〉之外，其他皆是華語寫作（詳見附錄六表 6-2-12B）。

5. 小結

綜合第三屆的桐花文學獎得獎作品來看，承襲第二屆的風格，主題以客家女性為多，也正反映出當代的客家書寫，偏好對於客家女性的描寫，桐花文學獎如此，教育部的母語文學獎亦如此。另外，在這屆也觀察到以故事類為主題內容的篇數也不少，過去曾有客家人長於小說的說法，看起來，不但短篇小說如此，連散文、小品文類，都有作者以小說故事為主題的方式呈現（詳見表 19）。落差最大的的主題，當屬以書寫桐花為主的作品，從第一屆為首選；到第二屆退而為次要；第三屆甚至被其他重要的主題所取代，也代表著原本以桐花為主題的文學獎，逐漸有了調整的方向，而趨近於其他相關客家文學獎的書寫結果。

書寫語體方面，也和第二屆差不多，客語和華語的書寫比例，兩屆約略都是一比六的情形（詳見表 20）。特別在第三屆開始，增設客語創作特別獎，鼓勵未來的全客語創作。

表 19、第三屆桐花文學獎得獎作品主題分類總計

作品主題	客家女性	桐花主題	客庄風土	回憶過往	主題故事	其他
次數	16	3	3	4	4	5

表 20、第三屆桐花文學獎得獎作品書寫語體總計

書寫語體	全客語	華語夾雜客語	全華語
次數	5	0	30

以上資料依據第三屆桐花文學獎得獎作品內容製作而來

（四）得獎作品的客家展現

桐花文學獎旨在書寫相關桐花和客家文化的事物，過去三屆，已累積超過百篇的得獎作品，參與作者也不乏是經常囊括其他文學獎項的優秀創作者，不管是客家人或非客家人，使用的語體為客語、華語或客華語並用，也都在作品中傳達了作者對於客家的認識與想像。將所有的得獎作品表格整理、分類後，總計三屆的桐花文學獎得獎作品分類主題，以客家女性的主題拔得頭籌，桐花主題是第二多次數的選擇，各類多元的故事類、其他類主題為第三多次數的選擇（詳見表 21）。使用語體以華語為多且佔優勢（詳見表

22），是故客委員於第三屆開始，增設客語創作特別獎，不但繼續歡迎華語寫作者，又可鼓勵辛苦耕耘的客語創作者。

表 21、三屆桐花文學獎得獎作品主題分類總計

作品主題	客家女性	桐花主題	客庄風土	回憶過往	主題故事	其他
次數	36	23	8	15	11	11

表 22、三屆桐花文學獎得獎作品書寫語體總計

書寫語體	全客語	華語夾雜客語	全華語
次數	11	3	90

以上資料為三屆桐花文學獎得獎作品內容總合而來

　　細數三屆桐花文學獎過百篇的得獎作品，徵文主題是桐花，勢必「桐花」一詞在文中的出現機會較高，而表 23 彙整了所有得獎作品中經常出現的客家詞彙，並和教育部母語文學獎的分類表格相同，分成七類主題來參照。在這 108 項客家相關詞彙當中，由客家食物出現的比例最高，幾乎佔了三分之一的比重，看來客家食物確實在大家的心中佔了很大的份量。「粢粑、柿、芋粄、紅粄、粄條、鹹菜」，是整理兩屆教育部母語文學獎重覆出現的客家食物，再對照桐花文學獎的表 23 來看出現的客家詞彙，少了芋粄和柿，卻多了醃菜類。顯見「粢粑、紅粄、粄條、鹹菜」這幾項，是作品中陳述客家食物類的經典，可以歷經各相關客家文學獎的檢視，而能一再出現在作品中來呈現客家的文化形象。

　　另外，在客家習俗詞彙方面，同樣也有山歌的描述，但桐花文學獎比教育部母語文學獎更多了如新丁、採茶戲等詞彙。相同的情形也反映在客家的動植物方面，油桐花當然是一項常出現的詞彙，而參照教育部兩屆的客家動植物詞彙，發現桐花文學獎出現的詞彙更豐富，還多了相思樹（香絲樹）、野薑花、香茅、菸草，這些也都代表了許多客家地區經濟產作的特色。

　　除了客家庄名詞、客家食物、客家建築和環境、客家動植物等，是屬於客家文化形象；其他如客家話的人際稱謂、山歌、義民、蠶豆症等為客家文化意象，信仰習俗和其他大部分皆為客家文化形象，只有少部分的，如客家男性皆大男人主義、還我母語運動、硬頸精神等等，屬於客家族群意象。桐

花文學獎也和其他相關客家文學獎相同，在常見的書寫內容詞彙上，反映數量較多的客家食物詞彙，甚至較母語文學獎得獎作品中出現的詞彙數量還多。也就是說，即使不限定作家身分、書寫語體，得到的結果也和母語文學獎的相似，甚至反映出更豐富的客家文化，這代表當代對於「客家」已有了意象化的結果，不論使用的語言和寫作者身分，都可透過對於族群的文化意象，書寫出相似的描述。

表 23、桐花文學獎得獎作品經常出現的客家相關詞彙

主題	詞彙	數量
客家食物	菜脯、鹹菜、梅干、醋酸、福菜、薑絲大腸、湯圓、油燜筍、粄條（面帕粄）、野蓮、高麗菜封、冬瓜封、客家小炒、粢粑、菜包、鳳梨炒豬肺、鹽焗雞、生悶芋莖、長年菜、吊菜、油鹹香、桔醬、紅棗、水粄、發粄、艾粄、紅粄、蘿蔔粄、黑糖粄、醃黃瓜、醃筍、醃福菜、擂茶	33
客家庄	內埔、勝興、公館、內灣、竹田、竹東、六堆、台三線、舊山線	9
客語裡的動植物	火焰蟲、相思樹（香絲樹）、苦楝樹、野薑花、香茅、紫蘇、菸草、油桐花、油桐樹、桐油、油桐子、阿啾箭	12
客家人際稱謂	阿婆、叔婆太、牯、妹、嫲、爺哀、童養媳、叔伯兄弟	8
客家建築與環境	禾埕、月光山、八卦山	3
客家習俗	平安戲、採茶戲、殺豬公、伯公禾、山歌、藤纏樹、義民爺、新竹新埔褒忠義民廟、屏東西勢忠義亭、旗山義民廟、客家開口獅、四頭四尾、義民、掛紙、阿公婆、祖塔、伯公、新丁、換工	19
其他	客家男性皆大男人主義、還我母語運動、硬頸精神、笠嫲、恩兜人、隘勇、藍衫、紙傘、花布、掌牛、割草、蒔田、禾桿、礱糠、礦、焗腦、腦丁、顧炭窯、茶園（茶樹）、四縣、海陸、後山、蠶豆症、紙鷂	24

筆者依據三屆桐花文學獎得獎作品內容自行整理而來

三、結語

根據客家文學的定義討論，客家人的身份可以很主觀的決定其作品為客家文學。兩屆教育部的母語文學獎和三屆客委會的桐花文學獎，第一個差別

在於使用的書寫語體不同，第二則是寫作身分。會使用母語來書寫，理論上較多為客家人，但事實上仍有部分為非客家人，不過既然參加者能以客語書寫，即代表願意學習客語寫作；而大量以華語書寫的桐花文學獎，因寫作語言之便，相信定能吸引更多的非客家人參與文學獎。姑且不論這些參與文學獎的非客家作家，使用客語的能力如何，其次應該根據其書寫的客家內容，來決定是否能更趨近於客家文學的條件。

寫作主題方面，對於客家女性勤儉、刻苦的意象描述，以及懷念母親形象的追憶等，是多數作家所認同並選擇創作的題材。以往認為唯有客語寫作才能真實地表現客庄情境，在文字、對白中出現某某阿伯和某某阿姆的稱謂，才能展現親切。因此參照兩屆的教育部母語文學獎和三屆的桐花文學獎發現，當使用客語寫作，這些客家特殊的人際稱謂，就很容易出現在標題之中，而「桐花」一詞，卻相對較少出現在母語文學獎裡。反過來說，桐花文學獎中，「桐花」的出現，勝過這些客家人際稱謂的次數。但是有趣的一點是，對照相關客家詞彙表，顯示在母語文學獎作品的客家人際稱謂數量，卻比桐花文學獎所出現的詞彙為少。例如某某阿伯和某某阿姆這樣應該在母語書寫中常見的客語稱謂，經過統計，卻是在以華語書寫為多的桐花文學獎出現較多。相同的情形反映在其他類別上更明顯，例如藍衫、紙傘、花布、蠶豆症這樣的詞彙，完全不在母語文學獎作品中出現；相對的，例如河灞、钁頭等客語詞彙，也不曾在桐花文學獎作品中反映。

究竟客家風味的多寡可以怎麼來判斷？其實很抽象、也很主觀，本小節透過具象化的文字詞彙，可以清楚看到當代的客家展現。反映在母語文學獎作品裡的相關客家詞彙有 66 項；桐花文學獎作品裡有 108 項，雖然不一定能代表什麼絕對事實，卻也提醒大家多元的重要性。桐花文學獎雖然曾被質疑主題為桐花，是否會少掉屬於客家特有的風味？但是觀察三屆桐花文學獎作品，和母語文學獎的風格相較，兩大文學獎其實都偏好以客家女性為主題的題材。不過桐花文學獎以選擇次數來看，尤其偏好以客家女性主題作為書寫的題材，而母語文學獎則是以回憶過往的題材為多，甚至反映在母語文學獎的寫作上，常見散文以主題故事作為寫作方式的現象，而桐花文學獎則是自然反映較多以桐花為主題的內容。客語書寫很重要，其承載復興母語的使命；而以華語作為創作語言，也使文章的面相更為寬廣，提醒許多我們可能忘掉的客家特色，我們確實可以藉著文學獎的舉辦，豐富當代客家文學的內涵。

教育部舉辦的相關母語創作文學獎，帶動民眾關心母語，甚至投入母語的創作。而客委會作為促進客家族群發展的委員會，對於所舉辦的文學獎，採取更寬廣的徵選條件，使用華語創作也可，令許多致力於發展母語的人士憂心，進而提出母語書寫要求。由第一屆到第三屆的桐花文學獎，也可看出客委會在母語上的逐漸著墨，不但得獎篇數變多，也增設鼓勵客語創作的徵稿項目。只是這樣緩慢的改變，是否符合倡導母語發展人士的期待？我們觀察到，因為教育部在 2010 年停辦母語文學獎的舉行，客委會又遲遲未表示桐花文學獎是否為「客家文學」的文學獎，遂令一批致力於母語寫作的人士，籌組專門以客語寫作的團體，並且每年舉辦「客語文學獎」。

第二節　客語文學獎的發展

有別於教育部舉辦的相關母語文學獎，以及客委會舉辦的桐花文學獎，台灣客家筆會所舉辦的客語文學獎，除了是民間自發的一項客語文學獎項，更是第一個以「客語文學」來命名的創作文學獎。

依照發展時間，教育部首開母語寫作風氣，客委會也於 2010 年開始舉辦桐花文學獎，但是看在倡導母語寫作人士的眼裡，促進客家事務的客委會，似乎沒達成大家的期待。首先文學獎名稱為「桐花」，非以「客家文學」獎命名；寫作語體也沒要求使用客語。之後連台灣文學館都將客語列入「台語」的文學徵獎項目，相對以客家族群為核心的客委會卻在語言方面無法再進一步。因此，一股自民間集結的力量而起，直接以「客語文學」為文學獎命名並籌辦徵稿。

以下是對近年相關客語方面文學獎的討論，並以台灣客家筆會所舉辦的客語文學獎進行分析，和教育部母語文學獎、客委會桐花文學獎作比較。

一、相關客語文學獎的介紹

作家張捷明（2012：101），曾以坐牛車來比喻客家、客語文學的發展，相對於其他坐飛機的華語文學，坐高鐵、台鐵的河洛（福佬）文學，坐國光號的原住民文學等，進程顯得十分緩慢 [註6]。「一直高唱著山歌，以勤儉、硬頸、耕讀傳家的精神，坐在搖搖晃晃的牛車上，經過三山國王、義民廟，

[註 6] 張捷明，2012，〈真客語假桐花，《文學客家》第十一期，頁 101。

來到有油桐樹的三叉口，卻不知該往何走。」表示客家、客語文學的發展未來不知何去何從。蓑衣、斗笠、犁耙等農事物；花布、骨董、老屋、老醃缸等東西，這些象徵客家的事物到底要割捨還是繼續傳承？客家、客語文學的發展方向，如果用廣義的客家文學來談，「用華語寫作，就如同坐飛機般，發展可很快速，讀者群也可變多，但這台飛機，可能從機師到空姐都沒人會說客語。如果去掉客家名稱，被當作是台灣文學的話，那麼至少有百分之七十的讀者」，也勝過原本的牛車。於是，客語文學的發展便面臨一個很大的挑戰，那就是承擔客語傳承的責任，即使如同坐牛車那樣的緩慢，但必須還是要有傻子上來坐。

　　張捷明是 2012 年台灣文學獎台語散文金典獎的得主，在這所說的「台語」意涵，意即包括客語。如下表 24，獎項的名稱由本土母語客語，轉變為台語一詞，這意義包含認可客語為台灣語言的其中一支，客家人也是台灣人、說台灣話，這回應 1990 年代，客家人因為「台語」一詞而產生的焦慮，於 2010 年代得到的官方認定。

表 24、歷屆金典獎項的名稱變化

2008 年	本土母語創作台語小說金典獎
2009 年	本土母語客語新詩金典獎
2010 年	原住民漢語報導文學金典獎
2011 年	台語散文金典獎
2012 年	台語散文金典獎

參考台文館歷屆獎項名稱整理而來

　　教育部在 2008 年時便以「我們的母語創作我們的文學」獎來鼓勵母語創作，並制訂 2009 年至 2012 年為推站本土教育的施政藍圖。同年，台灣文學館的金典獎，也開設本土母語創作台語小說金典獎，鼓勵以母語寫作的風氣。只不過，當時所謂的母語和台語，應該是意指狹義的福佬語而言。2009 年，教育部的徵文標題改為是「臺灣閩客語文學獎」，這就比較明確是指福佬語和客語等的母語創作而言；同年，台灣文學館即以本土母語客語新詩金典獎的類別來徵稿，以補之前忽略客語的不足。到了 2011 年，教育部修改為兩年一次的文學獎，也將徵稿主題更改為台灣本土語言文學獎。

　　教育部帶頭做閩客語母語徵文比賽，讓各政府學校機關跟著舉辦。客委

會也開始有桐花文學獎，第一屆收到 831 件參賽作品，第二屆收到國內外共
1068 件作品參賽，非限定使用客語，桐花變成一項文學獎名稱。客委會的成
立在 2001 年 6 月，觀察自有客委會之後的十年，文壇除了原本固定舉辦的全
國性文學獎項之外，還有許多地方縣市自行舉辦，以地方為主題的地方文學
獎。而桃、竹、苗，以及高屏地區等傳統認知的客家鄉鎮，觀察其地方文學
的徵選要旨，似乎以客家為主題的特色，還未受到重視而放進徵選類別當中。
例如桃園縣的文藝創作獎，舉辦了十七屆，只簡單以年齡分為國中、高中和
大專社會組，得獎的主題非常多元，雖然不乏看到一篇以桐花為主題的獲獎
作品，但多數作品反映的是地方，可能是泰雅族、眷村、牛肉麵、海邊、機
場，甚至是外國旅遊的紀聞，富有客家生活的描述，就在現代社會中被稀釋
了。

接著討論竹塹文學獎，徵選的分類按一般常態類型，以詩、散文和小說
來舉行投稿，獲獎的主題似乎都環繞在，新竹就是我們家的氛圍當中。只有
一篇討論到柿餅，跟客家意象較為相關，多數在介紹城隍廟、風城、米粉等，
與作者發生關聯的生命故事。竹塹文學獎前後舉行了十六屆，相較於辦理十
五屆的苗栗夢花文學獎，顯然後者的徵選類別更為多元、活潑。苗栗夢花文
學獎，自 2011 年開始，已有母語文學類別，鼓勵母語創作，不只客語，還接
受福佬語、原住民語在新詩和小品文上投稿。得獎作品主題偏向溫情的敘述，
可能是介紹親人，或回憶過去的歲月。

另外，在高屏地區，也是六堆客庄的聚集地區，在地方文學獎項的徵選
類別之中，卻只看到「台語文學類別的投稿項目。例如 2011 年合併的打狗鳳
邑文學獎，徵選項目有台語詩創作，未有客語詩創作類別。同樣因縣市合併，
而將原先的府城文學獎和南瀛文學獎合併為台南文學獎，在母語創作方面，
也只徵選台語詩的類別，但在 2013 年開始，台南文學獎中新增了客語文學獎
的類別〔註7〕，這是目前觀察到，將客語文學設為一項參賽類別的文學獎。而
阿公店溪文學獎，則在 2012 年開始徵選國小客語童詩，可惜評選結果竟有三
分之一的作品抄襲自網路〔註8〕，可見母語教育上只強調「說」，不注重寫，

〔註7〕2013 年 4 月 18 日　客家電視台 http://tw.news.yahoo.com/%E5%8F%B0%E5%8D
%97%E6%96%87%E5%AD%B8%E7%8D%8E%E5%A2%9E%E5%AE%A2%E
6%96%87%E5%AD%B8%E7%8D%8E%E9%A0%85-%E9%BC%93%E5%8B
%B5%E6%8A%95%E7%A8%BF～120418009.html（2013.6.20）。

〔註8〕2012 年 3 月 13 日　自由時報 http://tw.news.yahoo.com/%E9%98%BF%E5%85%

致使國小生的母語寫作能力仍待提升。屏東舉辦的大武山文學獎，雖然沒有母語文學的徵選類別，但是報導文學獎的部分，報導內容有關風災、信仰、客家庄等，可算是相關客家文學的一種。

　　一般所認知的客家地區，在其所屬的地方文學獎，過去一直無法反映在地的客家文化，一直到近幾年，才開始在文學獎項中，發現母語文學的部分。探討箇中源由，可能是過去並不覺得客家的部分需要被凸顯，因為原本就是客家地區，區域的認同大於族群的認同。即使在客家庄的文學獎，也只有少數的獎項在鼓勵母語創作〔註9〕。相反的，在較少客家、或客家身分容易被隱形化的都會區，例如台北，便一直設有「閱讀台北客家」〔註10〕等鼓勵純客語的創作。縣市合併之後的高雄和台南，文學獎也開始增設母語創作，可是始終還未關注到客語的部分。直到最近，可以看到台南文學獎，已經增設了客語文學獎的消息。

二、客語文學獎裡的客家展現

　　前文整理了台灣各地方縣府有關母語、甚或是純客語的文學獎舉行，可是客語長期都是在文學獎中較邊緣的項目。而台灣客家筆會，是全球第一個以客家為名，聯絡愛好客家文學創作者的民間自發團體，於2012開始舉辦客語文學獎。其成立宗旨是以鼓勵客語文學創作、提升創作水準及維護客家語文權益地位而來。雖然不是由公部門來主導文學獎的徵選，但是以一個自籌經費的民間團體來說，其對於客語書寫的推行不遺餘力。這是除了教育部舉辦的「閩客語」文學獎之外，第一個完全要求客語書寫的文學獎項，分為現代詩、散文、小說等投稿項目。以下分別對2012年和2013年的客語文學獎得獎作品內容整理，來討論客語文學獎裡的客家展現。

1. 2012 客語文學獎

　　客語文學獎在徵稿簡章中提到：為鼓勵客語文學創作，發表新而美的作品，增進客語書寫應用的能力與信心，促使社會大眾了解本土語言之價值，

AC%E5%BA%97%E6%BA%AA%E6%96%87%E5%AD%B8%E7%8D%8E-%E5%9C%8B%E5%B0%8F%E5%AE%A2%E8%AA%9E%E7%AB%A5%E8%A9%A9%E6%B1%BA%E9%81%B8-1-3%E6%8A%84%E8%87%AA%E7%B6%B2%E8%B7%AF-202406227.html（2013.6.20）。

〔註 9〕例如新竹市的兒童文學徵文、新竹縣新豐鄉客語童詩創作、以及屏東內埔的韓愈文學獎，才有純客語的參賽項目。

〔註10〕台北市相關純客語的徵文，早期名稱是墨客台北，2012改閱讀台北客家。

並保存臺灣語言文化的多樣性，特舉辦客家語文學獎競賽，鼓勵社會大眾、各級學校教師、學生，一起來參與母語文學創作活動。顯見徵稿文件來源，應該是以在校的教師和學生為主，能具備基本的客語書寫能力。

以下，是對於 2012 客語文學獎得獎作品的討論：

（1）現代詩組

現代詩總共錄取四篇，回憶的主題占了多數（詳見附錄表 6-3-1）。回憶童年、親人、過去等等，表示客語書寫擅長和過去的事物連結，才能娓娓道出舊時的客庄回憶和事物。相對這些老回憶，佳作〈惜緣个雪〉，描寫的是在現代被稱為五月雪的桐花，富有現代客家意涵。

（2）散文組

散文組共有四篇得獎，得獎列表詳見附錄六表 6-3-2。〈子會笑娘變貓，子會爬娘變狗麻蛇〉是篇會令人會心一笑的作品，說明為人父母的心情。〈打脈〉著重的是客家的傳承，特別是在台灣的後山，對於未來保存客語的期許。〈細客庄大事件〉中，讓人印象深刻的一段，是把義民爺當作養豬人家的「問事」專門科。因為每年的義民祭，養豬戶都要殺一頭豬來答謝義民爺的保佑，所以在養豬上的疑難雜症，都要義民廟去請示解決，這是身為客家人才懂的文化現象，十分有趣。

（3）短篇小說組

得獎小說共有四篇，這幾篇小說講的都是客家的故事（詳見附錄六表 6-3-3）。〈難捨个老茶園〉中，看到屬於客家女性特有的堅毅；〈後山个前山人〉說的是前山移民後山的歷程和生活。雖然同為紀錄家族的歷史，但是呈現的方式不同，可在文中看到早期生活的艱苦。〈牛王之死〉是來自對岸福建武平客家人的作品，裡頭借牛王之死，可以看到中國客家在改革開放前的生活面貌。

（4）小結

表 25、2012 客語文學獎得獎作品主題分類次數總計

作品主題	客家女性	桐花主題	客庄風土	回憶過往	主題故事	其他
次數	3	1	0	3	4	1

以上資料依據 2012 客語文學獎得獎作品內容製作而來

綜合以上得獎作品於表25，觀察到2012客語文學獎的主題內容，以故事型態呈現為多，也是客家人所擅長的小說形式。其次是客家女性和回憶過往的主題，這是在客語書寫中相當受到喜愛的題材。內容呈現客家女性吃苦耐勞，堅毅務實的韌性，同時也和上一節所討論的文學獎相似，藉由對過去的回憶，看到傳統客庄的生活情景。描寫傳統客庄的人物，一直是客家文學的特色，但是對於許多已經離開客庄前往都市居住的客家人，只有藉由回憶和對家鄉的描寫，才能連結到他們認知中的客家內容。

2. 2013 客語文學獎

承續 2012 年所舉辦的客語文學獎，台灣客家筆會於 2013 年舉行客語文學獎，徵選的對象更擴及全世界的客家，只要是以純客語書寫的作品，即可參加投稿。一樣分為現代詩、散文和小說三組，以下是對於客語文學獎作品的討論：

（1）現代詩組

現代詩首獎從缺，所以佳作錄取兩篇（詳見附錄六表 6-3-4）。思念親人的主題，一直都是客家寫作的特色，而〈猴哥〉和〈出山・Hak 話〉，都是在談論親情。特別是〈出山・Hak 話〉，將對姐婆（也就是外婆）的思念，分為好幾段落，以外婆不同的年紀和自己的年紀相對應。自己越大，外婆就越老，最後行到告別式，聽著師公訴說外婆留給後代子孫的一切。對於客家女性為主題的書寫，也是承繼一貫的客家書寫內容；王倩慧本身非原生客家人，〈惜緣个雪〉作品得到評審的肯定，顯見其對於客語寫作的努力。

（2）散文組

本屆散文的寫作更具功力，運用很多客家俗諺在其中，共四篇得獎（詳見附錄六表 6-3-5）。因為寫的就是日常發生在客庄的故事，所以客語的對白可使描述更為活潑、貼近。強調客家特色上，〈神豬——「福氣」〉相當討喜，反映的就是台灣客家獨有的習俗——義民祭。小豬「福氣」被選為奉獻給義民爺所用的神豬，一家人對其呵護，只望「福氣」可帶給全家光彩且大賺錢。到了七月十九日，最後以揮別親人的感情，目送「福氣」昇天變神。另一篇〈阿啾箭〉，說的也是客家常見的鳥類——阿啾箭的故事，讀來特別令人感覺親切。

（3）短篇小說組

短篇小說組共取四篇（詳見附錄六表 6-3-6），第一名的小說篇名是以俗諺

命名，而將俗諺安排在文章中，也常是客語作品的特色。例如〈妻賢夫禍少，子孝父心寬〉這篇，就有如「爺娘惜子長江水」、「窮鬼打衰家」、「子不擋娘花」等共十四句。〈婚事〉一文，也將客家傳統婚俗展現，如「新娘行路盡大方，將來降子買田莊」、「新郎新娘坐共條褲，進來同心賺錢做大富」等，都按特定的禮數，說特定的話，使得一場傳統的客家婚宴，躍然紙上。特別一提的是，小說獎第三名是由大陸的揭西腔客語奪得，說的是 1949 年跟著國軍來台的陳廣大，開放探親後，回鄉認親的故事，相信這也是許多台灣外省客的故事。

（4）小結

表 26、2013 客語文學獎得獎作品主題分類次數總計

作品主題	客家女性	桐花主題	客庄風土	回憶過往	主題故事	其他
次數	2	0	0	0	5	5

以上資料依據 2013 客語文學獎得獎作品內容製作而來

以 2013 客語文學獎得獎作品來看，以故事類、其他類為主題的類型為多。除了小說組本身就是以故事類的型態之外，散文的主題，也有多篇選擇以故事方式表達，而且有逐年增多的趨勢。這樣的結果，也同樣反映在母語文學獎的表現中。內容方面，和 2012 年相似，以傳統的客庄生活為多，記錄的多是舊時的俗諺和習俗，反映寫作客語文學的作者，懂得較多的傳統文化與生活。

另外，其他類的次數和故事類相同。仔細探討一番，發現例如寫親子感情的〈猴哥〉、表現客家的生活〈一陣雨〉、闡釋人生道理的〈落籜成竹〉和傳揚客諺的〈妻賢夫禍少，子孝父心寬〉，都被納入其他類項目。而特意選擇以客家諺語內容來表現的作品，其實就是客家語言的題材，加上通篇即是客語創作，也等於加重強調客語的表現，寫作者不但具備客家意識，還有傳承的意味。這些刻意要以客家為題來表現的作品，過去當然無此分類，甚至在過去被認為只有客籍文人的遊藝表現，並無客家文學，更沒有客家意識的展現。而這類作品的增加，也表示參加文學獎的作者，很多已經具有客家意識在創作，特別是有意識的以客語在創作客家文學。當然，也有幾篇純粹在使用客語書寫，並非以族群發展為主題，這也和先前在討論客語文學、客家文

學的發展相同：有部分相似的目標，即是客家人表現客家生活的作品；但也有相異的發展，即純客語寫作，著重的是使用客語文字的表現，內容未必一定有關客家生活。

3. 得獎作品的客家展現

表27、在2012、2013客語文學獎得獎作品常出現的客家相關詞彙分類

主題	詞彙	數量
客家食物	鹹菜、粢粑、豬菜、打粄、甜粄圓	5
客家庄	池上、關山、西螺、二崙、詔安、美濃、埔心	7
客語裡的動植物	苦楝、油桐子、桐花、阿啾箭	4
客家人際稱謂	阿姆、姐婆、倈仔、妹仔、餔娘、哀仔、公婆	7
客家建築與環境	禾埕、河壩	2
客家習俗	義民廟、神豬、山歌、伯公	4
其他	钁頭、銃仔、焗腦	3

以上資料總合2012、2013客語文學獎得獎作品內容篩選製作

　　就2012、2013年客語文學獎的得獎作品內容來看，以文中常出現的客家相關詞彙分類整理，分成客家食物、客家庄、客語裡的動植物、客家人際稱謂、客家建築與環境、客家習俗和其他等七大類。發現出現次數最多的，是各地客家庄的名字和客家人際稱謂。也許得獎者的背景，來自台灣各地的客庄，所以可充分描寫對於客庄的感情和懷念。客家人對於家鄉、土地的感情，常透過文學作品表出來，所以描寫家鄉的主題可由客家庄詞彙使用的數量印證。

　　反映在97、98教育部的母語文學獎上，客家庄的客家詞彙確實較多，但是人際稱謂的使用卻沒有桐花文學獎為多。而在客語文學獎的得獎作品中，人際稱謂和客家庄的詞彙使用數量相同。這些稱謂都是以客語發音的稱謂，猜測人際稱謂較頻繁出現的原因，可能寫作者多是以周遭親友當作描寫對象有關，在作品中呈現倍感親切。此外，故事類的主題內容，也需要較多的人物登場，而客語文學獎的散文、小說得獎作品，多是以故事類的主題進行寫作，自然使用的人際稱謂詞彙也就較多。

　　其次是客家食物，也經常是客家書寫中常可看到的食物描寫，例如粢粑、粄類等，都是具有客家特色的食物。桐花的書寫也在作品中出現，即使客語

寫作的場景和作者，都是趨向描寫傳統印象中的客庄，但是較為現代的桐花書寫也沒少，表示桐花所代表的客家意象，已經深植人心。

另外，觀察到寫作者方面，之所以對於詞彙方面的著重不同，可能來自於世代的差別。參與桐花文學獎的作者，因為華語的門檻較低，許多得獎者是年輕的一代；而在上文提及，能寫出那麼多的舊諺和習俗者，必然累積豐富的客家經驗，以及對傳統文化的認識，應屬於較為年長的一代。因此，當母語的書寫部分，詞彙出現較多的客庄介紹，桐花文學獎卻相對出現較多的是飲食方面的介紹，就可理解年長一代對於客庄所擁有的回憶和感情；對於年輕一代的作家而言，傳統客家生活可能離他們較遙遠，但是在飲食方面的特色，卻是他們對於客家文化的認識與了解。

三、結語

樂見客語的書寫浪潮前仆後繼，更彰顯多元文化下的母語復興力量。早年因實行國語政策而致使客語流失嚴重，經過多年客家運動的極力爭取，母語復興已見到一些成果。反映在地方政府舉辦的地方文學獎上，有部分設有客語的分組獎項，但一直沒有專為客語文學所設立的全國性文學獎，而客委會對於語言在文學上的要求，也無法滿足倡導母語復振人士的期望。因此台灣客家筆會自行籌辦「客語文學」獎，徵求完全客語書寫的稿件，至今已舉辦了第三年。

台灣客家筆會不但是全球第一個以客家為名，聯絡愛好客家文學創作者的民間自發團體，也是第一個由民間自籌經費舉辦的客語文學獎單位。有別於公部門所舉辦關於地方上的文學獎，客語可能只是某個參賽項目下的一組，甚或根本沒有參賽項目的情況，純粹客語的文學獎，自 2012 年開始於台灣出現。這也同時象徵客家文學的發展，已漸由官方的主導，出現屬於民間力量的參與。參考兩年的客語文學獎得獎作品內容，發現其客家的展現方面，也和《文學客家》刊物內容相同，是由台灣各地的客家庄名詞的出現次數最多，相對也顯示了，有來自台灣各地的母語寫作者共襄盛舉，這是客語文學正向發展的一面。

第三節　對於相關客家文學獎的反思

從政府部門主導的復興母語政策，到徵選的相關文學獎項，一直是由官方的力量在形塑客家文學，但是卻一直沒有所謂的「客家文學獎」出現。對

於客家文學的定義，也和實際獲得文學獎的作品內容，出現讓人質疑和爭議的部分。民間籌辦的客語文學獎的產生，至少確定以客語書寫客家的一種文學表現，但是對於現行的相關客家文學的文學獎項，筆者於此節提出省思，作為未來發展的參考與展望。

一、是文學塑造客家，還是客家創造文學？

關於在文學作品當中，書寫的客家，如何成為族群意象、文化形象等等，是因為客家族群確實如此，客家文化形象已深植人心，還是因為在作品之中塑造的客家意象和形象，才使得大眾對於客家的特色有了圖像化的呈現。以下舉客家女性的族群意象和客家食物的客家文化形象做討論：

1. 客家女性

客家女性的形象、特質，長久以來被建立在客家文學當中，也是歷來寫作者喜愛書寫的題材。過去大家共識的客家作家，如吳濁流、鍾理和、鍾肇政、李喬和鍾鐵民等人，筆下的客家女性角色，也經常是學術論文探討的對象。大致來說，客家女性形象可分為：母親形象、知識女性、勞動女性、童養媳形象等。

關於客家女性特質的描寫，也就是台灣客家文學首次出現在學術論文標題之中，以彭瑞金〈台灣客家文學的可能性及其以女性為主導的特質〉一文最早談論到。除了佩服彭瑞金的洞燭先見，可以精準抓到客家女性特質，是客家文學作品的特色之外，相對的，這是否也代表後來的讀者，都受到文學塑造出的客家女性意象影響，也已然隨著文學的描述而被建構新的視野，同時也成為大眾對於客家女性的刻板印象？彭瑞金引用《夏威夷》一書對於客家女性的描寫，從中國移民至夏威夷的客家女性，如何勤勞刻苦、堅毅不拔的撫養孩子成長；志願留在麻瘋島服務令人想到太平天國之中的客家女性身影等等，與如鍾理和、李喬等作家筆下的客家女性相對照，同樣的勤勞、堅毅，成為後來客家女性的共同意象，可謂之文學的塑造。

2. 客家食物

從客家文學作品來看，客家食物已為客家建立起族群的文化形象。例如「粢粑、紅粄、粄條、鹹菜」等，不論在母語文學獎或桐花文學獎作品中，這四項客家食物必然出現，也代表這些就是大家所認為的客家文化形象。從四大報的研究結果，到文學獎的客家詞彙統計，客家食物已是客家作品中，

呈現客家特色的表徵。

　　非客家人透過客家特殊的飲食而認識客家，而客家的書寫也和客家食物
緊密相連。若是經由食物思念親人，或回憶過往，這是常見的客家寫作內容。
相對的，如果只在文章之中，鑲嵌所謂具代表性的客家食物，即可和客家文
化作連結，這樣表現客家內容的方式，可能會流於表面。同時這也是目前到
客庄旅遊時，容易出現的問題，只對諸多的客家文化形象留下印象，卻無再
深入對客家文化進行了解。雖是值得反思的問題，卻可能也是非客家人未來
接觸客家文化，而對客家所建立起的第一印象。

二、桐花文學獎、客語文學獎以全球客家的概念發展

（一）客家文學原是「新个客家人」概念的延伸

　　1988 年的還我母語運動，主要原因來自於客語的長期被忽視，不但媒體、
公共場合聽不見客語，連總統元旦公告也不見客語發聲。而爲了消弭過去「義
民」在台灣歷史中的汙名，客家運動提出「新个客家人」概念，以台灣爲範
疇，跟過去的中原歷史切割，表示願意根留台灣一起打拼。因此客家文學的
出現，是爲了代表客語也是台語的一種，客家文學的創作，也是台灣文學的
一環。

　　而台灣的客家文學，既是台灣文學的一環，更是客家運動的展現方式，
有其發展的特殊背景，和在台灣運動史中的代表意義。如今台灣客家文學逐
漸發展出屬於台灣客家的創作特色，卻要再度接受世界客家的想像，將世界
各地的客家人和客庄生活，也視爲和台灣客家有彼此相同、親切的感受，並
且反映在文學作品上。

（二）文學獎所延伸的問題

　　文學獎鼓勵創作，特別是以族群語言爲主題的創作類，更希望能吸引大
眾一同參與。現行的桐花文學獎，沒有限定投稿者的身分和作品所使用的語
體，但是鼓勵客語寫作；而客語文學獎，則是要求一定使用客語創作，同樣
沒有限定投稿者身分。而對於構成客家文學的條件，也可從文學獎的得獎作
品當中，討論在觀察文學獎現況之後，所延伸出來關於客家文學的相關問題。

　　1. 桐花文學獎：

客委會舉辦桐花文學獎，只要求內容相關桐花、客家文化，不限制作者

身分和書寫語體，可說是包容最廣的相關客家文學獎項。但也因為如此，對於客家文學的定義，以客委會的桐花文學獎得獎作品來說，是否即代表這是未來客委會對於客家文學內涵的新定義。以下是關於得獎作者身分的討論：

（1）作者是同住台灣的非客家人

作者非客家人，無法構成客家文學的要件。黃志聰的〈約定〉，以一位非客家人的角度，描寫隔壁病床一位客家阿婆的樂觀生命態度；而李豔的〈隨君直到夜郎西〉，則是描述由中國嫁至台灣之後，接觸客家庄的種種生活經驗。這兩篇文章，作者都非客家人，但是卻以親身和客家接觸的經驗，描述在自己眼中所看到的客家。

例如上述兩篇作品，即是非客家身分，使用華語書寫的得獎例子。以他人眼光來描述客家的作品，內容論及族群互動關係和經驗，是符合客家內容的作品，可是因為作者身分非客家，這類作品是否可歸為客家文學？而桐花文學獎接受了這類作品為得獎作品，是否也代表某種程度的認同，這些作品是客家文學的延伸？究竟桐花文學獎是否為客家文學？客委會所舉辦的全國性文學獎，能否不是客家文學？若以中央、官方的力量主導，桐花文學獎即是現在所認同的客家文學獎，那麼得獎作品和過去對於客家文學的定義有所牴觸時，是否代表未來的客家文學內涵和發展走向，也要隨之重新定義？

（2）作者是台灣之外的客家人

當文學獎接受台灣之外的客家人投稿，顯示客家的身分受到了重視，而將文學獎歸為全球性的相關客家文學獎項。可是如果投稿者的身分是台灣之外的非客家人呢？將桐花文學獎放在全球性的華語創作比賽，對客委會來說，可能是種所謂的「視野」、「格局」放大，當然無形中也壓縮台灣客家的得獎空間，特別是可以華語書寫的參賽條件。當客委會心喜海外客家的參與時，筆者不禁要問一個問題：這些作品是客家的眼光，還是他人的眼光？究竟是台灣的他人眼光較接近台灣真實的客庄，還是其他國家的客家人眼光較接近？

台灣的「客家」概念形成，有其歷史的發展脈絡，台灣之外的客家未必有相同的經驗和狀況。只不過客委會在地球村的客家想像被提出之後，好像將所有的客家變為一體，簡化為一個名詞代表，而「客家文學」，也隨名詞的簡化，成為全球客家的文學。事實上，各國對於境內的「客家」，是列為少數民族、華人，還是如同台灣是以「族群」稱之，都未必相同。去看待他國的

客家，究竟是以客家的眼光來看，還是以異國情趣的方式來看，都是尚待釐清的問題。例如馬來西亞的客家，可能習俗、語言都和台灣有所差異，只留有一個「客家」名稱，作為看似一致的文化群體，然而台灣之外的客家人，可能都不比同住台灣的非客家人來得了解台灣客家。

2. 客語文學獎：

（1）作者不是客家人

對於客語文學獎來說，作者不必要是客家人，但是書寫語體要是客語。現階段的客語書寫，採取鼓勵性質，書寫語體雖然要求是客語，但是可依據母語的腔調，拼音系統的不同，而有各自的表述方式。可是能書寫客語，是否便代表認同客家？如果書寫者非客家人，客語的運用僅是一種能力、一項工具，而內容偏離客家，未來可以如何討論？

（2）作者是台灣之外的客家人

在客語文學獎得獎作品中，觀察到有兩篇來自中國大陸的客家作品。雖然兩岸的客語在書寫上未必相同，但是完全使用客語來表現文學，已屬難得。可是若用一個「客家」的概念包含所有的客家人，接受所有客語作品的投稿，自然在論及到客家原鄉時，會出現許多不同的看法。

（三）以讀者的眼光來看客家

讀者會接受以客家為題材的文學作品，是因為預先知道此為客家文學作品，帶著期待視野而來，所以作者是否為客家人、客家內容是否為客家生活很重要。1990 年代的「台語」話文之爭，讓客家人積極以文學參與台灣，自然關注對象是在「台灣」的框架之下，屬於客家人的書寫，因此，發展出台灣的客家文學特色。在多年的客家運動努力之下，客委會和客家電視台相繼成立，對於整體「客家」的想像，已隨著官方和媒體的力量，將世界客家納入，發展出和過去 1990 年代所不同的客家概念。

由桐花文學獎和客語文學獎的舉辦來看，雖然書寫語體規範上有所不同，但目標都是追求以「客家」為核心，猶如四海客家皆一家的意思。接受台灣以外的客家人投稿，除了美其名是讓客家更多元，但也相對讓台灣客家的特殊性在這裡頭被稀釋，因為面對全球客家，原鄉在中原，直接將 1990 年代喊出的「新个客家人」概念抹去。也就是彭瑞金所擔憂的，發展客家文學之際，不可將「台灣」的屋頂掀起。

　　過去對於客家作家的要求，乃是土生土長，生於斯長於斯的台灣客家人。例如李永平、王幼華等身分的客家，雖然書寫的是關於客家的作品，但是因為身分問題，仍然沒被放置台灣客家作家的行列之中。而 2010 年代開始，透過文學獎的徵稿，讓海外的客家可以一同參與台灣的客家文學；甚至客委會也在 2010 年起，陸陸續續將台灣著名的客家作家作品翻譯成英文流通。例如賴和這樣身分的「福佬客」，過去作品較難呈現所謂的客家意識和客語能力，被尊稱為「台灣文學之父」的形象，客委會選擇以賴和的作品，翻譯成英文小說，〔註 11〕視其作為客家文學推上國際文壇的首發。鍾肇政等客家作家的作品，也在 2012 年以客家文學英文版為名而誕生〔註 12〕。將台灣客家作家直接連結世界客家，對於未來「客家文學」的內容、解釋，也會和過去、現在有所不同。

三、文學獎「其他」項的新議題

　　客家文學常以客家女性、客庄回憶等主題為書寫要旨，但在本論文研究的教育部母語文學獎和客委會的桐花文學獎之中，發現除卻這些主題類型之外，尚有許多無法歸類於主題項目裡，而只能暫時放在其他項目內的作品。這些為數不少的其他類別，顯示對客家文學的主題分類，也有過去不常探討的新議題，而這些議題反映投稿文學獎的作家，或許已和過去的先行作家有著不同的觀點和經驗。以下便是在文學獎得獎作品當中，被歸納至其他主題類別的作品，再依論及的主題，進行的分類和討論：

（一）族群關係

　　其實在前行代作家的作品中，可看到族群相處的描述，不過通常是在歷史小說中較常見，注重在拓墾經驗上的族群關係。然而在開發日趨穩定的台灣社會中，特別是日本時代過後的背景，作品便較少看到關於族群互動的主題，尤其是後來台灣才增加的新成員，泛指客家人和新住民等的族群關係。不過在文學獎得獎作品當中，發現除了提及閩客、原客的族群關係，也新添增了客家新住民的族關係議題，以下分項舉例說明。

〔註 11〕　資料來自客委會新聞稿 http://www.hakka.gov.tw/ct.asp?xItem=100308&ctNode =2162&mp=1&ps=（2010.10.22）。

〔註 12〕　資料來自大紀元報 http://www.epochtimes.com/b5/12/9/27/n3692752.htm（2012. 9.27）

1. 閩客關係

梁純綉的〈相惜〉，是以閩南媳婦嫁到客家家庭的經驗，說明起初和客家婆婆的相處不適應，後來因緣際會，讓她聽到一段婆婆向別人宣示她這媳婦的重要性，她才自此改變觀念和態度，和客家婆婆眞心的相惜相處。而果覺的〈桐話〉，是以去客庄邂逅一名客家男性，從客家男性帶領她欣賞客庄與桐花之美，還有過去從沒聽過的客家話經驗等，來描述她所看到的客家，以及比較客家和閩南族群的不同。

以上兩篇作品的例子，都是以閩南族群的角度，來看和客家族群的族群關係，可能因誤解而覺得不適應；也可能因爲不曾接觸過，而感覺到新奇。似乎客家人較不擅長將自己和其他族群的相處關係，轉換成作品內容，而讓過去的相關族群議題，只留在歷史的作品當中。而因爲文學獎的關係，讓這些和日常生活息息相關的閩客族群議題，透過他者之眼，留下紀錄。

2. 原客關係

曾秋仁的〈山茶花〉，以客語短篇小說的形式，描述南庄地區的拓墾史。作品中論及客家族群與原住民賽夏族的族群關係。

3. 新住民因素

黃秋菊的〈渡台 悲歌〉，提到來自印尼的客家人，雖然在印尼客家庄長大，也會說客家話，但是嫁到台灣後，被稱作新住民，不是客家人。顯然在台灣會被稱作客家人，是具有國族意涵的，而其他在台灣之外的客家人，在世界客家想像之下，以客家認同作爲維繫力量。因此，在〈渡台 悲歌〉中呈現的，是被排除在客家之外的哀傷，客家的認同也在此被凸顯。過去在作品中不彰顯的客家意識和認同，卻在論及與新住民的族群關係議題上，成爲不同於過去的書寫客家方式。

（二）客家運動

1. 還我母語運動

徐碧美特以〈歷史會記錄下這一日——記 1988.12.28.還我母語運動〉這首新詩，紀錄 1988 年的 12 月 28 日這一天。這是還我母語運動的日子，也是台灣客家文化復興運動的起點，喚醒了許多客家人的意識和認同，今日也才有機會透過文學獎爲這一天寫下紀錄。有別於過去多以客家女性、家鄉等寫作主題，徐碧美卻是以客家的還我母語運動當作是創作的主題，說明作者認

同運動發生的重要性，以及進一步成爲運動的繼承者。選擇以客家運動爲題材的作品，同時也是客家意識的展現。

2. 客語傳承

客家運動的發生，乃是因爲客語傳承遭受到打壓，因此當文學作品談論到關於客語、客家運動等題材，即可算是客家內容的一項。如郭鶴琳的〈勉鄉土語文教學〉、高之遠的〈母語漂流〉和李得福的〈打脈〉等，都在討論關於客語傳承，以及其對未來的期勉。

（三）社會時事議題

1. 自然災害

98 教育部閩客語文學獎，有兩篇不約而同反映當時的八八風災，分別是鍾麗美的〈問天〉、張捷明的〈山會帶恩轉屋〉，以客語書寫遭逢巨變的歷程，將自然災害的時事議題入文。

2. 人爲損害

鄒敦怜的〈洗火浴〉，是依據當時的社會新聞事件爲靈感，描述一名小女孩被丟進滾燙熱水的悲劇，以客語小說的形式，將事件以故事的方法呈現。另外添加各類媒體的報導，以及讀者、電視名嘴等的討論，更顯出其社會議題性。

另外一則歐陽嘉的〈天刑之花〉，是描寫樂生療養院中的客家「顛嬤」，回憶過去撿油桐子的歲月，將社會時事議題放到創作之中。而〈天刑之花〉的入選，也說明了評審委員對於桐花文學獎內容的詮釋，場景未必一定要在客家庄裡進行，也不見得一定要出現勤勞、硬頸的客家女性，或許這就是客委會期許當代客家文學內涵可以的廣度與走向。

3. 社會變遷

黃火盛的這篇〈從來無想著〉，過去沒想到的事情很多，也反映現代社會的科技文明日新月異，客家文化該如何隨著時代前進？

以上便是對於文學獎得獎作品內容的檢視，由現行徵文的條件、題材，到所反映出的新議題類別，觀察到客家文學內涵的改變。未來官方和民間力量的相互平衡，如何讓客家文學發展特色，與世界連結，未來的走向值得省思與展望。

第四節　本章小結

要了解現行發展的相關客家方面文學獎，選擇全國性的教育部母語文學獎，以及客委會桐花文學獎的得獎作品來看，書寫語體有客語和華語兩大類。教育部的相關母語獎，可依客語認證的五大腔調投稿，分別為海陸、四縣、大埔、詔安、饒平等腔調，而四縣腔還另分南部四縣腔和北部四縣腔。客委會的桐花文學獎則不限書寫語體，但內容需相關桐花和客家文化等。另外，由民間團體台灣客家筆會主辦的客語文學獎，對於投稿內容不拘，只要求使用客語創作，不限投稿地方和腔調。

桐花文學獎為人所議論的問題，在於不強調書寫語體，也沒刻意要求客家內容。母語文學獎和桐花文學獎的比較，猶如客語文學和客家文學的比較，雖然在使用語體上未必相同，但現階段來看，書寫客家的方向相同。因此，未來在發展上，兩者可以是互補之用。母語文學獎有豐富的客語詞彙；桐花文學獎則有豐富的客家文化意象和形象，共同豐富客家文學內容。

對於內容方面，依客家女性、客庄風土、回憶過往、主題故事、其他等題材分類。母語文學獎部分，在主題的分類上，發現回憶過往和故事類的主題，是作者偏好的選材。桐花文學獎部分，以客家女性為主題的分類，是較多作者選擇的題材；此外，桐花文學獎的桐花主題，當然也是較受青睞的選材。母語文學獎以回憶過往主題為重，而桐花文學獎則以客家女性較多，使用客語書寫，較為注重情感方面的表現，而使用華語書寫，對於具體形象的描寫則較為清楚。母語文學獎和桐花文學獎在客家的展現方面，作品出現大量關於客家食物的客家詞彙被使用，研究者認為是兩項文學獎目前所共同展現的客家文化形象，不過在客家食物之外的其他類別上，母語文學獎則是較桐花文學獎更凸顯客家庄的客家展現。

由近二十年的文學發展，可看到客家文學從被提出，到爭論定義和走向，經由各政府部門官方上的補助和執行，到民間已能自力發展客語文學獎的舉行。客家文學的內涵一直持續不斷變動著，也和客語文學有著相似又相異的發展路徑，透過不同時期的作家，豐富客家作品的內容，也由文學獎的發展中，看到新時代對於客家文學的再詮釋。

第七章　結　論

　　「客家文學」是以族群認同爲題材而發展的文學，但是「客家」的內容已是經歷多次的建構而來。若以「客家文學」爲本質存在的想法，把過去所有相關客家人的作品都歸納，便失去客家文學在特殊時空背景之下，於台灣發展出來的脈絡，也失去客家文學在台灣文學發展史上的意義。

　　因此本論文，除了細致將不同歷史情境下，對於相關「客」的內涵作區分、說明，也對「客家文學」如何在台灣出現提出分析，從最初的目的、意義，經歷不同年代的發展，也有不同的面貌形成。本研究以客家運動爲主軸，對應不同的時間，相關作家、出版的著作，來看當代客家文學的特色，以及未來可能發展的方向。

第一節　研究發現

　　本論文的研究發現，分爲以下五點說明：

一、「客家」的內涵迄今都在變動中

　　「客家」概念在台灣的形成，是經歷一次又一次的社會建構所來，而非既有、存在已久的。因爲現行使用的「客家」一詞，許多人會重新回過頭在歷史文獻中尋找，舉凡出現和「客」字相關的，都泛指客家。事實上，「客」字所對應的，並非全然今日客家之意，許多歷史文獻已能證明，這些非本籍即稱客的說法，和特定指涉使用客話人群的「客」，意義不同。甚至在清代文獻中所出現的「客子」等對象來源，指的是潮州府，並非今日多數台灣客家

人的祖籍地區。

　　清代台灣多的是使用粵人、閩人的概念，以祖籍認同的本貫主義爲主；日治時期的戶籍分類，則改採方言主義下的廣東人、福建人概念。也就是說，當時台灣的漢人，之所以會對閩、粵的祖籍分立在意，是因爲科舉制度的員額，是以籍貫來區分的，粵人、閩人的概念屬於祖籍地域之分。日治時期建立新的戶政體制，人民可由過去的祖籍認同或語言所屬，決定籍貫。而許多紀錄的資料顯示，日本統治者雖以福建人、廣東人等，看似依祖籍地的劃分，可是卻在二次大戰的戰場上，發現台灣的廣東人無法與中國的廣東人溝通。儘管官方爲了解人民語言所編輯的多種廣東語教材，事實證明廣東人的概念，乃是日本政府對於台灣使用客話的人群，從本貫主義轉向方言主義的描述。

　　清代文獻中，即使祖籍地同樣源自今日我們所熟知的客家地區，但在清代的台灣卻不被認爲是同類相屬之人；日治時期雖有廣東語分爲好幾種的認知，也只有相對於日本統治者的本島人、台灣人概念。處於日本殖民統治底下的台灣人，在當時並未建立如同今日對於「客家」的概念。直至二次大戰之後，國民政府將「客家」一詞由中國帶至台灣普遍化，「客家」的名稱在台灣出現，成爲台灣客話人群的名稱，台灣「客家人」的意義才首次全面和中國匯流。

　　沿襲至戰後，國民政府承繼日本的戶政資料，將本島人變成本省人，再由中原觀點，將本省漢人分爲閩南和客家。過去在台灣時而祖籍、時而語言意涵交錯的相關「客」名稱，從凌亂、各自表述，到統一成爲某群人的名字，是戰後才有的事。而這個統治者給予的名字，一直要到客家意識覺醒、還我母語運動之後，轉爲整個「客家」族群所要捍衛的名稱。

　　客家從原先個別的客家庄散居，到全台客家想像的產生，客家運動的展開，提供了動員的媒介。而客家在族群化之後，以「客家」爲名所進行的各類活動，都不同於過去到現在，於台灣社會中所產生的作用。這些作用和影響，也隨年代的不同，一直持續不斷的改變和發展，迄今尚未停止，如客家文學即是一例。

二、文學上的角力是客家族群爭取成爲台灣一員的方法

　　在戰後同爲方言地位的閩南語和客家語，事實上都面臨國語政策的壓

力，對於「台語」一詞原本不甚敏感，因爲當時除了國語之外，其他語言都是方言，即使被稱台語，也只代表是方言的一種。隨著戰後出生的一代、二代，逐漸忘卻母語怎麼說，讓本省人憂心的是文化的流失。因此隨著 1980 年代台灣社會的變遷，政治上的解嚴，客家人上街頭吶喊「還我母語」，要求廣電法的修改，爭取母語的權益。福佬人和客家人一樣，同爲國語政策下的受害者，當客家人和福佬人聯手對抗國家機器，卻發現總統元旦文告使用國語和福佬語雙聲，而福佬語又積極要求改名「台語」之時，一種被排除於台灣之外的焦慮感油然而生。客家運動除了要求還我母語之外，另一項訴求乃是抗議福佬沙文主義者，在公共場合肆意要求群眾只能說福佬話、聽福佬語，不尊重同爲國語壓迫下的客家聲音，卻要在公共場合繼續遭受福佬語的壓力。

　　1988 年開啓的客家文化復興運動，也喚起了客家意識，一批有志之士開始投入母語創作當中。特別是 1990 年代對於「台語」意涵之爭，也興起以「客家文學」來對抗福佬語爲中心的「台灣文學」。「客家文學」由最初想發展「客語」創作，但礙於能量尚且不足，因而發展爲以族群爲名的文學創作，以求發揮空間更爲寬廣。但既然一開始，客家文學是帶著挽救母語、對抗福佬中心的任務而產生，顯然客家人寄望透過文學的方法，來爭取一同參與台灣，和其他族群一同作爲台灣的主人。自客家運動宣告「新个客家人」概念開始，台灣客家人以根在台灣，不再遷徙、流浪，希望同爲台灣一員，不再只是「客」。成爲台灣一員的族群概念，已和過去相對土著而來的「客」字意涵截然不同，台灣客家人以過去客籍作家在文學史上光輝的表現，透過「客家文學」的發展，表達以文學參與的方法。

三、客家運動和客家文學的關係

　　還我母語運動，在 1988 年 12 月 28 日展開，除了抗議國語政策，讓客家話日漸流失，也對福佬沙文主義者表達不滿。客家人遭受母語被壓抑，又在主流場合被迫接受福佬語，文化、語言的雙重失落，自此展開客家文化復興運動，客家文學的出現，乃是爲了相對以福佬爲中心的台灣文學而言。

（一）許多客家作家和客家運動息息相關

　　鍾肇政出任台灣客家公共事務協會理事長，宣示「新个客家人」概念，希望客家鄉親共同爲台灣而努力。李喬隔年寫出〈客家人在臺灣社會的發

展〉，並出版《台灣運動的文化困局與轉機》，提出要客家人一同打造台灣新文化。這些在文壇享有聲譽的客家作家，投入客家運動行列，也使民眾注意到文學的介入社會，也將客家文學所發生的作用和影響，視爲是運動一部分。

（二）運動加強作家的客家意識

還我母語運動發生之前，許多作家並無強烈的客家意識，特別是居住在都會區的客家人，母語流失的情形嚴重。例如作家吳錦發，在還我母語運動之前，即已踏入文壇，作品中使用福佬語的情況明顯，但在運動之後，可以看到作品中的客家描述，以及客家語的使用。

作家的客家意識被加強之後，開始關心客庄的發展，書寫自己的家鄉，記錄傳統的客家文化。例如藍博洲，創作主題雖是要記錄在白色恐怖時期遇害的客庄青年，但是在文中，會特別介紹客家的「面帕粄」，連製作過程都詳細的描述下來。如果不是有強烈的客家意識使然，未必需要將客家特色的食物——粄條，特別爲文介紹，也不必在文中爲讀者解釋，爲何粄條又被稱作「面帕粄」。這些是在運動發生之後，出版的作品當中，可以觀察到的現象。

（三）運動促使作家投入客語創作

從客家還我母語運動開始，讓許多以往未曾注意到母語流失嚴重的客家人，紛紛投入客語創作。例如杜潘芳格、利玉芳和曾貴海等，便是受到客家運動影響，開始以「我手寫我口」的方式，紀錄母語的表現。

運動之前，許多作家以在文壇默默耕耘，可能以日語、華語或 Ho-lo 語書寫，但是在客家運動展開之後，重新學習以母語創作，積極投入客語創作的例子不少，尤其表現在客語詩的創作部分。

（四）吸納更多元的客家創作者

客家運動從 1988 開始展開，到了 2001 年，由中央成立了客家委員會，專辦客家一切事務，特別著重在保存母語的部分。意即 2000 年代開始，客家文學的發展，有很大的一部分是由客委會所主導。除了傳統認知的客家作家，客委會積極吸納具有客家身分的作家爲客家文學的一份子，例如受到文壇矚目的新生代作家甘耀明和鍾文音等，希望爲客家文學開啓更多元、寬廣的寫作視野。

四、客家文學之於客家族群的關係

（一）只要客家文學存在就代表客家族群存在

客家文學在今日顯得重要，尤其在舉辦了相關的客家文學獎之後。前行代作家一直居住在客家庄當中，書寫的都是自然流露的客家生活；1988 年之後受到運動啓發的中生代作家，因爲離開客庄，移居到都市，只能不斷回頭書寫家鄉，借過去的回憶來連結客家；2000 年之後的文壇新一代作家，直接得到運動後的果實，他們對於傳統的客庄生活只能憑藉想像和來自長輩們的口傳，但是他們依舊可以書寫客家。不同世代留下的客家書寫未必相同，可是藉由文學獎的得獎作品，卻可理解當代年輕一代由讀者轉換成作家身分的接受過程，同時也是對於過去文學定義的反省。

在遠離客庄的都市中無法呈現客家內容，但是藉著文學的描述，特殊主題和客家詞彙的保存，客家文學即是客家生活和文化的呈現，族群面貌可以被刻劃在作品當中。也就是說，即使完全使用客語，在現代都市之中，只是溝通工具，無法表現客家文化特色，只有回到客家庄，描寫建築、習俗、飲食、動植物等各類相關的客家詞彙，才能顯現客家。年輕一輩的客語書寫能力，和他們的口說能力息息相關，無法要求他們懂得那麼多的古諺俗語，只能簡單從桐花、擂茶等元素來認識客家，進而認同客家。從文學獎作品中，可以一直不斷看到客家族群被書寫，即使書寫的身影漸與過去不同，但也是當代所呈現的客家風格，不能一直將客家文學設定在建構定義者的想像當中。進到現代的客家，不可能一直停留在藍衫、大腳女子的印象裡，透過客家文學的不斷被書寫，那些特殊的客家詞彙如掛紙、伯公等，保留鮮明的客家文化意象，也就是客家族群一直能夠存在的證明。

（二）未來客家族群被書寫的特點

1. 主題以女性、家鄉爲主

過去很多人提到，客籍作家似乎擅長小說的寫作，特別是有關於台灣歷史的大河小說。確實，如鍾肇政的《濁流三部曲》、《台灣人三部曲》，和李喬的《寒夜三部曲》等，都是一時之選。不過依據評論者對於類似這些作品在客家方面的討論，主題以女性、家鄉爲多，例如分析鍾肇政、李喬筆下的客家女性意象；比較鍾理和、李喬作品中的家鄉、土地概念等等。同樣的作品，放在國族主義、台灣意識之下的討論，可能重於歷史、身分上面的變換；而

放到客家文化的討論上，如何呈現女性意象、描述客庄風土等主題，才是這些作品所展現的客家特色。

　　以兩大相關客家文學獎為例，由教育部舉辦的母語文學獎和客委會舉辦的桐花文學獎，取其得獎作品主題、內容分析，發現回憶過去的客庄生活和描寫客家女性的主題，是得獎作品常見的創作主題。在描寫客庄歷史方面，相對過去前行作家的作品，在當代不是主要的創作題材，顯見以客家女性、昔日客庄生活等書寫內容，是未來創作台灣客家文學很重要的特色。

　　另外，如杜潘芳格、利玉芳等女詩人，在其筆下的客家女性書寫可觀察到，在性別議題開放的今日，如果客家女作家以華語詩來書寫女性，可以大膽直言，挑戰性別議題；可是如果將書寫語體轉換成客語，則傳統客家女性堅毅、勤勞的形象則會躍然紙上。因此，客家女性的形象，是很鮮明的反應在文學作品上，為客家文學的一大特色。

2. 使用客家詞彙以客家食物為多

　　從教育部母語文學獎和客委會桐花文學獎的得獎作品作討論，使用母語為主的創作，以客家庄和客家食物的詞彙類別使用為多；使用華語為主的創作，客家食物詞彙的使用次數尤為突出。研究結果發現，現代的客家創作，喜好以客家食物來連結客家，也同時呼應對於客家文化形象的研究，以客家食物方面來表現當代客家族群的特色。

　　不管是客語書寫的母語文學獎，或是客、華語書寫的桐花文學獎，常出現的客家詞彙為「粢粑、紅粄、粄條、鹹菜」等，前三類是以米食做成的客家特色點心或主食；後一類則是客家人飯桌上常見的菜色。客家人是米食民族，同時也是醃漬民族，這些相關客家食物的客家詞彙，將整個族群文化點出。傳統客庄靠山，多為務農子弟，自然米食類的製成品種類繁多；而且也因為居住處靠山屬偏鄉，對外交通不易，所以一旦農作物採收，如果不馬上醃漬起來，食物即會腐壞。愛惜食物、不浪費的習慣，也形塑客家人向來勤儉的族群意象。例如鹹菜，新鮮採收時，可煮成「長年菜」；醃漬一段時日便成鹹菜；晾得更為乾燥的，稱為覆菜；最後陳年轉成黑色的，即稱為梅干，這些都是作品中常見的客家食物。

五、客語文學和客家文學展開不同的發展路徑

　　1990 年代，受限於母語流失，客家文化衰落，無法要求以母語來發展族

群文學。客家文學因爲可包含較寬廣的文學內涵，因此書寫客家族群的特色成爲發展文學的題材。2000 年代過後，觀察到以母語創作的風氣，已有逐漸穩定成長的態勢，遂出現「台灣客家筆會」團體，聚集一群愛好以母語創作者，並以《文學客家》季刊的方式發行，朝客語文學的道路發展。

至此，研究發現顯示客語文學和客家文學已展開不同的發展路徑。過去多認爲客語文學只是客家文學的一部分，理應包括在客家文學之下；不過在客語文學創作者的角度來說，客語創作的世界無限寬廣，客家議題是眾多題材中的其中一項，未必只受限於客家內容。

（一）客語文學是較不受爭議的客家文學

能使用客語創作者，通常爲客家人身分，就算非客家身分，因其已具備客語書寫的能力，可以稱之爲認同客語創作者。而客語本身，即爲呈現客家意識和內容的代表，因此在客家文學的討論上，是較不受爭議的部分，可免除因使用華語、不具客家身分和內容，是否能稱爲客家文學的疑慮。因此，現階段討論客語文學，會是較具共識的客家文學內容。

（二）客語文學創作不受限於客家內容

使用客語創作，謂之兼備意識和內容，符合構成客家文學的條件。也就是說，現階段發展的客語文學作品，不但是以母語的思考方式創作，同時也書寫客家生活的內容，是最理想的客家文學內涵。但是對於客語文學來說，使用母語是認同客家的展現，但是寫作的題材並非只能限定在客家，創作主題可以是武俠、科幻，書寫地點可以在荒漠、都會，寫作領域非常寬廣。因此，未來發展更成熟的客語文學，客語成爲表達的能力，卻不一定只在討論是否有客家意識、族群使命感等等，題材也不一定要受限在客家內容當中，和客家文學的發展途徑不同。

第二節 研究的侷限

本論文旨在研究客家文學在台灣發展的歷程，以「客家」名稱於台灣戰後始普遍使用爲起點，主要研究內容範圍在現代文學。以下說明各項研究侷限：

一、區域範圍

「客家」意涵在台灣生成的嬗遞，除了來自歷史、社會的演變，更有政

治上的因素。因此對於客家文學在台灣出現的特殊背景和發展脈絡作為研究，無法等同客家文學也具有在其他地區相同的發展背景和條件，更無法以其他地區的文學發展情形，類推台灣的發展現況。

二、對象範圍

本論文僅對客家文學在台灣的發展作討論，基於「客家」一詞乃是戰後才普遍在台灣出現的名詞，因此作品以戰後的現代文學為討論對象。選擇討論的作家作品是以各方共識下所認同的客家作家為主，再進行其作品與客家連結的討論。討論作品以華文為主，客語為輔，不囊括所有曾出版過的相關書籍和作家。

對於相關客家文學獎得獎作品，以全國性的教育部母語文學獎和桐花文學獎作為研究範圍，討論作品有華語和客語，以主題來分析當代客家文學的內容，也不包含台灣所有地區性的相關獎項。

三、發展範圍

客家文學的出現，最初乃是為了對應福佬中心的台灣文學而生，其本身並非先驗存在的已然事實。可是歷經台灣政治解嚴、客家文化復興運動的產生，客家文學已經成為持續發展中的文學，以族群為題材和文學內容。本論文梳理「客家」在台灣發展的脈絡，以進一步理解「客家文學」在台灣出現和發展的原因和目的，而當代進行創作的內容有趨向書寫客家女性、家鄉情感的特色，以及未來客家文學發展可能傾向要與世界客家作連結。全文僅能呈現較為概略、通則式的發展介紹，不涵括所有的文學例子和現象，也無法作類似鑽井式的深入探究。

直到今日，客家文學仍在不停與台灣社會對話、建構中，如何建置一套客家文學研究理論，讓相關客家探討議題可以更為深入，應是未來研究者的努力方向。

參考書目

一、中文文獻、文本

1. 大園庄役場（編），1985，《大園庄志》。台北：成文，頁 20。

2. 王甫昌，2011，〈福佬（或河洛）人〉，《台灣全志，卷三，住民志，族群篇》。南投：台灣文獻館。

3. 王瑛曾（編），1962，〈題義民效力議敘疏〉，《重修鳳山縣志》，臺灣文獻叢刊第 146 種。臺北：臺灣銀行經濟研究室。

4. 必麒麟（W. A. Pickering）（著），吳明遠（譯），1959，《老臺灣》。臺北：臺灣銀行經濟研究室，頁 97～98。

5. 甘耀明，2003，《神秘列車》。台北：寶瓶文化。

6. 甘耀明，2009，《殺鬼》。台北：寶瓶文化。

7. 江昀，2010，《曾文溪个歌聲》。華夏書坊

8. 行政院客家委員會，2010，《第 1 屆桐花文學獎得獎作品集》。臺北：行政院客家委員會。

9. 行政院客家委員會，2011，《第 2 屆桐花文學獎得獎作品集》。臺北：行政院客家委員會。

10. 行政院客家委員會，2011，《第 3 屆桐花文學獎得獎作品集》。臺北：行政院客家委員會。

11. 江嵐，2008，《阿婆个菜園》。台南：台南市立圖書館。

12. 利玉芳（著），彭瑞金（編），2010，《利玉芳集》。臺南：臺灣文學館。

13. 利玉芳，1996，《向日葵》。台南：台南縣立文化中心。

14. 吳濁流（著），黃玉燕（譯），2008，《亞細亞的孤兒》。高雄：春暉。

15. 吳錦發，1997，《流沙之坑》。台中：晨星。

16. 吳錦發，2005，《青春三部曲：閣樓、春秋茶室、秋菊》。台北：聯合文學。

17. 吳聲淼，2009，《大將無聲》。台北：客委會。

18. 李喬（編），1984，《七十二年短篇小說選》。台北：爾雅。

19. 李喬，1995，《臺灣我的母親》，台北：草根。

20. 李喬，1997，《寒夜三部曲》，台北：遠景。

21. 李喬，2000，《李喬短篇小說精選集》。苗栗：苗栗縣立文化中心。

22. 李喬，2005，《重逢夢裡的人》，台北：印刻。

23. 李喬、許素蘭、劉慧眞（編），2004，《客家文學精選集：小說卷》。台北市：天下遠見。

24. 李喬、許素蘭、劉慧眞編，2000，《客家文學精選集：小說卷》。台北：行政院客委會。

25. 李喬主編，2004，《台灣客家文學選集I》。台北：前衛出版社。

26. 李喬主編、龔萬灶客語改編，2004，《台灣客家文學選集II——小說》。台北：行政院客委會。

27. 李喬主編、龔萬灶客語改編，2004，《台灣客家文學選集I——詩散文》。台北：行政院客委會。

28. 杜潘芳格（著），劉維瑛（編），2009，《杜潘芳格集》。臺南：臺灣文學館。

29. 杜潘芳格，1990，《朝晴》。台北：笠詩社。

30. 杜潘芳格，1993，《青鳳蘭波》。台北：前衛出版社。

31. 杜潘芳格，1997，《芙蓉花的季節》。台北：前衛出版社

32. 周鍾瑄（修），1962，《諸羅縣志》，臺灣文獻叢刊第141種。臺北：臺灣銀行經濟研究室。

33. 林勤妹，2005，《戀戀大紅花：現代客語詩集》。苗栗：苗栗縣文化局。

34. 邱一帆，2001，《田螺》。台北：愛華出版社。

35. 邱一帆，2004《油桐花下个思念》。桃園：華夏書坊。

36. 邱一帆，2007，《山肚个暗夜》。苗栗：苗栗縣國際文化觀光局。

37. 邱一帆／龔萬灶，1999，《有影／阿啾箭入鄉》。苗栗：苗栗縣文化中心。

38. 邱彥貴，2011，〈客家人〉，《台灣全志，卷三，住民志，族群篇》。南投：台灣文獻館。

39. 范文芳，1998，《木麻黃的故事》。新竹：新竹縣文化中心。

40. 范文芳，1998，《頭前溪个故事》。新竹：新竹縣文化中心。

41. 張芳慈，2005，《天光日》。台北：台北縣文化局。

42. 張捷明，2009，《下課十分鐘》。桃園：華夏書坊。

43. 張捷明，2010，《一隻蟻公同細鴨子》。華夏書坊。

44. 張捷明，2010，《大目伯姆送信仔》。華夏書坊。

45. 教育部，2009，《用咱的母語寫咱的文學用恩兜个母語寫恩兜个文學創作獎作品集》。台北：教育部。

46. 教育部，2010，《98 年教育部臺灣閩客語文學獎作品集》。臺北市：教育部。

47. 彭瑞金（編），1991，《吳錦發集》，台北：前衛。

48. 彭瑞金（編），2009，《曾貴海集》，台南：國立台灣文學館。

49. 曾貴海，1999，《台灣男人的心事》。高雄：春暉。

50. 曾貴海，2000，《原鄉‧夜合》。高雄：春暉。

51. 曾貴海，2007，《曾貴海詩選 1966～2007》。高雄：春暉。

52. 黃恆秋，1990，《擔竿人生》。台北：愛華出版社。

53. 黃恆秋，1998，《見笑花》。台北：愛華出版社。

54. 黃恆秋，2002，《客家詩篇:客語詩集》。台北：愛華出版社。

55. 黃恒秋，2009，《客庄鄉音》。台北：客家台灣文史工作室。

56. 黃恆秋編，2001，《收冬戲》。台北：寶島客家廣播電台。

57. 馮喜秀，2001，《阿姆做個花》。屏東：屏東師範學院。

58. 黃榮落，1997，《台灣客家傳統山歌詞》。新竹：新竹縣文化中心。

59. 馮輝岳，1998，《第一打鼓》。台北：台灣麥克。

60. 馮輝岳，2010，《春天就在這》。小魯出版。

61. 葉日松（編），2010，《鋪衍，在縱谷的回音之間：試論葉日松的地景書寫》。臺中：文學街。

62. 葉日松，1997，《一張日曆等於一張稿紙》。花蓮：花蓮客屬會。

63. 葉日松，1998，《酒濃花香客家情》。台中：文學街。

64. 葉日松，2001，《客語現代詩歌選》。台北：武陵出版社。

65. 葉日松，2002，《鑊仔肚个飯比麼个都卡香》。台中：文學街。

66. 葉日松，2004，《台灣故鄉情》。花蓮：吉安鄉公所。

67. 葉日松，2006，《秀姑巒溪个人生風景》。花蓮：花蓮縣文化局。

68. 臺灣銀行經濟研究室（編），《台灣私法物權編──卷一》（台北：台灣銀行，台灣文獻叢刊第一五〇種，1963），頁 13。

69. 蔣師轍，1997，《台游日記──卷四》，台灣文獻叢刊第六種。南投：台灣省文獻委員會，頁 127。

70. 盧德嘉，1993，《鳳山縣采訪冊》，台灣文獻叢刊第七十三種。南投：台灣省文獻委員會，頁 13。

71. 蕭新煌、潘英海、王甫昌、邱彥貴、李廣均、王宏仁、張翰璧（合著），2011，《台灣全志，卷三，住民志，族群篇》。南投：台灣文獻館。

72. 鍾振斌，2009，《阿兵哥，入來坐》。六堆文化傳播社。

73. 鍾理和，1984，《雨》。台北：遠景。

74. 鍾理和，1993，〈山火〉。頁 70，出自《故鄉四部》。高雄：派色。

75. 鍾理和，1993，〈親家與山歌〉。頁 91～104，出自《故鄉四部》。高雄：派色。

76. 鍾理和，1995，《笠山農場》。高雄：派色。

77. 鍾理和，2005，《假黎婆》。台北：遠流。

78. 鍾肇政（編），1994，《客家台灣文學選》第一、二冊，台北：新地文學。

79. 鍾肇政，1975，《插天山之歌》。台北：志文。

80. 鍾肇政，1993，《台灣人三部曲》。台北：遠景。

81. 鍾肇政，1993，《濁流三部曲》。台北：遠景。

82. 鍾肇政，1997，《怒濤》。台北：草根。

83. 藍博洲，2002，《藤纏樹》。台北：印刻。

84. 藍博洲，2004，《紅色客家庄：大河底的政治風暴》。台北：印刻。

85. 藍鼎元，1958，〈粵中風聞臺灣事論〉。頁 51～52，收於《平臺紀略》，臺灣文獻叢刊第 14 種。台北：台灣銀行。

86. 羅秀玲，2010，《相思落一地泥》。台北：唐山出版。

87. 龔萬灶、黃恆秋，1995，《客家台語詩選》。台北：客家台灣雜誌社。

二、中文專書

1. 小森陽一（著），熊文莉（譯），2002，〈「文學」和民族主義〉，頁 333～341。收於賀照田編的《東亞現代性的曲折和展開》。吉林：人民出版社。

2. 王幼華，2008，〈客家族群的定位與文學史撰述〉，《考辯與詮說——清代台灣論述》。台北：文津。

3. 王甫昌，2003，《當代台灣社會的族群想像》。台北：群學。

4. 台灣客家公共事務協會（編），1998，《新个客家人》。台北：臺原。

5. 朱立元，1989，《接受美學》。上海：上海人民。

6. 朱立元，2004，《接受美學導論》。安徽：安徽教育。

7. 朱眞一，2004，〈看台灣文學寫台美人文學〉。台北：客家雜誌社。

8. 米歇・傅柯（著）、王德威（譯），1993，〈導讀一：淺論傅柯〉。頁 29，

收於《知識的考掘》。台北：麥田。

9. 吳密察，1997，〈「歷史」的出現〉。頁 9～12，收於《臺灣史研究一百年：回顧與研究》。臺北：中央研究院臺灣史研究所籌備處。

10. 吳叡人，1999，〈認同的重量：《想像的共同體》導讀〉。頁 V～XXV，收入班納迪克‧安德森《想像的共同體：民族主義的起源與散布》。台北：時報文化。

11. 呂正惠，1992，《戰後台灣文學經驗》。台北：新地文學。

12. 李文良，2011，《清代南臺灣的移墾與「客家」社會（1680～1790）》。臺北：臺灣大學出版中心。

13. 李亦園，1985，《信仰與文化》。台北：巨流圖書。

14. 李喬，1991，〈客家人在臺灣社會的發展〉。頁 33～40，收於臺灣客家公共事務協會編，《新个客家人》。台北：臺原。

15. 李喬、許素蘭、劉慧眞（編），2004，〈客家文學、文學客家〉序。頁 2，出自《客家文學精選集：小說卷》。台北：天下遠見。

16. 阮斐娜（Faye Yuan Kleeman）（著），吳佩珍（譯），2010，《帝國的太陽下：日本的台灣及南方殖民地文學》。台北：麥田。

17. 周婉窈，2003，〈台灣人第一次的「國語」經驗——析論日治末期的日語運動及其問題〉。收錄於《海行兮的年代——日本殖民統治末期台灣史論集》。台北：允晨。

18. 林文龍，1999，《台灣的書院與科舉》，頁 5～10。台北：常民。

19. 林偉盛，1993，《羅漢腳：清代台灣社會與分類械鬥》。台北：自立晚報。

20. 邱一帆，2011，〈客家文學創作同文化——從客語詩歌意象个追尋談起〉，頁 54。收於《2011 當代客家文學》，台灣客家筆會。

21. 邱一帆，2012，《族群、語言、文學——客語詩歌文學論集》。苗栗：桂冠。

22. 邱一帆，2012，《詩人、語言、詩歌——客家作家吳濁流的詩歌表現》。苗栗：桂冠。

23. 金元浦，1998，《接受反應文論》，濟南：山東教育。

24. 邱彥貴，2007，〈福佬客篇〉。頁 68～69，出自於徐正光（編），《台灣客家研究概論》。台北：台灣客家研究學會。

25. 邱彥貴、吳中杰，2001，《台灣客家地圖》。台北：貓頭鷹，頁 29。

26. 邱春美，2007，《客家文學導讀》。台北：文津。

27. 施正鋒，2001，〈正名運動與民族認同的建構〉，收錄於《新世紀智庫論壇》第 19 期。台北：財團法人陳隆志新世紀文教基金會。

28. 施添福，1987，《清代在台漢人的祖籍分布和原鄉生活方式》，頁 157。

台北：國立台灣師範大學地理學系。

29. 胡紅波，2011，〈文學中的客話和文化〉。頁 5，收於《2011 當代客家文學》。台北：台灣客家筆會。

30. 徐正光（編），2007，《台灣客家研究概論》。台北：客委會。

31. 徐正光，1991，〈塑造台灣社會新秩序〉。收於序言，《徘徊在族群與現實之間》。台北：正中書局。

32. 徐貴榮，2012，〈客家文學語言之使用試論〉。頁 12～17，收於《2012 當代客家文學》。台北：台灣客家筆會。

33. 張廷琛編，1989，《接受理論》。四川：四川文藝。

34. 張恆豪，2012，〈從高音獨唱到多元交響「吳濁流學」的接受過程〉，p67～93，收於《台灣現當代作家研究資料彙編 2──吳濁流》。台南：台灣文學館。

35. 張恆豪編，2012，《台灣現當代作家研究資料彙編 2──吳濁流》。台南：台灣文學館。

36. 張茂桂，1995，〈「去魅」族群問題──多面向理解與歷史思考〉。頁 182～183，收於蕭新煌主編，《敬告中華民國──給跨世紀台灣良心的諍言》。台北：日臻。

37. 張茂桂，1997，〈台灣的政治轉型與政治的「族群化」過程〉。頁 37～70，收於施正鋒主編《族群政治與政策》。台北：前衛。

38. 張茂桂，2003，〈族群關係〉。頁 216，收入王振寰、瞿海源主編，《社會學與台灣社會》。台北：巨流。

39. 張誦聖，2001，《文學場域的變遷：當代台灣小說論》。台北：聯合文學。

40. 教育部，1994，《國民小學鄉土教學活動課程標準》。台北：教育部。

41. 教育部，2001，《國民中小學九年一貫課程暫行綱要》，頁 34～48。台北：教育部。

42. 章國鋒，1993，《文學批評的新範式──接受美學》。中國：海南。

43. 許智香，2007，〈品格、品格教育的意涵與範疇〉。頁 141～157，收於《教育策略與品格教育》。花蓮：慈濟大學師資培育中心。

44. 陳君愷，2006，《狂飆的年代：1920 年代台灣的政治、社會與文化運動》。台北：日創社。

45. 陳其南，1987，《台灣的傳統中國社會》，頁 114。台北：允晨文化。

46. 陳建忠，〈後戒嚴時期的後殖民書寫〉，2003，陳萬益編，《大河之歌──鍾肇政文學國際學術會議論文集》，桃園：桃園縣文化局。

47. 陳國偉，2007，《想像台灣──當代小說中的族群書寫》。台北：國立編譯館。

48. 陳康宏，2004，〈台灣客家運動的精神領袖——鍾肇政〉，收於《鍾肇政全集·八十大壽紀念文集（下）》、大河之歌：鍾肇政文學國際學術會議論文集》。桃園：桃園縣文化局。

49. 陳萬益，1993，發表於「客家文學的可能性與限制」座談會。頁 43，（1990，客家雜誌社舉辦）原文刊登在《客家雜誌》1990，2 月第二期，後收錄在黃子堯主編《客家台灣文學論》。台北：愛華。

50. 陳運棟，1998，《台灣的客家人》。台北：臺原。

51. 彭文正，2009，《客家傳播理論與實證》，頁 189。台北：五南出版社。

52. 彭欽清，1993，發表於「客家文學的可能性與限制」座談會。頁 47，（1990，客家雜誌社舉辦）原文刊登在《客家雜誌》1990，2 月第二期，後收錄在黃子堯主編《客家台灣文學論》。台北：愛華。

53. 彭欽清、黃子堯，2007，〈文學篇〉。頁 337～361，收在徐正光（編），《台灣客家研究概論》。台北：行政院客委會&台灣客家研究學會。

54. 彭瑞金，1991，〈客家文學的黃昏〉。頁 191～3，收錄於客家公共事務協會編《新的客家人》。台北：台原。

55. 彭瑞金，1993，〈台灣客家文學的可能性及其以女性為主導的特質〉。頁 80～102，收於黃恆秋（編），《客家台灣文學論》。台北：客家台灣文史工作室。

56. 彭瑞金，1993，〈從族群特性看客家文學的發展〉。頁 23～41，收於《客家台灣文學論》。台北：客家台灣文史工作室。

57. 彭瑞金，1995，《台灣文學探索》。台北：前衛出版社。

58. 彭瑞金，1996，《文學隨筆》。高雄：高雄市立中正文化中心。

59. 彭瑞金，1999，〈序言〉，收於《李喬短篇小說全集 10——資料彙編》。苗栗：苗縣文化。

60. 彭瑞金，2000，〈遞變中的臺灣客家社會與「客家文學」〉。頁 19～37，收入彭瑞金《驅逐迷霧 找回祖靈：台灣文學論文集》。高雄：春暉。

61. 彭瑞金，2006，〈台灣客家作家作品裡的土地三書——笠山農場、滄溟行與寒夜〉。收於彭瑞金《台灣文學史論集》。高雄：春暉。

62. 彭瑞金，2010，〈解說〉。頁 107，收於彭瑞金編，《利玉芳集》。臺南：臺灣文學館。

63. 彭瑞金編，2012，《台灣現當代作家研究資料彙編 14——鍾肇政》。台南：台灣文學館。

64. 彭瑞金編，2012，《台灣現當代作家研究資料彙編 27——李喬》。台南：台灣文學館。

65. 黃宣範，1993，《語言、社會與族群意識——台灣語言社會學的研究》。台北：文鶴。

66. 黃恆秋，1993，《客家台灣文學論》。台北：愛華。

67. 黃恆秋，1998，《台灣客家文學史概論》。台北：客家台灣文史工作室。

68. 黃恆秋，2001，《台灣客家文藝作家作品目錄》。台北：客家台灣文史工作室。

69. 楊昇展，2010，《南瀛客家族群誌》。台南：台南縣政府。

70. 楊國鑫，1993，《台灣客家》。台北：唐山。

71. 楊莉萍（著），2006，《社會建構論心理學》。上海：上海教育。

72. 楊傑銘，2013，〈論鍾理和文化身分的含混與轉化〉。收於應鳳凰編的《台灣現當代作家研究資料彙編 11——鍾理和》。台南：台灣文學館。

73. 葉石濤，1987，〈論龍瑛宗的客家情結〉。頁 1～6，收入龍瑛宗著，《杜甫在長安》。台北：聯經。

74. 葉石濤，1993，〈客屬作家〉。頁 121～122，收於黃恆秋編的《客家台灣文學論》。苗栗：苗栗縣立文化中心。

75. 劉克明，1919，《廣東語集成》。臺北：新高堂發行。

76. 歐宗智，2002，〈傳統客家女性的堅忍形象——談「寒夜三部曲」的燈妹〉，出自《走出歷史悲情：台灣小說評論集》。台北：台北縣文化局。

77. 蕭阿勤，2010，《回歸現實：台灣 1970 年代的戰後世代與文化政治變遷》。台北：中研院社研所。

78. 蕭新煌，1996，〈台灣新興社會運動的分析架構〉。收於徐正光、宋文里（編），《台灣新興社會運動》。台北：巨流。

79. 蕭新煌，2002，《台灣社會文化典範的轉移》。台北：立緒文化。

80. 錢鴻鈞，2005，〈客家台灣文學網站——鍾肇政的作家導讀〉。頁 257～279，收於《台灣文學的萬里長城：鍾肇政六百萬書簡研究》。

81. 應鳳凰（編），2004，《鍾理和論述一九六〇～二〇〇〇》。高雄：春暉出版社。

82. 應鳳凰編，2012，《台灣現當代作家研究資料彙編 11——鍾理和》。台南：台灣文學館。

83. 鍾怡彥，2003，〈鍾理和「故鄉四部」版本比較研究〉，收於文訊雜誌社（編），《第七屆青年文學會議論文集》。台北：文訊。

84. 鍾肇政，1994，〈客家文學的界說〉。頁 1～2，收於《客家台灣文學選》。台北：新地。

85. 鍾肇政，2004，〈這就是典型客家人——硬頸文學家——吳濁流〉。頁 97～101，收於《鍾肇政全集·隨筆 2》。桃園：桃園縣文化局。

86. 鍾肇政，2004〈時代脈動裡的台灣客籍作家——沉鬱內斂的鍾理和〉。頁 29～30，收於《鍾肇政全集·隨筆 2》。桃園：桃園縣文化局。

87. 鍾鐵民，2007，〈客家文學淺談〉。頁 42～44，收錄於高雄縣國民中小學鄉土語言師資培訓班研習手冊。

88. 鍾鐵民，2013，〈文學、電影與客家〉。頁 67～79，收於《鍾鐵民全集 7・散文卷（三）》。高雄：高雄文化局。

89. 羅香林，1992，《客家研究導論》。台北：南天。

90. 羅肇錦，1992，〈找不到定位的符號——台灣話〉。收錄於龔鵬程（編），《1991 文化評論》。台北：三民書局。

91. 羅肇錦，1993，〈何謂客家文學〉。頁 9，收錄於黃恒秋（編），《客家台灣文學論》。台北：愛華。

92. 羅肇錦，2000，〈「漳泉鬥」的閩客情結初探〉，收於《台灣歷史與文化（三）》，古鴻廷、黃書林（合編），東海大學通識教育中心（六）。台北：稻鄉，頁 17～3。

93. 羅肇錦，2007，〈序〉。頁 4，收錄於邱春美（編），《客家文學導讀》。台北：文津。

三、報紙、期刊雜誌、研討會

1. 王世慶，1972，〈民間信仰在不同祖籍移民的鄉村之歷史〉，《台灣文獻》3（23）：1～38。

2. 王甫昌，2008，〈台灣族群分類概念與內涵的轉變，台灣的新舊族群議題〉，宣讀於「2008 年台灣社會學會年會：解嚴二十年台灣社會的整合與分歧」。（2008.12.13～14）。

3. 王甫昌，2013，〈台灣弱勢族群意識發展之歷史過程考察〉，《台灣文學研究》4：64。

4. 丘昌泰，2005，〈台灣客家族群的自我隱形化行為：顯性與隱性客家人的語言使用與族群認同〉。發表於「全國客家學術研討會——學術定位、社會脈絡與經驗探索」。桃園：中央大學客家學院，2005 年 5 月 26～27 日。

5. 台灣客家筆會，2010，〈發刊詞：大家來用客話寫文學〉，《文學客家》創刊號。

6. 張捷明，2012，〈真客語假桐花〉，《文學客家》11：101。

7. 向陽，2011，〈文學補助的「靜」與「動」〉，《藝文風向球 2011 年度國藝會補助觀察座談會委員觀察報告》。台北：國藝會。

8. 朱真一，2004，〈看台灣文學寫台美人文學〉。《客家雜誌》9。

9. 吳雅蓉，1997，〈鍾理和短篇小說所呈現的客家文化特質〉，第十四屆中區中文系研究生學術論文研討會。嘉義：國立中正大學中國文學研究所。

10. 李文良，2003，〈清初台灣方志的「客家」書寫及社會相〉，《台大歷史學報》31：141～168。

11. 李梁淑，2007，〈鍾鐵民作品的時代意義和價值〉。《人文資源研究學報》1（1）。

12. 周錦宏（編），2002，《第二屆台灣客家文學學術研討會論文集》，苗栗縣文化局。

13. 苗栗縣政府，2003，《第三屆台灣客家文學學術研討會論文集》，苗栗縣文化局。

14. 周錦宏、羅肇錦、陳運棟（編），2001，《第一屆台灣客家文學學術研討會論文集》，苗栗縣文化局。

15. 林美容，1990，〈族群關係與文化分立〉，《中研院民族所集刊》69：93～106。

16. 東海客，1998，〈爭與不爭──評『台語與台灣的語言〉，《客家雜誌》97。

17. 林珮淳、范銀霞（2004）。從數位藝術探討互動觀念、媒介與美學。國立台灣藝術大學《藝術學報》74：99～111。

18. 邱德煌，1996，〈台灣不會說台語〉，《客家雜誌》68：58～59。

19. 客家雜誌，1992，〈社論："台語"正解〉。《客家雜誌》29：1。

20. 客家雜誌，1999，〈社論：加速推動客語爲『法定語言』──響應『台語法定地位促進會』成立〉。《客家雜誌》106：1。

21. 施添福，1998，〈從台灣歷史地理的研究經驗看客家研究〉，《客家文化研究通訊》創刊號：2。

22. 施添福，2011，〈從「客家」到客家：一個族群稱謂的歷史性與地域性分析〉，中央研究院臺灣史研究所第三屆「族群、歷史與地域社會」學術研討會附錄，（2011.09.23～24）。

23. 施添福，2013，〈從「客家」到客家（一）：中國歷史上本貫主義戶籍制度下的「客家」〉。《全球客家研究》1：1～56。

24. 施添福，2014，〈從「客家」到客家（二）：粵東「Hakka‧客家」稱謂的出現、傳播與蛻變〉。《全球客家研究》2：1～114。

25. 胡洪波，1999，〈鍾肇政兩套三部曲裡的山歌、採茶和民俗語言〉。選自《福爾摩莎的文豪──鍾肇政文學會議論文集》。台北：眞理大學台灣文學系。

26. 涂瑞儀，2010，〈二十年來台灣「客家文學」ke歷史論述」，《文學客家》創刊號（1）。

27. 莊華堂，2003，〈「客家」與「土地」認同──論戰後客籍小說作家筆下的鄉愁（笠山農場、故鄉四部部分）〉，「客家文學研討會」。台北：台灣客家公共事務協會、台北市客家公共事務協會。

28. 許素蘭，2006，〈山歌‧荼樓‧青色洋巾──鍾理和小說鍾的客家意象〉。《新活水》9：54～60。

29. 陳昌明，2013，〈近十年台灣小說發展觀察報告〉，《2013 藝文風向球年度補助觀察座談會》。台北：國藝會。

30. 陳建忠，2003，〈後戒嚴時期的後殖民書寫〉。收於陳萬益（編），《大河之歌——鍾肇政文學國際學術會議論文集》。桃園：桃園縣文化局。

31. 陳春聲，2006，〈地域認同與族群分類：1640～1940 年韓江流域民眾「客家觀念」的演變〉，《客家研究》創刊號：57。

32. 陳秋鴻，1992，〈再談語言無罪〉。《客家雜誌》25：16～17。

33. 陳秋鴻，1992，〈新客家人的條件〉。《客家雜誌》22：42～47。

34. 陳培豐，2011，〈鄉土文學、歷史與歌謠：重層殖民統治下台灣文學詮釋共同體的建構〉，《台灣史研究》18（4）：109～104。

35. 陳萬益，1988，〈母親的形象和象徵《寒夜三部曲》初探〉，收於「第一屆當代中國文學國際學術會議」。新竹：清華大學中文所。

36. 陳麗華，2011，〈談泛台灣客家認同——1860～1980 年代台灣「客家」族群的塑造〉，《台大歷史學報》48：1～49。

37. 彭瑞金，1991，〈客家文學的黃昏〉。頁 191～3，收錄於客家公共事務協會（編），《新的客家人》。台北：台原。

38. 彭瑞金，2000，〈遞變中的台灣客家社會與「客家文學」〉。頁 22，收於彭瑞金（編），《台灣文學論文集》。高雄：春暉。

39. 彭瑞金，2002，〈台灣客家作家作品裡的土地三書——《笠山農場》、《滄溟行》與《寒夜》〉，宣讀於「客家文學研討會」（2002.6）。

40. 彭瑞金，2004，〈從客語詩看客家文學與文化的互動〉，宣讀於「文本的世界：敘述如何形成歷史國際學術研討會」（2004.10）。

41. 彭瑞金，2004，〈鍾理和筆下的客家意象〉，《台灣文學館通訊》6。

42. 飯島典子，2008，〈19 世紀傳教士眼中的「客家人」〉，《客家與多元文化》（東京）4：29～37。

43. 黃森松，1991，〈莫從蔣家選民淪為時代櫟——台灣客家四十年來地方政治優勢地位面臨考驗與挑戰〉，《客家》21：16～21。

44. 黃靖嵐，2010，〈文學旅遊？從閱讀文學帶動地方旅遊談鍾肇政自傳小說《濁流三部曲》〉。收於 2010 台灣旅遊文學暨文化旅遊學術研討會論文集。路竹：高苑科技大學。

45. 黃靖嵐，2011，〈閩南的客家人：談台灣雲林地區崙背、二崙「詔安客」的族群認同與轉變〉，「2011 年南台灣歷史與文化學術研討會」，2011.6.9。高雄：自然史教育館。

46. 黃漢欽，1975，〈一部以客家文學為主體的大時代文學創作《沉淪》評介〉。《中原月刊》140～141：5。

47. 廖玉蕙，2012，〈看見文學的繁花盛景〉，《藝文風向球 2012 年度【文學類】補助委員觀察報告》。台北：國藝會。

48. 熊姿婷，2004，〈客籍作家的女性書寫——以吳濁流亞細亞的孤兒與鍾理和貧賤夫妻爲例〉，第 4 屆客家文學研討會。苗栗：苗栗縣政府。

49. 齊邦媛，1989，〈寫給土地的家書——讀李喬寒夜三部曲〉，《台灣春秋》1（12）。

50. 劉俊斐，1995，〈「政治共同體」的塑造與重整——兼談國家認同教育之政策方向〉。《國教園地》53、54：11～18。

51. 劉鎭發，1996，〈母語情結 VS 無語情結〉，《客家雜誌》69：24～26。

52. 潤庵生，1991，〈南清遊覽紀錄（五）〉，《漢文臺灣日日新報》，1911 年 1 月 21 日，第 1 版。

53. 蔣淑貞，2006，〈反抗與忍從：鍾理和與龍瑛宗的「客家情結」之比較〉，《客家研究》1（2）：1～41。

54. 鄭清文，1991，〈探索台灣人的原型〉。《新地》2（2）：197～203。

55. 黎淑惠，2003，〈客家人與福佬族群的互動——從福佬客談起〉，《白沙人文社會學報》2：239。

56. 賴芳伶，2012，〈人文關懷與邊緣探索〉，《藝文風向球 2012 年度【文學類】補助委員觀察報告》。台北：國藝會。

57. 錢鴻鈞，2009，〈吳濁流作品下的哈姆雷特形象與客家性格初探，收於《吳濁流學術研討會論文集》。新竹：新竹縣文化局。

58. 鍾秀梅，2013，〈台灣弱勢族群意識發展之歷史過程考察〉的與談與回應，《台灣文學研究》4：80。

59. 鍾佩玲，2003，〈從魯冰花尋找客家台灣人的根——一位海外台灣人的觀點〉。收於陳萬益主編，《大河之歌：鍾肇政文學國際學術會議論文集》。桃園：桃園縣文化局。

60. 鍾怡彥，2001，〈鍾理和中篇小說〈雨〉中的客語特質〉，《台灣客家文學研討會論文集·第一屆》。苗栗：苗栗縣文化局。

61. 鍾怡彥，2003，〈鍾理和客家諺謠的運用〉，《台灣客家文學研討會論文集·第二屆》。苗栗：苗栗縣文化局。

62. 鍾鐵民，1992，〈鍾理和筆下的客家女性〉，收於《六堆風雲》雜誌。

63. 鍾鐵民，2006，〈客家文學導論〉。頁 52，收錄於屏東縣六堆地區客家大專青年愛鄉聯誼活動研習手冊。

64. 鍾鐵民，2007，〈客家文學淺談〉。頁 97，收錄於高雄縣國民中小學鄉土語言師資培訓班研習手冊。

65. 羅能平，1996，〈國家認同與族群問題的另一種觀點〉。《客家雜誌》74：

46。

66. 羅肇錦，1992，〈找不到定位的符號——台灣話〉。收錄於龔鵬程（編），
《1991 文化評論》。台北：三民書局。

四、學位論文

1. 王志仁，2009，《台灣客家小說移民書寫之探究——以吳濁流、鍾理和、
鍾肇政、李喬作品為例》。高雄：國立高雄師範大學客家文化研究所碩士
論文。

2. 王淑雯，1994，《大河小說與族群認同：以《臺灣人三部曲》、《寒夜三部
曲》、《浪淘沙》為焦點的分析》。台北：國立臺灣大學社會學研究所碩士
論文。

3. 王慧芬，1999，《台灣客籍作家長篇小說中的人物的文化認同》。台中：
東海大學中國文學系碩士論文。

4. 余昭玟，2002，《戰後跨語一代小說家及其作品研究》。台南：國立成功
大學中國文學系博士論文。

5. 吳蕙珍，1994，《族群關係之研究：兼論中山先生處理民族問題之理念》。
台北：國立台灣師範大學三民主義研究所碩士論文。

6. 李玉華，2005，《台灣原住民文學的發展歷程與主體意識的建構》。台中：
逢甲大學中國文學系碩士論文。

7. 林惠珊，2010，《客家文學中的女性形象與主體敘事》。高雄：國立高雄
師範大學客家文化研究所。

8. 林詩偉，2005，《集體認同的建構：當代台灣客家論述的內容與脈絡分析
（1987～2003）》。台北：國立台灣大學國家發展研究所碩士論文。

9. 邱一帆，2005，《台灣客籍作家吳濁流在詩歌表現上的困境》，新竹：國
立新竹教育大學台灣語言與語文教育研究所碩士論文。

10. 施俊州，2010，《語言、體制、象徵暴力：前運動時期台語文學 kap 華語
文學關係研究》。台南：國立成功大學台灣文學系博士論文。

11. 唐聖美，2002，《清代閩粵與台灣地區械鬥之比較》。台中：東海大學歷
史學系碩士論文。

12. 徐聖筑，2006，《越南籍配偶眼中的閩客族群意象》。桃園：國立中央大
學社會文化研究所碩士論文。

13. 張汝芳，2010，《緣起緣滅——台灣眷村文學「聚散」主題之探析》。花
蓮：國立東華大學美崙校區中國語文學系。

14. 張典婉，2002，《台灣文學中客家女性角色與社會發展》。台北：世新大
學社會發展研究所碩士論文。

15. 張顯榮，2008，〈重新定義「台語」——客家人對「台語」名稱的態度分

析〉。台東：國立臺東大學語文教育學系碩士論文。

16. 陳素宜，2007，《發現客家身影——從「九歌現代兒童文學獎」看台灣現代少年小說中的客家文化現象。台東：國立台東大學兒童文學研究所碩士論文。

17. 陳國偉，2006，《解嚴以來（1987～）台灣現代小說中的族群書寫》。嘉義：國立中正大學中文研究所博士論文。

18. 曾有欽，2011，《「我寫故我在」——當代台灣原住民文學發展與內涵》。台南：國立台南大學台灣文化研究所碩士論文。

19. 黃琦君，2002，《李喬文學作品中的客家文化研究》。新竹：國立新竹師範學院台灣語言與教育研究所碩士論文。

20. 黃靖嵐，2008，〈東部客家？花蓮玉里兩個客家社區的族群關係與認同之研究〉。桃園：國立中央大學客家社會文化所碩士論文。

21. 楊素萍，2010，《李喬「寒夜三部曲」之客家女性形象研究——以葉燈妹為核心》。台中：國立中興大學台灣文學研究所碩士論文。

22. 楊嘉玲，2001，《台灣客籍作家文學作品改編電影研究》。台南：國立成功大學藝術研究所碩士論文。

23. 劉佳欣，2009，《曾貴海詩作中的族群與土地》。嘉義：國立中正大學台灣文學研究所碩士論文。

24. 劉奕利，2005，《台灣客籍作家長篇小說中女性人物研究——以吳濁流、鍾理和、鍾肇政、李喬所描寫日治時期女性為主》，高雄：國立高雄師範大學國文學系碩士論文。

25. 潘錦忠，2013，《台灣客家文學之研究——以新文化史的角度為中心》。桃園：國立中央大學客家研究所碩士在職專班論文。

26. 賴奕茹，2010，《客家特質在文化商品上的轉化與應用》。台北：國立台灣科技大學設計研究所碩士學位論文。

27. 羅秀玲，2009，《《鍾理和全集》之客語詞彙研究》。新竹：國立新竹教育大學台灣語言與語文教育研究所碩士論文。

五、影像與網站資訊

1. 台灣客家文學館，2012a，作家身影及作品照片 http://literature.ihakka.net/hakka/author/wu_zhuo_liu/wo_author/。取用日期：2012.6.8

2. 台灣客家文學館，2012b，作家生平年表 http://cls.hs.yzu.edu.tw/hakka/author/wu_zhuo_liu/default_year.htm。取用日期：2012.6.8

3. 客家數位圖書館，網址：http://hakkalib.ncl.edu.tw/search/search_result.jsp。取用日期：2012.6.11

4. 當代客家文學史料系統，網址：http://muse.lib.ncku.edu.tw:8080/SSO/

ResourceStation/pages/resourceUserMore.jsp?nId=864。取用日期：2012.6.
10。

六、外文文獻

1. 〔日〕小川琢治，1896，《臺灣諸島志》。臺北：成文出版社，頁 167～
   168。

2. 〔日〕志波吉太郎，1915，《廣東語會話篇》。臺北：臺灣日日新聞社。

3. 〔日〕河野登喜壽（編），1933，《廣東語の研究》。新竹：新竹州警察文
   庫。

4. 〔德〕Hans Robert Jauss、〔美〕Robert C. Holub（著），周寧、金元浦
   （譯），1987，《接受美學與接受理論》。瀋陽：遼寧人民。

5. 〔德〕Wolfgang Iser（著），周寧、金元浦（譯），1991，《閱讀活動——
   審美反應理論》。北京：中國社會科學。

6. Anderson, Benedict（著）、吳叡人（譯），1999，《想像的共同體：民族主
   義的起源與散布》。台北：時報文化。

7. Berger, Peter L & Luckmann, Thomas, 1966, The Social Construction of
   Reality: A Treatise in the Sociology of Knowledge. N.Y.: Doubleday.

8. Boulding, Kenneth E., 1956, The image: Knowledge in life and society. Ann
   Arbor: University of Michigan Press.

9. Brockman , John （著），李幼蒸（譯），1987，《結構主義：莫斯科—布拉
   格—巴黎》。北京：商務印書館。

10. Brockman, John（著），李幼蒸（譯），1987，《結構主義：莫斯科—布拉
    格—巴黎》。北京：商務印書館。

11. Holsti, O.R., 1969, Content analysis for the social sciences and humanities.
    Reading, MA: Addison-Wesley.

12. Kallen, H. M. ,1915, Democracy versus the melting pot. In The nation.

13. Lau, Wai-Ling& Mok, Helen Wa, 2001.Senate Committee on Teaching
    andLearning Quality, and Center for Enhanced Learning and Teaching,
    HKUST.Proceedings of the first teaching and learning symposium, p. 227～
    234.

14. Robert C.Holub 著，董之林譯：《接受美學理論》，台北：駱駝出版社，1994
    年 6 月。

附　錄

附錄一

表 1-1、學位論文研究中「客家人」一詞的被使用

論文題目	完成時間	研究系所	研究者
彰化、雲林地區客家人的語言轉換	1988	輔仁大學語言學研究所碩士	楊名暖
清代臺灣竹塹地區客家人墾拓研究:以族群關係與產業發展兩層面為中心所做的探討	1994	東海大學歷史學系碩士	范瑞珍
客家人的政治態度與行為	1994	東吳大學政治學研究所碩士	張俊龍
清代客家人之拓墾屏東平原與六堆客莊之演變	1996	國立台灣大學歷史學系碩士	林正慧
旅日客家人之社會適應研究——以關西崇正會為例	1996	中國文化大學日本研究所碩士	劉秋美
新竹地區客家人媽祖信仰之研究	2001	國立中央大學歷史研究所碩士	范明煥
客家人對客語及客語教學的態度——以臺灣四個地區為例	2001	國立新竹師範學院臺灣語言與語文教育研究所碩士	黃雅榆
罩蘭 Talan 客家人的研究	2001	政治大學民族研究所碩士	蔡佩芸
北埔地區客家人使用國語ㄐ、ㄑ、ㄒ之社會變異研究	2004	靜宜大學英國語文學系研究所碩士	曾國盛
外省客家人的本土化:以廣東陸豐莊氏宗親會為例	2005	國立中央大學客家社會文化研究所碩士	彭芊琪

苗栗地區客家人移墾研究（1684～1895）	2006	淡江大學歷史學系碩士班碩士	饒珮琪
印尼亞齊客家人之研究	2006	國立政治大學民族研究所碩士	陳欣慧
客家人生命禮俗詞彙之研究以桃園縣楊梅鎮爲例	2006	國立新竹教育大學人資處語文教學碩士班碩士	鍾杏香
館舍參訪經驗、參訪滿意度與經營管理之研究——以大山背客家人文生態館爲例	2007	中華大學營建管理研究所碩士	孫英峰
外省客家人的認同與文化：以廣東省五華縣籍爲例	2007	高雄師範大學客家文化研究所碩士	周璟慧
台灣客家系漢人的語言使用——以屏東縣內埔鄉之一客家家族爲中心的調查——	2007	東海大學日本語文學系碩士	藤田美佐
麟洛地區客家人口特色研究（1895～1945）	2008	高雄師範大學客家文化研究所碩士	許瓊如
重新定義「台語」——客家人對「台語」名稱的態度分析	2008	國立臺東大學語文教育學系碩士班碩士	張顯榮
從遷徙轉業翻身探究客家人的生命意義——以國姓鄉爲例	2008	南華大學生死學研究所碩士	曾應鐘
從苗栗客家人的撿骨遷葬探討客家宗族總墓營造之文化意涵	2008	高雄師範大學客家文化研究所碩士	徐瑜
客家人的植物資源使用智慧及文化特色：以高雄縣美濃鎮稻作爲例	2009	高雄師範大學客家文化研究所碩士	林明怡
乙未戰役中桃竹苗客家人抗日運動之研究	2009	國立政治大學日本語文學系碩士班碩士	吳昭英
六堆客家人與臺灣本土黑豬之文化建構	2009	國立屏東科技大學客家文化產業研究所碩士	李芄蓁
客語味覺和食物隱喻與客家人對諺語的理解	2010	國立成功大學外國語文學系碩博士班碩士	林亞樺

附錄二

表 2-1、2006 年「聯合知識庫」對於客家族群意象的描述

特質	出現次數
勤勞、節儉	20
祖先早期生活描述	17
刻苦耐勞	10
硬頸	9
客家婦女	7
弱勢、隱性	7
惜字、敬字	5

表 2-2-1、四大報中的客家文化形象排名

排行	文化形象
1	客家精神
2	飲食習慣
3	宗教習俗
4	建築居處
5	族群關係

表 2-2-2、四大報中最常出現的相關客家名詞排名

排行	最常出現名詞
1	客家話
2	桐花
3	美食
4	義民
5	族群

表 2-3-1、客家文化特質彙整表

分組	客家文化特質
A	熱情、人情味、親切
B	勤儉、刻苦耐勞、傳統
C	保守、敦厚、固執、誠懇
D	實在、樸實、簡單、乾淨
E	團結

表 2-3-2、受測者對客家文化的了解

問題		百分比
1. 曾經購買過客家文化商品		59
2. 曾參與過客家文化的活動		63
3. 曾接觸或了解客家文化		76
4. 曾經學習過客家語言		57
5. 曾經看過客家文史（例：電視台、文學）		59
6. 所知道的客家文化	桐花	92
	飲食文化	81
	藍衫	52
	擂茶	88
	三山國王	46
	山歌	68
	客家圓土樓	35
	義民信仰	40

問題		百分比
7. 所知道的客家文化特質	刻苦耐勞	78
	勤儉	96
	樸實	75
	親切	30
	傳統	45
	人情味	36
	保守	30
	實在	26
	固執	57
	熱情	34
	敦厚	26
	簡單	13
	團結	47
	乾淨	17
	誠懇	25

附錄三

表 3-1、土生土長的台灣客籍作家

作者名	籍貫（出生地/祖籍）	出生
六月	新竹縣新埔鎮	民國 33 年
丘秀芷	中壢市	民國 29 年
丘逢甲	苗栗銅鑼	民國前 47 年
甘耀明	苗栗縣獅潭鄉	民國 61 年
江上	苗栗縣	民國 21 年
江嵐	苗栗銅鑼灣	民國 47 年
沙白	屏東縣竹田鄉	民國 33 年
杜榮琛	苗栗縣	民國 44 年
李喬	苗栗縣大湖鄉	民國 23 年
德亮	花蓮縣	民國 41 年
吳濁流	新竹縣新埔鎮	民國前 11 年
吳錦發	高雄縣美濃鎮	民國 43 年
吳鳴	花蓮縣	民國 48 年
呂紹澄	新竹縣	民國 44 年
何石松	新竹寶山	民國 39 年
余玉照	新竹縣關西鎮	民國 30 年
利玉芳	屏東縣	民國 41 年
李源發	苗栗縣頭屋鄉	民國 44 年

作者名	籍貫（出生地/祖籍）	出生
林外	桃園縣	民國 19 年
林海音	苗栗縣	民國 07 年
林清泉	屏東縣萬巒鄉	民國 28 年
林壬雨	苗栗縣南庄鄉	民國 44 年
林柏燕	新竹縣	民國 25 年
邱一帆	苗栗縣南庄	民國 60 年
陌上塵	苗栗市	民國 41 年
陌上桑	屏東縣	民國 29 年
范文芳	竹東大窩	民國 20 年
涂春景	苗栗縣大湖	民國 37 年
高翊峰	苗栗縣頭份鎮	民國 62 年
徐仁修	新竹縣	民國 35 年
梁寒衣	苗栗縣	民國 48 年
黃娟	桃園縣	民國 34 年
黃恆秋	苗栗縣	民國 46 年
黃瑞田	苗栗縣	民國 40 年
黃森松	高雄縣美濃鎮竹頭角庄	民國 39 年
黃鼎松	苗栗	民國 28 年
黃榮洛	苗栗縣南庄鄉	民國 15 年
黃永達	花蓮縣鳳林鎮	民國 34 年
黃火廷	高雄美濃	民國 34 年
張典婉	屏東縣內埔鄉	民國 48 年
張芳慈	臺中東勢	民國 53 年
張榮彥	屏東縣內埔鄉	民國 29 年
陳寧貴	屏東縣	民國 43 年
陳雨航	高雄美濃	民國 38 年
莊雲惠	新竹縣	民國 52 年
莊華堂	桃園縣	民國 46 年
雪眸（林國隆）	苗栗縣	民國 51 年
張捷明	苗栗縣公館	民國 45 年

作者名	籍貫（出生地/祖籍）	出生
張致遠	苗栗縣頭份鎮	民國 37 年
張俐雯	苗栗縣	民國 56 年
陳城富	屏東縣內埔鄉	民國 19 年
馮菊枝	新竹	民國 32 年
馮輝岳	桃園縣龍潭鄉八張犁橫崗背	民國 38 年
吉禾	屏東縣麟洛鄉	民國 39 年
曾貴海	屏東縣佳冬鄉客家庄	民國 35 年
曾信雄	苗栗縣	民國 33 年
曾寬	屏東竹田鄉	民國 30 年
曾喜城	屏東內埔	民國 38 年
彭瑞金	新竹縣	民國 36 年
彭欽清	苗栗泰安鄉	民國 33 年
焦桐	高雄市	民國 45 年
傅銀樵	苗栗	民國 37 年
楊鏡汀	新竹縣北埔鄉	民國 18 年
葉日松	花蓮縣	民國 25 年
詹冰	苗栗縣卓蘭鎮	民國 10 年
鄒敦怜	臺北市	民國 56 年
解昆樺	苗栗市	民國 66 年
杜潘芳格	新竹縣	民國 16 年
鄭煥	桃園縣	民國 14 年
鄭丞鈞	台中縣東勢鎮	
鄧榮坤	桃園縣楊梅鎮	民國 47 年
陳運棟	廣東焦嶺/苗栗縣	民國 22 年
劉慕沙	苗栗縣	民國 24 年
劉洪貞	高雄美濃	民國 35 年
龍瑛宗	新竹縣北埔鄉	民國 0 年
謝霜天	苗栗縣	民國 32 年
鍾理和	屏東縣	民國 04 年
鍾肇政	桃園縣	民國 14 年

作者名	籍貫（出生地/祖籍）	出生
鍾延豪	桃園縣龍潭鄉	民國 42 年
鍾鐵民	高雄縣美濃	民國 30 年
鍾喬	苗栗縣	民國 45 年
藍博洲	苗栗縣	民國 49 年
羅肇錦	苗栗銅鑼	民國 38 年
羅浪	苗栗市福星里	民國 16 年
羅秀玲	屏東縣萬巒鄉	民國 67 年
龔萬灶	苗栗縣銅鑼鄉	民國 34 年

表 3-2、福佬化的台灣客籍作家

作者名	籍貫（出生地/祖籍）	出生
宋澤萊	雲林縣二崙鄉	民國 41 年
呂赫若	臺中縣	民國 03 年
賴和	彰化縣	民前 18 年

表 3-3、1949 年來台或其後代的客籍作家

作者名	籍貫（出生地/祖籍）	出生
小野	福建省武平縣	民國 40 年
周伯乃	廣東省五華縣	民國 22 年
林少雯	廣東省蕉嶺縣	民國 39 年
曾昭旭	廣東省樂昌縣	民國 32 年
羅任玲	廣東省大埔縣	民國 52 年
賴江質	廣東饒平/苗栗縣	民前 5 年
小妍	雲林/ 廣東省紫金縣	民國 41 年
王幼華	山東省汶上縣/ 苗栗頭份	民國 45 年
蔡詩萍	桃園縣楊梅鎮埔心/ 湖北省應山縣	民國 47 年

表 3-4、在外國出生的來台客籍作家

作者名	籍貫（出生地/祖籍）	出生
李永平	廣東省揭揚縣/ 馬來西亞的婆羅州	民國 36 年
鍾怡雯	馬來西亞霹靂洲/ 廣東省梅縣	民國 58 年

附錄四

表 4-1、黃恆秋《台灣客家文學史》與客家文學史料系統的作家名單比較

重疊	不同
吳濁流	劉還月
鍾理和	蕭新煌
鍾肇政	徐正光
李喬	連雅堂
林柏燕	張良澤
謝霜天	楊子
莊華堂	朱西甯
吳錦發	
鍾鐵民	
范文方	
曾貴海	
陌上塵	
鍾喬	
藍博洲	
彭瑞金	
徐仁修	
宋澤萊	

重疊	不同
周伯乃	
劉慕沙	
王幼華	
蔡詩萍	

表 4-2、鍾肇政《客家台灣文學選》與客家文學史料系統的作家名單比較

重疊	不同
吳濁流	黃文相
龍瑛宗	劉還月
鍾理和	鍾樺
鄭煥	江茂丹
鍾肇政	魏貽君
江上	張振岳
李喬	吳錦勳
黃娟	黃秋芳
林柏燕	
林鍾隆	
張榮彥	
鍾鐵民	
陌上桑	
馮菊枝	
曾信雄	
馮輝岳	
雪眸	
陌上塵	
吳錦發	
陳雨航	
鍾延豪	
莊華堂	
藍博洲	

表 4-3、台灣客家客家文學數位資料庫與客家文學史料系統的作家名單
比較

重疊	不同
吳濁流	無
鍾理和	
鍾肇政	
李喬	
龍瑛宗	
林柏燕	
謝霜天	
杜潘芳格	
鍾鐵民	
利玉芳	
鍾延豪	
曾貴海	

表 4-4、李喬《客家文學精選集：小說卷》與客家文學史料系統的作家
名單比較

重疊	不同
吳濁流	無
鍾理和	
鍾肇政	
李喬	
賴和	
呂赫若	
黃娟	
鍾鐵民	
林海音	
龍瑛宗	
鄭煥	

表 4-5、李喬《台灣客家文學選集 I——詩散文》與客家文學史料系統的作家名單比較

重疊	不同
吳濁流	蕭銀嬌
鍾理和	劉洪貞
鍾肇政	劉慧眞
李喬	陳板
吳錦發	吳尚任
葉日松	
陳寧貴	
鍾鐵民	
張芳慈	
丘秀芷	
黃恆秋	
利玉芳	
龔萬灶	
邱一帆	
范文芳	
曾貴海	
徐仁修	
陌上塵	
曾寬	

表 4-6、李喬《台灣客家文學選集 II——小說》與客家文學史料系統的作家名單比較

重疊	不同
吳濁流	無
鍾理和	
鍾肇政	
李喬	
吳錦發	

重疊	不同
黃娟	
林鍾隆	
鍾鐵民	
林柏燕	

表 4-7、邱春美《客家文學導讀》與客家文學史料系統的作家名單比較

重疊	不同
吳濁流	古秀如
鍾理和	陳永淘
鍾肇政	涂敏恆
李喬	
杜潘芳格	
黃恆秋	
龍瑛宗	
鍾鐵民	
陳城富	
曾貴海	
羅肇錦	

表 4-8、客語作品出版表（1990～2010）

1	朝晴	杜潘芳格（部份）	1990	笠詩社
2	擔竿人生	黃恆秋	1990	愛華出版社
3	青鳳蘭波	杜潘芳格（部份）	1993	前衛出版社
4	客家台語詩選	龔萬灶、黃恆秋	1995	客家台灣雜誌社
5	台灣，我的母親	李喬	1995	草根出版社
6	向日葵	利玉芳（部分）	1996	台南縣立文化中心
7	一張日曆等於一張稿紙	葉日松	1997	花蓮客屬會
8	芙蓉花的季節	杜潘芳格	1997	前衛出版社
9	台灣客家傳統山歌詞	黃榮落	1997	新竹縣文化中心
10	木麻黃的故事	范文芳（部份）	1998	新竹縣文化中心

11	酒濃花香客家情	葉日松	1998	文學街
12	見笑花	黃恆秋	1998	愛華出版社
13	第一打鼓	馮輝岳	1998	台灣麥克
14	頭前溪个故事	范文芳	1998	新竹縣文化中心
15	有影/阿啾箭入鄉	邱一帆／龔萬灶	1999	苗栗縣文化中心
16	原鄉・夜合	曾貴海	2000	春暉出版社
17	客語現代詩歌選	葉日松	2001	武陵出版社
18	阿姆做個花	馮喜秀	2001	屏東師範學院
19	田螺	邱一帆	2001	愛華出版社
20	收冬戲	黃恆秋編	2001	寶島客家廣播電台
21	鑊仔肚个飯比麼个都卡香	葉日松	2002	文學街
22	客家詩篇：客語詩集	黃恆秋	2002	愛華出版社
23	台灣故鄉情	葉日松	2004	吉安鄉公所
24	台灣客家文學選集 I	李喬主編	2004	前衛出版社
25	油桐花下个思念	邱一帆	2004	華夏書坊
26	天光日	張芳慈	2005	台北縣文化局
27	戀戀大紅花	林勤妹	2005	苗栗縣文化局
28	秀姑巒溪个人生風景	葉日松	2006	花蓮縣文化局
29	山肚个暗夜	邱一帆	2007	苗栗縣國際文化觀光局
30	阿婆个菜園	江嵐	2008	台南市立圖書館
31	大將無蝥	吳聲淼	2009	客委會
32	下課十分鐘	張捷明	2009	華夏書坊
33	客庄鄉音	黃恒秋	2009	客家台灣文史工作室
34	阿兵哥，入來坐	鍾振斌	2009	六堆文化傳播社
35	曾文溪个歌聲	江昀	2010	華夏書坊
36	春天就在這	馮輝岳	2010	小魯出版
37	相思落一地泥	羅秀玲	2010	唐山出版
38	大目伯姆送信仔、一隻蟻公同細鴨子	張捷明	2010	華夏書坊

附錄五

表 5-1-1、吳濁流生平著作

文類	書名	簡介
論述	《黎明前的台灣》1947	以日文創作的評論時事小品集
詩	《藍園集》1949	漢詩集，收錄共 217 首詩作。
	《風雨窗前》1958	漢詩集，全書分為 12 個主題。
	《濁流千草集》1963	漢詩集，全書分為 16 部分。
	《濁流詩草》1973	漢詩集，全書分為 22 部分。
散文	《談西說東》1969	以日記形式敘述海外記遊
	《東南亞漫遊記》1973	以日記形式敘述東南亞記遊
小說	《胡志明》1946	更名後的中文版為為《孤帆》、《亞細亞的孤兒》
	《波茨坦科長》1948	中篇小說，描述台灣光復後的種種現象。批判貪污腐敗的不道德行為。
	《無花果》1970	自傳體小說，回顧過去 70 年。
	《泥濘》1971	中篇小說集
	《泥沼中的金鯉魚》1975	短篇小說集，其中〈泥濘〉、〈路迢迢〉已在《泥濘》中收錄出版；〈陳大人〉、〈先生媽〉已在《風雨窗前》收錄。
	《吳濁流小說選》1981	中、短篇小說選集，為大陸對台灣作家名著的選集。
	《吳濁流集》1991	短篇小說集，台灣作家全集之一。

文類	書名	簡介
	《吳濁流代表作》1999	短篇小說集，收錄於大陸的中國現代文學百家之一。
	《先生媽》2006	短篇小說，利用人物的對比和社會背景的現實描述，透露作者對皇民化政策的非議與台灣意識的本土認同，由許俊雅導讀。
	《吳濁流作品集》2007	由日本出版
	《台灣連翹》1987	生前最後一部作品，關於台灣近代史的回憶錄，由鍾肇政翻譯。
書信	《吳濁流致鍾肇政書簡》2000	1962～1976 年之間，兩位文學知己所留下的歷史紀錄。
合集	《瘡疤集》1963	隨筆和短篇小說的合集
	《吳濁流選集》1966	漢詩、隨筆、小說合集
	《晚香》1971	漢詩、隨筆合集
	《吳濁流作品集》1977	共六冊

表 5-1-2、作家生平、評論、專書與學位論文提及有關「客家」者

分類	文章名稱
學位論文	邱一帆，2005，《台灣客籍作家吳濁流在詩歌表現上的困境》，新竹：新竹教育大學台灣語言與語文教育研究所碩士論文。
作者生平	黃恆秋，1998，〈硬頸客家人——吳萬鑫記憶中的父親吳濁流〉，選自《現代文學名家的第二代》。台北：業強。
	鍾肇政，2000，〈台灣文學裡的客家作家（吳濁流部分）〉，出自《鍾肇政全集‧隨筆2》。桃園：桃園縣文化局。
	鍾肇政，〈時代脈動裡的台灣客籍作家——吳濁流的硬頸精神〉，出自《鍾肇政全集‧隨筆2》。桃園：桃園縣文化局。
	鍾肇政，2000，〈這就是典型客家人——硬頸文學家——吳濁流〉，出自《鍾肇政全集‧隨筆2》。桃園：桃園縣文化局。
	葉石濤，1993，〈客屬作家（吳濁流部分）〉，出自《客家台灣文學論》。苗栗：苗栗縣立文化中心。
	黃子堯，1994，〈台灣客家文學及其客籍作家「身分」特質（吳濁流部分）〉，出自《鄉土與文學：台灣地區區域文學會議實錄》。台北：文訊。
	黃恆秋，1998，〈吳濁流〉，收於《台灣客家文學史概論》。台北：客家台灣文史工作室。

分類	文章名稱
作品評論	劉奕利，2005，《台灣客籍作家長篇小說中女性人物研究——以吳濁流、鍾理和、鍾肇政、李喬所描寫日治時期女性為主》。高雄：高雄師範大學國文學系碩士論文。
	王志仁，2009，《台灣客家小說移民書寫之探究——以吳濁流、鍾理和、鍾肇政、李喬作品為例》。高雄：高雄師範大學客家文化研究所碩士論文。
	張典婉，2002，《台灣客家文學中對女性角色描述原型（吳濁流部分），收於台灣文學中客家女性角色與社會發展》。世新大學社會發展研究所碩士論文。
	余昭玟，2002，《客籍小說家——鍾肇政、鍾理和、吳濁流、林鍾隆、鄭煥 戰後跨語一代小說家及其作品研究》。台南：成功大學中國文學系博士論文。
	彭瑞金，1993，〈從族群特性看客家文學的發展——台灣客家作家作品的特質（吳濁流部分）〉，出自《客家台灣文學論》。苗栗：苗栗縣立文化中心。
	彭瑞金，1993，〈台灣客家文學的可能性及其女性為主導的特質（吳濁流部分）〉，出自《客家台灣文學論》。苗栗：苗栗縣立文化中心。P92～94
	王慧芬，1999，《台灣客籍作家長篇小說中的人物的文化認同》，台中：東海大學中國文學系碩士論文。
	張典婉，2004，〈客家女性的原型——在文學家筆下的客家女子（吳濁流部分）〉，收於《台灣客家女性》。
	錢鴻鈞，2009，〈吳濁流作品下的哈姆雷特形象與客家性格初探，出自《吳濁流學術研討會論文集》。新竹：新竹縣文化局。
	熊姿婷，2004，〈客籍作家的女性書寫——以吳濁流亞細亞的孤兒與鍾理和貧賤夫妻為例〉，第4屆客家文學研討會。苗栗：苗栗縣政府。

表 5-2-1、鍾理和生平著作

文類	書名	簡介
小說	《夾竹桃》1945	中篇小說集，為鍾理和生前集結成冊出版的作品。依據在中國生活的見聞所寫，帶有批判觀點。
	《雨》1960	中、短篇小說集，共收錄十六篇。
	《笠山農場》1961	長篇小說，為1956年所完成自傳體小說。
	《鍾理和短篇小說集》1970	短篇小說集，內容為《雨》所收錄的所有短篇小說十五篇，除去中篇《雨》之外的作品集。

	《故鄉》1976	短篇小說集，爲鍾理和 1950～1952 年之間的作品。〈蒼蠅〉、〈菸樓〉、〈還鄉記〉和〈雨〉四篇已收錄在雨》之中。
	《鍾理和小說選》1982	小說集，共收錄十五篇中、短篇小說，由大陸出版。
	《原鄉人》1983	中、短篇小說集，大陸和台灣分別皆出版，但是收錄的篇數不同，人民出版社共二十篇，鍾理和文教基金會共十一篇。
	《復活》1990	短篇小說集，共收錄十五篇。
	《鍾理和集》1991	短篇小說集，共收錄十四篇。
	《錢的故事》1992	中、短篇小說集，共收錄二十一篇，大陸出版。選文和鍾理和小說選》差不多，有十一篇作品相同。
	《故鄉四部》1993	短篇小說集，共收錄二十三篇。
	《假黎婆》2005	短篇小說，由許俊雅導讀。
	《鍾理和代表作——原鄉人》2009	中、短篇小說集，共收錄二十七篇，中國現代文學百家系列之一。
日記	《鍾理和日記》1996	始於 1945 年於北平，終至 1959 年於美濃尖山。
書信	《台灣文學兩鍾書》1998	鍾肇政與鍾理和於 1957～1960 年間的書信往返總集
合集	《鍾理和全集》1976	共八卷，張良澤編。
	《鍾理和全集》1997	共六冊，鍾鐵民編。
	《鍾理和代表作》1999	十八篇散文，大陸編的中國現代文學百家系列之一。
	《新版鍾理和全集》2009	共八卷，鍾怡彥編。
	《鍾理和文選》2009	散文、小說合集

表 5-2-2、作家生平、作品評論專書與學位論文提及有關「客家」者

分類	文章名稱
學位論文	羅秀玲，2009，《《鍾理和全集》之客語詞彙研究》。國立新竹教育大學台灣語言與語文教育研究所碩士論文
作者生平	葉石濤，1993，〈客屬作家〉，出自《客家台灣文學論》。苗栗：苗栗縣立文化中心。
	鍾肇政，2004，〈時代脈動裡的台灣客籍作家——沉鬱內斂的鍾理和〉，出自《鍾肇政全集·隨筆 2》。桃園：桃園縣文化局。P29～30。

分類	文章名稱
	黃子堯，1994，〈台灣客家文學及其客籍作家「身分」特質（鍾理和部分）〉，出自鄉土與文學：台灣地區區域文學會議實錄。台北：文訊。
	吳月蕙，2003，〈波瀾壯闊的台灣客家新文學——倒在血泊裡的筆耕者——鍾理和〉。《中央日報》17 版（2003.11.6）。
	鍾肇政，2004，〈台灣文學裡的客家作家——把一口口鮮血吐在稿紙上（鍾理和部分）〉，出自《鍾肇政全集·隨筆 2》。桃園：桃園縣文化局。
客家文學	張堂錡，1996，〈台灣客家文學中所反映的社會關係（鍾理和部分）〉，出自《台灣文學中的社會：五十年來台灣文學研討會論文集（一）》。台北：行政院文建會。
作品評論	余昭玟，2002，《客籍小說家——鍾肇政、鍾理和、吳濁流、林鍾隆、鄭煥 戰後誇語一代小說家及其作品研究》。台南：成功大學中國文學系博士論文。
	劉奕利，2005，《台灣客籍作家長篇小說中女性人物研究——以吳濁流、鍾理和、鍾肇政、李喬所描寫日治時期女性爲主》。高雄：高雄師範大學國文學系碩士論文。
	吳錦發，1990，〈鍾理和小說中的客家女性塑像（上、中、下）〉。《民眾日報》20 版（1990.12.7～9）。
	彭瑞金，1993，〈從族群特性看客家文學的發展——台灣客家作家作品的特質（鍾理和部分）〉，出自《客家台灣文學論》。苗栗：苗栗縣立文化中心。
	彭瑞金，1993，〈台灣客家文學的可能性及其女性爲主導的特質（寒夜三部曲部分）〉，出自《客家台灣文學論》。苗栗：苗栗縣立文化中心。
	吳雅蓉，1997，〈鍾理和短篇小說所呈現的客家文化特質〉，第十四屆中區中文系研究生學術論文研討會。嘉義：中正大學中國文學研究所。
	鍾怡彥，2003，〈鍾理和客家諺謠的運用〉，《台灣客家文學研討會論文集·第二屆》。苗栗：苗栗縣文化局。
	彭瑞金，2004，〈鍾理和筆下的客家意象〉，《台灣文學館通訊》第 6 期。
	許素蘭，2006，〈山歌·菸樓·青色洋巾——鍾理和小說鍾的客家意象〉，《新活水》第 9 期。
	蔣淑貞，2006，〈反抗與忍從：鍾理和與龍瑛宗的「客家情結」之比較〉，《客家研究》1（2）：1～41。

分類	文章名稱
	彭瑞金，2006，〈台灣客家作家作品裡的土地三書——笠山農場、滄溟行與寒夜〉，出自《台灣文學史論集》。高雄：春暉。
	張典婉，2004，〈客家族群中的強勢特徵（笠山農場部分）〉，出自《台灣客家女性》。台北：玉山社。
	莊華堂，2003，〈「客家」與「土地」認同——論戰後客籍小說作家筆下的鄉愁（笠山農場、故鄉四部部分）〉，客家文學研討會。台北：台灣客家公共事務協會、台北市客家公共事務協會。
	鍾怡彥，2001，〈鍾理和中篇小說〈雨〉中的客語特質〉，《台灣客家文學研討會論文集・第一屆》。苗栗：苗栗縣文化局。
	邱忠均，1980，〈客家婦女典範——原鄉人女主角平妹的風範（上、下）〉，《台灣日報》12版（1980.9.14～15）。
	熊姿婷，2004，〈客籍作家的女性書寫——以吳濁流亞細亞的孤兒與鍾理和貧賤夫妻為例〉，第4屆客家文學研討會。苗栗：苗栗縣政府。
	李栩鈺，2004，〈從鍾理和貧賤夫妻論析客家婦女形象——以鍾台妹及其同時代的黎明為例〉，第4屆客家文學研討會。苗栗：苗栗縣政府。
	曾貴海，2005，〈殖民與台灣客家母語的旅路（下）（親家與山歌部分）〉，《台灣日報》17版（2005.2.3）。

表 5-3-1、鍾肇政生平著作

文類	書名	簡介
論述	《世界文壇新作家》1969	介紹1960年代世界文壇公認的多位頂尖新作家
	《西洋文學欣賞》1975	介紹古希臘到現代的西洋文學淵源與演變
	《台灣文學十講》2000	在武陵高中舉辦十場台灣文學獎作之筆錄集結
	《鍾肇政口述歷史》2008	2007年於各大學之台灣文學系或相關系所，舉行的12場巡迴演講記錄。
散文	《永遠的露意湖——北美大陸文學之旅》1993	1964年於北美洲長達八十多天的旅行遊記
	《桃園老照片故事3・鍾肇政的文學影像之旅》2005	集結鍾肇政1928～2004的相關照片，並說明照片的故事與意義性。
小說	《魯冰花》1962	第一部正式發表的長篇小說
	《濁流》1962	長篇小說，陸志龍在台灣光復前後，面對日本殖民和教育制度下的雙重壓力，以及兩性的曖昧與情感。

文類	書名	簡介
	《殘照》1963	中篇小說集，主題談論愛情。
	《大壩》1964	長篇小說，以石門水庫開發爲背景，探討台灣新舊時代的社會轉型過程。
	《流雲》1965	長篇小說，陸志龍在戰後返回故鄉的新生活，如何重新適應中國的文化、生活和語言。
	《大圳》1966	長篇小說，以石門水庫附屬工程——大圳開發爲背景，描述頂坪村在面臨新建設對生活帶來的改變與衝擊下，所產生的各種影響。
	《輪迴》1967	短篇小說集，收錄作者 1958～1961 年間的短篇集結。
	《沉淪》1967	長篇小說，以日治時期北部的大家族——陸家爲核心，描述家族的拓墾過程，以及組成義勇軍抗日的故事
	《大肚山風雲》1968	中、短篇小說集，以作者在二次大戰期間，於大肚山服日本學徒兵役的過程爲背景，共收錄七篇。
	《中元的構想》1968	短篇小說集，以戰後後遺症對生活產生的影響和創傷作描繪。
	《江山萬里》1969	長篇小說，以陸志龍被徵召爲學徒兵的過程，顯示台灣人對於光復的期待。
	《馬黑坡風雲》1973	長篇小說，以霧社事件爲主題，描述馬黑坡首領莫那魯道和族人們，在日本高壓統治生活之下，趁日本人舉行運動會的機會，共同起義抗日。
	《大龍峒的嗚咽》1974	中、短篇小說集，是 1973 年在聯合報副刊「台灣民間故事新編」系列的連載集結，共收錄六篇。
	《靈潭恨》1974	中、短篇小說集，同樣是 1973 年在聯合報副刊「台灣民間故事新編」系列的連載集結，共收錄五篇。
	《綠色大地》1974	長篇小說，描述農村出生的主角，力爭上游之後學成歸國，原可以得到更理想的生活條件，卻在故鄉體會到簡樸與單純的美好。
	《青春行》1974	長篇小說，描述戰後陸志龍在學校擔任教員，和學校同事之間的相處故事。
	《插天山之歌》1975	長篇小說，敘述陸志驤因參加抗日，躲避日本政府的追緝，逃亡過程中，與相遇的女子奔妹，產生一段眞摯的愛情。

文類	書名	簡介
	《八角塔下》1975	長篇小說，描述主角在淡江中學的求學階段，找尋自我的歷程，作爲自身的投射。
	《滄溟行》1976	長篇小說，以日治中期台灣的農民運動爲背景，陸維樑帶領農民抵抗日人不公平的欺壓，以及掙扎在民族仇恨和傳統禮教束縛下的愛情。
	《望春風》1977	長篇小說，音樂家鄧雨賢的故事。
	《鍾肇政傑作選》1979	中、短篇小說集，共收錄十二篇。
	《濁流三部曲》1979	長篇小說，分別爲《濁流》、《江山萬里》、《流雲》三冊，帶有自傳性投射，背景爲日治時期。
	《馬利科灣英雄傳》1979	長篇小說，描寫高山英雄面對異部落的復仇，帶領族人們守護家園。
	《鍾肇政自選集》1979	中、短篇小說集，收錄十三篇。
	《台灣人三部曲》1980	長篇小說，分爲《沉淪》、《滄溟行》、《插天山之歌》三冊，藉大家族的發展史，透視當時的台灣社會。
	《川中島——高山組曲第一部》1985	長篇小說，霧社事件後，將原住民遺族遷徙到川中島。
	《戰火——高山組曲第二部》1985	長篇小說，描述太平洋戰爭後期，川中島的生活與環境變化，以及高砂義勇隊在戰場上的表現。
	《卑南平原》1987	長篇小說，運用古今時空交錯的手法，幻想卑南遺址和古代原住民的生活面貌。
	《鍾肇政集》1991	短篇小說集，共收錄九篇，爲戰後第一代的台灣作加權集之一。
	《怒濤》1993	長篇小說，描述戰後的台灣人民，對於新生活的看法，二二八事件點燃人民如怒濤般的意志。
	《歌德激情書》2003	短篇小說集，以歌德爲主角，描述其生命中刻骨銘心的幾位女性。
	《白翎鷥之歌》2005	短篇小說，由許俊雅導讀，反映台灣農村轉型成工業社會所帶來的生態問題。
傳記	《丹心耿耿屬斯人——姜紹祖傳》1977	描述北埔青年姜紹祖的抗日故事，爲近代中國叢書·先烈先賢傳記叢刊系列之一
	《原鄉人——作家鍾理和的故事》1980	描寫作家鍾理和一生的傳奇故事
	《鍾肇政回憶錄（一）——徬徨與掙扎》1998	回憶創作歷程

文類	書名	簡介
	《鍾肇政回憶錄（二）——文壇交遊錄》1998	記錄與文壇文友的情誼
書信	《台灣文學兩地書》1993	鍾肇政與東方白在 1979～1991 年間的書信往返總集結
	《台灣文學兩鍾書》1998	鍾肇政與鍾理和在 1957～1960 年間的書信往返總集結
	《肝膽相照——鍾肇政‧張良澤往返書信集》1999	收錄 1961～1997 年間，鍾肇政寫給張良澤的信件。
兒童文學	《茶香滿地的龍潭》1982	介紹桃園龍潭的歷史人文
	《姑媽做的布鞋》1983	台灣民間故事
	《第一好張得寶》1985	台灣民間故事
合集	《鍾肇政全集》1999	共三十八冊

表 5-3-2、作家生平、評論、專書與學位論文提及有關「客家」者

主題	資料名稱
作者生平	黃秋芳，1999，〈鍾肇政的客家路〉。《文訊雜誌》第 159 期。
	陳康宏，2004，〈台灣客家運動的精神領袖——鍾肇政〉。收於《鍾肇政全集‧八十大壽紀念文集（下）、大河之歌：鍾肇政文學國際學術會議論文集》。桃園：桃園縣文化局。
	曾盛甲，2004，〈客家精神的再發揚——鍾肇政先生八十誕辰紀念專文〉。收於《鍾肇政全集‧八十大壽紀念文集（下）、《大河之歌：鍾肇政文學國際學術會議論文集》。桃園：桃園縣文化局。
	朱元隆，2004，〈鍾老與客家的後生人〉。收於《鍾肇政全集‧隨筆集 7、歌德文學之旅、八十大壽紀念文集（上）》。桃園：桃園縣文化局。
	陳運通，2005，〈大作家鍾肇政〉。收於《客家菁英》。台北：自行出版。
	鍾肇政，2004，〈談台灣文學——從一個作家的成長說起〉。收於《鍾肇政全集‧訪談集、台灣客家族群史總論》。桃園：桃園縣文化局。
	邱彥貴、吳中杰，2001，〈客家的筆端丰采與樂音流轉（鍾肇政部分）〉，《自由時報》第三十九版（2001.5.25）。
	錢鴻鈞，2005，〈客家台灣文學網站——鍾肇政的作家導讀〉。收於《台灣文學的萬里長城：鍾肇政六百萬書簡研究》。台北：文英堂。
	彭婹，2004，〈鍾肇政、彭婹談新个客家人〉。收於《鍾肇政全集‧訪談集、台灣客家族群史總論》。桃園：桃園縣文化局。

主題	資料名稱
客家文學	鍾肇政等，1993，〈客家文學的可能與限制〉。收於《客家台灣文學論》。苗栗：苗栗縣立文化中心。
	吳月蕙，2003，〈波瀾壯闊的台灣客家新文學（下）〔鍾肇政部分〕〉。《中央日報》第十七版（2003.11.7）。
	黃恆秋，1998，〈客家文學的類型——鍾肇政〉。收於《台灣客家文學史概論》。台北：客家台灣文史工作室。
	黃子堯，1994，〈台灣客家文學及其客籍作家「身分」特質（鍾理和部分）〉，出自鄉土與文學：台灣地區區域文學會議實錄。台北：文訊。
	鍾肇政，2004，〈客家台灣文學簡論（要旨）〉。收於《鍾肇政全集·隨筆2》。桃園：桃園縣文化局。（1995 美中研討會）
	呂正達，2004，〈談客家文化和文學經驗〉。收於《鍾肇政全集·訪談集、台灣客家族群史總論》。桃園：桃園縣文化局。
作品評論	鍾佩玲，2003，〈從魯冰花尋找客家台灣人的根——一位海外台灣人的觀點〉。收於陳萬益主編的《大河之歌：鍾肇政文學國際學術會議論文集》。桃園：桃園縣文化局。
	楊嘉玲，2001，《台灣客籍作家文學作品改編電影研究》。台南：成功大學藝術所碩士論文。
	劉奕利，2005，《台灣客籍作家長篇小說中女性人物研究——以吳濁流、鍾理和、鍾肇政、李喬所描寫日治時期女性為主》。高雄：高雄師範大學國文學系碩士論文。
	王志仁，2009，《台灣客家小說移民書寫之探究——以吳濁流、鍾理和、鍾肇政、李喬作品為例》。高雄：高雄師範大學客家文化研究所碩士論文。
	張典婉，2002，〈台灣客家文學中對女性角色描述原型（鍾肇政部分）〉。收於《台灣文學中客家女性角色與社會發展》。台北：世新大學社會發展研究所碩士論文。
	余昭玟，2002，〈客籍小說家——鍾肇政、鍾理和、吳濁流、林鍾隆、鄭煥〉。收於《戰後誇語一代小說家及其作品研究》。台南：成功大學中國文學系博士論文。
	彭瑞金，1993，〈台灣客家文學的可能性及其女性為主導的特質（寒夜三部曲部分）〉。收於黃恆秋編的《客家台灣文學論》。苗栗：苗栗縣立文化中心。
	張典婉，2004，〈客家女性的原型——在文學家筆下的客家女子（鍾肇政部分）〉。收於《台灣客家女性》。台北：玉山社。
	黃漢欽，1975，〈一部以客家文學為主體的大時代文學創作《沉淪》評介〉。《中原月刊》140～141：5。

主題	資料名稱
	彭瑞金，2006，〈台灣客家作家作品裡的土地三書——笠山農場、滄溟行與寒夜〉。收於《台灣文學史論集》。高雄：春暉。
	莊華堂，2003，〈「客家」與「土地」認同——論戰後客籍小說作家筆下的鄉愁（《台灣人三部曲》部分）〉。客家文學研討會。台北：台灣客家公共事務協會、台北市客家公共事務協會。
	胡洪波，1999，〈鍾肇政兩套三部曲裡的山歌、採茶和民俗語言〉。選自《福爾摩莎的文豪——鍾肇政文學會議論文集》。台北：眞理大學台灣文學系。
	高麗敏，2003，〈傳承與發揚——論鍾肇政作品《濁流三部曲》、《台灣人三部曲》中的客家文風〉。《台灣文學評論》3（1）：95～111。
	彭瑞金，1993，〈從族群特性看客家文學的發展——台灣客家作家作品的特質（《滄溟行》、《插天山之歌》、《流雲》、《魯冰花》、《八角塔下部分》）〉。收於黃恆秋編的《客家台灣文學論》。苗栗：苗栗縣立文化中心。
	許素蘭，2004，〈阿枝和他的女人導讀〉。選自《客家文學精選集‧小說卷》。台北：天下遠見。

表 5-4-1、李喬生平著作

文類	書名	簡介
論述	《小說入門》1986	由撰寫《台灣日報》副刊的專欄文章集結，以認識小說、寫作實務和其他思考三方面來談小說。
	《台灣人的醜陋面》1988	對台灣族群、社會的反思，第八章篇名〈自大的福佬人，自卑的客家人，自棄的原住民〉，論及客家人的社會處境。
	《台灣運動的文化困局與轉機》1989	對台灣文化進行反思，提出台灣新文化的建設與創造。
	《台灣文學造型》1992	評論當代作家及作品
	《台灣文化造型》1992	哲學與文化思想的集結
	《文化心燈》2000	對台灣政治、文化、社會、宗教現象的觀察、反思與評論。
	《文化、台灣文化、新國家》2001	從文化角度探討台灣主體性，以及如何透過文化建立新國家。
	《李喬文學文化論集》2007	李喬文學與文化評論集結

文類	書名	簡介
	《我的心靈簡史》2010	以自傳式的書寫方式，表達對於文化獨立與台灣獨立之相關思想。
詩	《台灣，我的母親》1995	以客語描繪先民艱辛的開墾生活以及遭遇日本殖民的磨難。
小說	《飄然曠野》1965	短篇小說集
	《戀歌》1968	短篇小說集
	《晚晴》1968	短篇小說集
	《人的極限》1969	短篇小說集，其中〈德星伯的幻覺〉，已在《飄然曠野》中收錄
	《山女──蕃仔林故事集》1970	短篇小說集，其中〈阿妹伯〉、〈鬼纏身〉、〈飄然曠野〉已在《飄然曠野》中收錄。
	《恍惚的世界》1974	短篇小說集，收錄1970～1973年發表的作品集結。
	《李喬自選集》1975	短篇小說集
	《心酸記》1980	短篇小說集
	《告密者──李喬短篇小說自選集》1985	短篇小說集
	《共舞》1985	短篇小說集，收錄1974～1983年發表的作品集結。
	《慈悲劍》1993	短篇小說，文中嘗試發展新的小說創作方法和特色語言。
	《李喬集》1993	短篇小說集，台灣作家全集系列戰後第二代。
	《李喬短篇小說精選集》2000	短篇小說集，苗栗縣立文化中心《李喬短篇小說全集》的精選集結。
	《青青校樹》1978	中篇小說，高中輔導老師，協助誤入歧途的學生回歸正途。
	《強力膠的故事》1985	中、短篇小說集，其中〈德星伯的幻覺〉，已在飄然曠野》、人的極限》中收錄過。
	《兇手》1985	中、短篇小說集，其中〈兇手〉，已在恍惚的世界》中收錄過。

文類	書名	簡介
	《「格佛列」long stay 台灣》2010	中篇小說，以「格佛列」為主角，描述到台灣的所見所聞，諷刺台灣政治社會的亂象。文中實驗性的小說語言，參雜外國或本土語言，或不循文法規則等，作為作者的「後殖民書寫策略」。
	《山園戀》1971	長篇小說，中部原住民的故事
	《痛苦的符號》1974	長篇小說，原本認真的小學老師，經歷一連串痛苦打擊，變成作惡多端且進精神病院的故事。
	《孤燈》1979	長篇小說，《寒夜三部曲》之一。
	《寒夜》1980	長篇小說，《寒夜三部曲》之一。
	《荒村》1981	長篇小說，《寒夜三部曲》之一。
	《情天無恨》1983	長篇小說，重新編寫白蛇傳。
	《藍彩霞的春天》1985	長篇小說，藍家姊妹被賣入妓女戶的經歷，以行動表現李喬的反抗文學。
	《埋冤 1947 埋冤》1995	長篇小說，描述二二八事件的歷史小說。
	《大地之母》2001	長篇小說，將《寒夜》和《孤燈》二部修訂的精華集。
	《重逢──夢裡的人》2005	長篇小說，以虛實交替手法，回顧過去寫作的短篇小說作品，所串連的長篇故事。
	《咒之環》2010	長篇小說，從清代歷史事件，寫到近年的紅衫軍事件，描述台灣遭受詛咒，造成歷史一再重演，期許台灣人可以掙脫咒之環而重生。
劇本	《情歸大地》2008	改編成客語電影「一八九五」。
傳記	《結義西來庵──噍吧哖事件》1977	以史料寫成的傳記體歷史小說
合集	《李喬短篇小說全集》1999～2000	共十一冊

表 5-4-2、作家生平、作品評論專書與學位論文提及有關「客家」者

分類	文章名稱
學位論文	黃琦君，2003，《李喬文學作品中的客家文化研究》。新竹師範學院台灣語言與語文教育研究所碩士論文。
	楊素萍，2010，《李喬「寒夜三部曲」之客家女性形象研究──以葉燈妹爲核心》。中興大學台灣文學研究所碩士論文。
作者生平	鍾肇政，2000，〈台灣文學裡的客家作家（李喬部分）〉，出自《鍾肇政全集・隨筆2》。桃園：桃園縣文化局。
客家文學	黃子堯，1994，〈台灣客家文學及其客籍作家「身分」特質（李喬部分）〉，出自鄉土與文學：台灣地區區域文學會議實錄。台北：文訊。
作品評論	劉奕利，2005，《台灣客籍作家長篇小說中女性人物研究──以吳濁流、鍾理和、鍾肇政、李喬所描寫日治時期女性爲主》。高雄師範大學國文學系碩士論文。
	王志仁，2009，《台灣客家小說移民書寫之探究──以吳濁流、鍾理和、鍾肇政、李喬作品爲例》。高雄師範大學客家文化研究所碩士論文。
	彭瑞金，2006，〈台灣客家作家作品裡的土地三書──笠山農場、滄溟行與寒夜〉，出自《台灣文學史論集》。高雄：春暉。
	彭瑞金，1993，〈台灣客家文學的可能性及其女性爲主導的特質（寒夜三部曲部分）〉，出自《客家台灣文學論》。苗栗：苗栗縣立文化中心。
	歐宗智，2002，〈傳統客家女性的堅忍形象──談「寒夜三部曲」的燈妹〉，出自《走出歷史悲情：台灣小說評論集》。台北：台北縣文化局。

表 5-5-1、鍾鐵民生平著作

文類	書名	簡介
散文	《山城棲地》2001	共有35篇文章，分爲三個單元。
	《山居散記》2001	共有52篇文章，其中〈仿製文化亦在山城棲地收錄。
	《鄉居手記》2002	共有39篇文章，分成四專輯，〈生命之河〉、〈懷璧其罪〉已在山居散記收錄。
小說	《石罅中的小花》1965	短篇小說集，收有15篇文章。
	《余中雄的春天》1980	短篇小說集，收錄15篇。其中〈送行的人〉、〈枷鎖〉和〈石罅中的小花〉已在石罅中的小花收錄。

文類	書名	簡介
	《約客夏的黃昏》1993	短篇小說集，共 9 篇文章，〈田園之夏〉已在余中雄的春天中收錄。
	《四眼與我》1998	短篇小說集，共收有 7 篇文章，為兒童文學。
	《三伯公傳奇》2001	短篇小說集，共收有 9 篇文章，除了〈阿公的情人〉、〈蘿蔔嫂〉和〈阿月〉等篇是新作，其餘皆已在約客夏的黃昏收錄。
	《菸田》1968	中、短篇小說集，共收錄 15 篇文章。
	《鍾鐵民集》1993	中、短篇小說集，共收錄 13 篇文章。
	《月光下的小鎮》1983	中篇小說，共有 3 篇童趣的文章，為兒童文學。
	《雨後》1972	長篇小說，描述農村面臨現代的變遷，生產、勞動力的形態改變，婚姻觀念和固有的生活也隨之改變，人們所遭受到的種種衝擊。
全集	《鍾鐵民全集》2013	共八冊

表 5-5-2、作家生平、評論、專書與學位論文提及有關「客家」者

分類	文章名稱
學位論文	林女程，2001，《台灣農村的見證者——鍾鐵民及其小說研究》，成功大學歷史系碩士論文。
	柳寶俚，2005，《鍾鐵民及其小說研究》，高雄師範大學國文系國文教學碩士班碩士論文
作者生平	林政華，2002，〈客籍農村小說家——鍾鐵民〉，《台灣新聞報（2002.12.10）》
	李友煌，2008，〈文學地圖交織出一幅原鄉濃情——鍾鐵民傳承父親留下的客家精神〉，《客家雜誌》，219 期。
	黃恆秋，1998，〈客家文學的類型·鄉土文學時期——鍾鐵民〉，收於《台灣客家文學史概論》。台北：客家台灣文史工作室。
	葉娜慧，2011，〈平實文字寫出濃厚客家情〉，《新活水》第 36 期。
客家文學	丁榮生，2002，〈葉石濤、鍾鐵民、彭瑞金，作客東京大學，談台灣客家文學〉。《中國時報》（2002.6.15）
	中國時報，2007，〈鍾鐵民——客家文學著作等身〉，《中國時報》（2007.6.18）
	鍾鐵民、林生祥講，徐國明記，2008，〈從現代詩、散文、歌詞談客家語書寫〉，收於《土地的繫念——十場台灣藝文風潮的心靈饗宴：國立台灣文學館·第七季周末文學對談》。台南：國立台灣文學館。

附錄六

6-1 教育部母語文學獎

（一）「用咱的母語寫咱的文學／用恩兜个母語寫恩兜个文學創作獎」

表 6-1-1、97 教育部客語現代詩分組得獎作品

名次	作品	作者	文章要旨
教師組			
第一名	【伙房个故事】南四縣腔	鍾美琪、鍾麗美	描述童年和家人一起住在伙房的經驗
第二名	【惜：生活三帖】北四縣腔	邱一帆	母親的形象
第三名	【捱个屋下人】南四縣腔	吳育仲	回憶過去和家人同住的種種情景
	【割禾个時節】海陸腔	李智明	回憶割禾時節
	【阿婆】南四縣腔	鍾政凱	描寫阿婆
佳作	【阿嬤今年九十六——惜——】北四縣腔	張寶珠	描寫阿婆
	【桐花鳳】海陸腔	陳子祺	以桐花為主題
	【七月時】詔安腔	廖俊龍	描述民俗
	【恁會，恁會，恁厲害！】南四縣腔	蕭見文	描寫童趣
學生組			

名次	作品	作者	文章要旨
第一名	【算數簿仔】南四縣腔	羅秀玲	描寫阿婆
第二名	【渡臺　悲歌】南四縣腔	黃秋菊	客家的認同
佳作	【嫁】海陸腔	吳秀媛	對未來的期許
	【阿太粽】南四縣腔	鄭雅怡	阿太包的粽子
社會組			
第一名	【童年】北四縣腔	徐碧美	回憶童年過往
第二名	【三間屋】南四縣腔	曾喜城	思念和親人同住的生活
	【大河壩个水】海陸腔	曾嘉玟	歌詠大地
第三名	【糖梨婆、望俫歸、曬日頭】南四縣腔	吳聲淼	各以母親、父親和小孩爲題
	【捱你佢】北四縣腔	陳玉貞	歌詠大地
	【捱帶你來去六堆客家莊遶寮】南四縣腔	黎華亮	介紹六堆客庄風情
佳作	【向前行】海陸腔	邱湘雲	思念故鄉親人
	【親情就像海恁深】四縣腔	邱雲忠	回憶過去親人間的互動情景
	【詩二首 1.勉鄉土語文教學 2.五月遊野】大埔腔	郭鶴琳	1.對未來語文的期許 2.描述童趣
	【轉夜】北四縣腔	陳美蓉	抒發個人感情
	【從來無想著】北四縣腔	黃火盛	描述時代的轉變
	【下課十分鐘】南四縣腔	黃美蓉	描述童趣
	【金婚有感、臺灣客家妹、姐婆出國記】海陸腔	楊鏡汀	用三則詩道出客家女性的形象
	【行過、月光光】饒平腔	詹淑女	懷念家鄉
	【老屋、阿爸个腳踏車、大番薯、結親家、揚尾仔】北四縣腔	鄒瑞梅	懷念過去和家人同住在老屋時的種種生活情景
	【愛記得】四縣腔	謝銘鴻	思念父親

表 6-1-1A、97 教育部客語現代詩得獎作品主題分類

作品主題	客家女性	桐花主題	客庄風土	回憶過往	主題故事	其他
次數	6	1	3	9	0	10

表 6-1-1B、97 教育部客語現代詩得獎作品使用腔調

腔調	南四縣腔	北四縣腔	海陸	詔安	饒平	大埔
次數	13	7	6	1	1	1

表 6-1-2、97 教育部客語散文分組得獎作品

名次	作品	作者	文章要旨
教師組			
第一名	【火焰蟲个季節】北四縣腔	邱一帆	介紹南庄山上的火焰蟲
第二名	【該站食番薯个日仔】海陸腔	徐玉佳	回憶過往食番薯的歲月
	【伙房・阿新哥个妹仔】南四縣腔	鍾麗美	回憶過去同住在伙房的時光
第三名	【轉屋】南四縣腔	吳育仲	懷念父親
	【阿姆个身影】海陸腔	李智明	懷念母親
	【百年老橋祈雙安】海陸腔	陳素宜	敘述家鄉的變化
佳作	【你係對捱最好个先生】北四縣腔	鄒敦怜	師生緣
	【阿姆个心事】南四縣腔	鍾美琪	母親對孩子的話
學生組			
第一名	【阿婆就阿婆】南四縣腔	林珍慧	懷念阿婆
第二名	【母愛个樂章——阿姆个惜】南四縣腔	鍾振斌	懷念母親
第三名	【眞實个快樂】北四縣腔	吳衣婷	賞桐花的樂趣
	【捱个阿姆】北四縣腔	楊寶蓮	懷念母親
佳作	【中港溪个水涼又清】北四縣腔	張庭枝	敘述中港溪與家族歷史
	【重生】北四縣腔	劉敏貞	描述阿婆臨終前的堅強
社會組			

名次	作品	作者	文章要旨
第一名	【老飯筢仔】海陸腔	古秀上	思念媽媽過去所做的便當
第二名	【想起吾个阿姆】北四縣腔	周燕鳳	懷念母親
	【吾爸】北四縣腔	謝榮光	懷念父親
第三名	【鐵馬之旅】詔安腔	李幸妃	親子一同騎鐵馬的見聞
	【恓童年兩三事】北四縣腔	陳美蓉	童年記趣
佳作	【心肝仔】南四縣腔	李金財	懷念母親
	【𠊎還記得】北四縣腔	徐翠眞	回憶過去在鄉下的生活
	【來去炕窯仔】北四縣腔	黃清蓉	回憶童年趣味
	【一碗糯米糜个故事】海陸腔	溫源衡	老頭擺的故事
	【阿爸】北四縣腔	鄒瑞梅	描述阿爸的奮鬥故事
	【讀唐書毋單只爲客話傳承】南四縣腔	黎華亮	推廣學客語要唸唐書
	【戀戀故鄉情】四縣腔	謝銘鴻	介紹故鄉獅潭以及其附近的美景

表 6-1-2A、97 教育部客語散文得獎作品主題分類

作品主題	客家女性	桐花主題	客庄風土	回憶過往	主題故事	其他
次數	9	1	4	8	2	2

表 6-1-2B、97 教育部客語散文得獎作品使用腔調

腔調	南四縣腔	北四縣腔	海陸	詔安	饒平	大埔
次數	8	12	5	1	0	0

表 6-1-3、97 教育部客語小說戲劇分組得獎作品

名次	作品	作者	
教師組			
第一名	【阿順叔公个倈仔】南四縣腔	吳秀梅	描述親情的故事

名次	作品	作者	
第二名	【神秘个朋友】海陸腔	鄒敦怜	描述親情的故事
	【火焰蟲之戀】海陸腔	曾秋仁	在鄉下的故事
第三名	【曾經，還細】南四縣腔	陳志寧	回憶童年過往
佳作	【義民爺个金仔豬】南四縣腔	鍾麗美	敘述客家民俗
學生組			
佳作	【客家採茶大戲《大禹治水》】海陸腔	楊寶蓮	傳奇故事
社會組			
第一名	【金交椅】北四縣腔	黃學堂	敘述家族的故事
第二名	【勇敢个屋簷鳥】南四縣腔	吳聲淼	述說鳥的故事
	【和牯】饒平腔	詹淑女	敘述客家的生活
第三名	【認親】北四縣腔	徐翠眞	認識親人的過程
佳作	【老人家摎細人】海陸腔	張秋鳳	成長的故事
	【拈戲腳个細人仔】南四縣腔	黃火廷	故事敘述客家的生活

表 6-1-3A、97 教育部客語小說戲劇得獎作品主題分類

作品主題	客家女性	桐花主題	客庄風土	回憶過往	主題故事	其他
次數	0	0	1	2	9	0

表 6-1-3B、97 教育部客語小說戲劇得獎作品使用腔調

腔調	南四縣腔	北四縣腔	海陸	詔安	饒平	大埔
次數	5	2	4	0	1	0

（二）教育部「臺灣閩客語文學獎」

表 6-1-4、98 教育部客語新詩分組得獎作品

名次	作品	作者	文章要旨
教師組			
第二名	【問天】南四縣腔	鍾麗美	描述遭遇水災
	【客家味緒】南四縣腔	林櫻蕙	阿婆的手路菜

名次	作品	作者	文章要旨
第三名	【鬧熱个城市 恬靜个夜】北四縣腔	張秀玫	歌詠夜晚
學生組			
第二名	【雙峰母山】北四縣腔	邱懋景	描寫家鄉銅鑼
第三名	【看畫展】北四縣腔	許翠文	藉由賞畫回憶故鄉
	【阿公个拐仔】北四縣腔	羅浥慈	藉由拐杖回憶阿公
社會組			
第一名	【自從認識你】北四縣腔	徐碧美	客家文化融入生活
第二名	【大衿衫】南四縣腔	羅秀玲	客家女性
第三名	【風】饒平腔	詹淑女	描寫風吹拂大地和所有人

表 6-1-4A、98 教育部客語新詩得獎作品主題分類

作品主題	客家女性	桐花主題	客庄風土	回憶過往	主題故事	其他
次數	2	0	1	2	0	4

表 6-1-4B、98 教育部客語新詩得獎作品使用腔調

腔調	南四縣腔	北四縣腔	海陸	詔安	饒平	大埔
次數	3	5	0	0	1	0

表 6-1-5、98 教育部客語散文分組得獎作品

名次	作品	作者	文章要旨
教師組			
第一名	【紅柿】海陸腔	謝杰雄	思念父親
第二名	【戀戀十六份】北四縣腔	徐貴榮	描述勝興車站
第三名	【阿煥伯个望想】北四縣腔	邱一帆	描述阿煥伯的夢想
學生組			
第一名	【阿金姊个雜貨店】北四縣腔	彭瑞珠	典型客家婦女就是忙碌的母親
第二名	【回收个人生】北四縣腔	王興宏	藉故事說明萬物皆有用，垃圾變黃金，回收也是一種重生。

名次	作品	作者	文章要旨
第三名	【老荣脯】海陸腔	古秀上	思念阿婆故事
社會組			
第一名	【山會帶恩轉屋】北四縣腔	張捷明	描述小林風災的影響
第二名	【點點篤篤个搞頭王】北四縣腔	徐翠眞	童年記趣
第三名	【阿鵲妹】北四縣腔	謝榮光	客家女性打拼的故事

表 6-1-5A、98 教育部客語散文得獎作品主題分類

作品主題	客家女性	桐花主題	客庄風土	回憶過往	主題故事	其他
次數	3	0	1	2	2	1

表 6-1-5B、98 教育部客語散文得獎作品使用腔調

腔調	南四縣腔	北四縣腔	海陸	詔安	饒平	大埔
次數	0	7	2	0	0	0

表 6-1-6、98 教育部客語短篇小說分組得獎作品

名次	作品	作者	文章要旨
教師組			
第一名	【山茶花】北四縣腔	曾秋仁	南庄開拓史（客家賽夏）
第二名	【洗火浴】北四縣腔	鄒敦怜	將小女孩丟進熱鍋裡的新聞
第三名	【桐花開吔】南四縣腔	吳秀梅	愛情故事
學生組			
第二名	【山狗太傳奇】海陸腔	古秀上	山狗太的打拼故事
第三名	【有錢難買子孫賢】南四縣腔	林秋香	子孫孝順的故事
	【掌牛阿哥仔】南四縣腔腔	陳筱芸	童年的鄉下生活
社會組			
第一名	【板模頭家】海陸腔	黃學堂	客家人到都市打拼的故事
第二名	【蛐螺仔流浪記】南四縣腔	吳聲淼	蛐螺仔的故事
第三名	【阿香伯姆】北四縣腔	徐翠眞	典型客家婦女就是阿太（阿香）的一生

表 6-1-6A、98 教育部客語短篇小說得獎作品主題分類

作品主題	客家女性	桐花主題	客庄風土	回憶過往	主題故事	其他
次數	1	0	1	1	6	0

表 6-1-6B、98 教育部客語短篇小說得獎作品使用腔調

腔調	南四縣腔	北四縣腔	海陸	詔安	饒平	大埔
次數	4	3	2	0	0	0

6-2 桐花文學獎

（一）第一屆桐花文學獎

表 6-2-1、第一屆桐花文學獎新詩類得獎作品

名次	作品	作者	文章要旨
首獎	五月聽雪	余麗丹	描述桐花之美
優等獎	阿婆个目汁（全客語）	黎璧賢	描寫阿婆
佳作	南庄桐花	曾元耀	客庄桐花之旅
	雪的遠行	卡帕	思念客庄
	偏執——九華山大興善寺賞桐	涂沛宗	桐花之旅
	那些雪上的字——讀桐花以商禽，或相反	沈眠	描述桐花之美
	桐花祭	殷小夢	敘述客家歷史
	你不曾注意到（華語夾雜客語）	忘玉	思念友人
	誓言，桐花樹下	彭維建	桐花下的婚禮
	上邪	黃昱升	桐花之戀

表 6-2-1A、第一屆桐花文學獎新詩組得獎作品主題分類

作品主題	客家女性	桐花主題	客庄風土	回憶過往	主題故事	其他
次數	1	6	2	1	0	0

表 6-2-1B、第一屆桐花文學獎新詩組得獎作品書寫語體

書寫語體	全客語	華語夾雜客語	全華語
次數	1	1	8

表 6-2-2、第一屆桐花文學獎小品文類得獎作品

名次	作品	作者	文章要旨
入選	春泥	楊美紅	敘述客家生活以及對子女的期待
	清香印記	張俐雯	思念客庄親人
	天刑之花	歐陽嘉	樂生與桐花
	季春的華髮	林知渝	懷念父親
	時光之徑	張郅忻	懷念阿公
	山凹下的伯公壇	陳錦雲	客庄桐花之旅
	聽阿婆說話	邱學志	懷念阿婆
	桐花之下‧心事之前	謝獻誼	懷念父親
	螢火與桐	葉衽榤	記錄一段歲月
	白色个長河	陳筱芸	歌詠桐花

表 6-2-2A、第一屆桐花文學獎小品文類得獎作品主題分類

作品主題	客家女性	桐花主題	客庄風土	回憶過往	主題故事	其他
次數	1	3	0	5	0	1

表 6-2-2B、第一屆桐花文學獎小品文類得獎作品書寫語體

書寫語體	全客語	華語夾雜客語	全華語
次數	0	0	10

表 6-2-3、第一屆桐花文學獎散文類得獎作品

名次	作品	作者	文章要旨
首獎	桐林‧花雨	方秋停	客庄生活
優等獎	野桐	湯苡萱	描述油桐的作用
佳作	十面桐花（全客語）	張捷明	歌詠桐花
	故鄉的桐花雨	沙子眞	描寫客家女性三嬤

名次	作品	作者	文章要旨
	油桐歲月	邱建國	回首過往歲月
	桐話	果覺	描述客庄桐花情緣
	秘境花嫁	楊美紅	描述桐花情緣
	站在水源匯流處	冷風俠	述說桐花過往
	我們看桐花去	李玉娟	思念友人的客庄之旅
	桐花翻飛	馮國瑄	回憶童年的客庄生活

表 6-2-3A、第一屆桐花文學獎散文類得獎作品主題分類

作品主題	客家女性	桐花主題	客庄風土	回憶過往	主題故事	其他
次數	1	4	2	2	0	1

表 6-2-3B、第一屆桐花文學獎散文類得獎作品書寫語體

書寫語體	全客語	華語夾雜客語	全華語
次數	1	0	9

表 6-2-4、第一屆桐花文學獎短篇小說類得獎作品

名次	作品	作者	文章要旨
首獎	溪砂	瑩川繪	釉窯的故事
優等獎	離別（對白用客語）	方梓	初妹的故事
佳作	歸處	楊美紅	發來嬸的故事
	桐花手記	忘玉	桐花人的奇幻經歷
	白色季節	莊華堂	歷史故事

表 6-2-4A、第一屆桐花文學獎短篇小說得獎作品主題分類

作品主題	客家女性	桐花主題	客庄風土	回憶過往	主題故事	其他
次數	2	0	0	0	3	0

表 6-2-4B、第一屆桐花文學獎短篇小說得獎作品書寫語體

書寫語體	全客語	華語夾雜客語	全華語
次數	0	1	4

（二）第二屆桐花文學獎

表 6-2-5、第二屆桐花文學獎新詩類得獎作品

名次	作品	作者	文章要旨
首獎	永和山个五月雪（全客語）	黃永珍	描寫母親
優等獎	桐綻承天禪寺	王宗雄	描述桐花之美
佳作	母親	林禹瑄	思念母親
	山歌女子	Alvin Shih	客家女性
	我看過妳笑起來的樣子	范家駿	描述桐花
	歷史會記錄下這一日——記1988.12.28.還我母語運動（全客語）	徐碧美	記錄一段關於客家的社會運動
	點胭脂（全客語）	張捷明	客家女性
	靜林	吳鑒益	抒情
	旋舞曲	梁正宏	歌詠桐花
	花田農家客	吳佩菁	客家生活

表 6-2-5A、第二屆桐花文學獎新詩類得獎作品主題分類

作品主題	客家女性	桐花主題	客庄風土	回憶過往	主題故事	其他
次數	4	3	1	0	0	2

表 6-2-5B、第二屆桐花文學獎新詩類得獎作品書寫語體

書寫語體	全客語	華語夾雜客語	全華語
次數	3	0	7

表 6-2-6、第二屆桐花文學獎小品文類得獎作品

名次	作品	作者	文章要旨
入選	毋駛恁遽	孫中文	懷念父親
	白首山林	陳品竹	桐花之戀
	滿桌客家菜	彭群芳	父親的愛
	因為味覺的緣故	佐佐軍	客家美食
	那時花	黛立立	失戀桐花

名次	作品	作者	文章要旨
	落葉歸根	陳怡茹	懷念母親
	五月天	賴勇霖	思念母親
	阿婆的花戒指（對白中使用客語）	嬡心	描述與阿婆的親情
	路返	黃翊	思念阿嬤
	時代無共樣咧	林惠珍	描述父親一生的勞動

表 6-2-6A、第二屆桐花文學獎小品文類得獎作品主題分類

作品主題	客家女性	桐花主題	客庄風土	回憶過往	主題故事	其他
次數	4	2	0	2	0	2

表 6-2-6B、第二屆桐花文學獎小品文類得獎作品書寫語體

書寫語體	全客語	華語夾雜客語	全華語
次數	0	1	9

表 6-2-7、第二屆桐花文學獎散文類得獎作品

名次	作品	作者	文章要旨
首獎	油桐樹下的豬	張曉惠	感人故事
優等獎	時光 記憶	卜敏正	母親的故事
佳作	我們去看油桐花	林彰楊	母親的故事
	兩个叔婆太兩蕊桐花無共樣（全客語）	黃永達	叔婆太的故事
	叛	墨玗	懷念阿嬤
	相思成炭嘆相思	彭名琍（鳳兮）	回憶相思樹與父親過去的勞動
	夢土	黃宏春	貴土的故事
	漫天歡喜	陳品竹	桐花之旅
	桐花憶食	李彥瑩	桐花與客家食物
	相惜	梁純綉	描寫客家婆婆的故事

表 6-2-7A、第二屆桐花文學獎散文類得獎作品主題分類

作品主題	客家女性	桐花主題	客庄風土	回憶過往	主題故事	其他
次數	5	2	0	1	2	0

表 6-2-7B、第二屆桐花文學獎散文類得獎作品書寫語體

書寫語體	全客語	華語夾雜客語	全華語
次數	1	0	9

表 6-2-8、第二屆桐花文學獎短篇小說類得獎作品

名次	作品	作者	文章要旨
首獎	燈月團圓	李天葆	馬來西亞客家的故事
優等獎	貓鬼來了	方秋停	傳說故事
佳作	隨君直到夜郎西	李豔	嫁作客家媳婦的故事
	怕黑	梁金群	慰安婦的故事

表 6-2-8A、第二屆桐花文學獎短篇小說類得獎作品主題分類

作品主題	客家女性	桐花主題	客庄風土	回憶過往	主題故事	其他
次數	2	0	0	0	2	0

表 6-2-8B、第二屆桐花文學獎短篇小說類得獎作品書寫語體

書寫語體	全客語	華語夾雜客語	全華語
次數	0	0	4

（三）第三屆桐花文學獎

表 6-2-9、第三屆桐花文學獎新詩組得獎作品

名次	作品	作者	文章要旨
首獎	阿母个飯包（全客語）	洪嘉宏	母親和客家生活
優勝獎	發音	文於天	鄉音
佳作	父親與義民爺的交響詩	葉國居	父親、開口獅、義民爺

名次	作品	作者	文章要旨
	致廚房中的客家女子	謝春馨	敘述母親
	最好的時光	黃玲玲	表現客家意象
	桐花飄零熄燈了——記山城客家老雜貨行關店	何志明	憑弔老店的結束
	勝興車站	廖佳敏	詠桐花
	逝者	溫少杰	懷念阿婆
	山城四偈	王宗雄	四季
	桐夢，在雪女醒來以前	王裕傑	桐花夢

表 6-2-9A、第三屆桐花文學獎新詩組得獎作品主題分類

作品主題	客家女性	桐花主題	客庄風土	回憶過往	主題故事	其他
次數	3	2	1	1	0	3

表 6-2-9B、第三屆桐花文學獎新詩組得獎作品書寫語體

書寫語體	全客語	華語夾雜客語	全華語
次數	1	0	9

表 6-2-10、第三屆桐花文學獎小品文組得獎作品

名次	作品	作者	文章要旨
首獎	離婚	陳錦雲	兩代女性
優等獎	桐花樹	范巧珍	回憶親人
	花落童年	陳文偉	客庄風土
佳作	母語漂流	高之遠	客語
	一樹的宇宙	林力敏	懷念客家張嬤
	二年四班	蔡宏營	描寫母親
	我在想你的時候看見雪花飄落	黃汶琳	詠桐花
	約定	黃志聰	隔壁床洗腎的客家阿婆
	懷念老灶下（全客語）	林彰揚	描寫母親
	客家媳婦的身影	崇　平	客家媳婦盧慕貞

表 6-2-10A、第三屆桐花文學獎小品文組得獎作品主題分類

作品主題	客家女性	桐花主題	客庄風土	回憶過往	主題故事	其他
次數	6	1	1	1	0	1

表 6-2-10B、第三屆桐花文學獎小品文組得獎作品書寫語體

書寫語體	全客語	華語夾雜客語	全華語
次數	1	0	9

表 6-2-11、第三屆桐花文學獎散文組得獎作品

名次	作品	作者	文章要旨
首獎	童年的信仰	黃宏春	敘述童年採竹筍的事
優等獎	記清明	墨玡（邱筱莉）	清明節家裡的儀式
佳作	客庄阿婆	卜敏正	描寫阿婆
	福菜人生	梁純綉	客家女兒的成長過程
	不死鳥（全客語）	黃山高	外省客的故事
	油桐樹下个掌牛哥仔（全客語）	黃火盛	油桐樹的一生、阿婆的一生
	天使沒有毒	張曉惠	照顧染梅毒的媽媽，想到女兒和未來。
	金色垃圾桶	徐若江	象徵客家人節儉，努力賺錢卻不知如何花用的年代
	外公看病	若琳	外公、疾病陪伴
	雙足	胡靖	對母親的回憶、疾病陪伴

表 6-2-11A、第三屆桐花文學獎散文組得獎作品主題分類

作品主題	客家女性	桐花主題	客庄風土	回憶過往	主題故事	其他
次數	5	0	1	2	1	1

表 6-2-11B、第三屆桐花文學獎散文組得獎作品書寫語體

書寫語體	全客語	華語夾雜客語	全華語
次數	2	0	8

表 6-2-12、第三屆桐花文學獎短篇小說組得獎作品

名次	作品	作者	文章要旨
優等獎	血桐花	甘弟	革命志士的故事
佳作	茶陽娘子從前事	李天葆	客家女性的故事
	豬數諸事（全客語）	黃永達	養豬人家的二三事
	窗外	張曉惠	描寫阿嬤
	柿子	葉衽榤	兄弟的故事
客語創作特別獎	豬數諸事	黃永達	養豬人家的二三事

表 6-2-12A、第三屆桐花文學獎短篇小說組得獎作品主題分類

作品主題	客家女性	桐花主題	客庄風土	回憶過往	主題故事	其他
次數	2	0	0	0	3	0

表 6-2-12B、第三屆桐花文學獎短篇小說組得獎作品書寫語體

書寫語體	全客語	華語夾雜客語	全華語
次數	1	0	4

6-3 客語文學獎

表 6-3-1、2012 客語文學獎現代詩組得獎作品

名次	作品	作者	文章要旨
第一名	尋	黃秋枝	回憶童年
第二名	時間之詩	徐碧美	回憶過去
第三名	台北个天時，阿婆个相思	鄭玉華	回憶阿婆
佳作	惜緣个雪	王倩慧	描述桐花

表 6-3-2、2012 客語文學獎散文組得獎作品

名次	作品	作者	文章要旨
第一名	子會笑娘變貓，子會爬娘變狗麻蛇	彭瑞珠	回憶父母
第二名	打脈	李得福	談客語的傳承
第三名	阿誠著著个病	林彰揚	阿誠的故事
佳作	細客庄大事件	黃山高	客庄故事

表 6-3-3、2012 客語文學獎短篇小說組得獎作品

名次	作品	作者	文章要旨
第一名	缺角个愛	徐銀珍	銀妹的故事
第二名	難捨个老茶園	余惠蓮	李妹的家族故事
第三名	後山个前山人	廖致苡	移民後山的故事
佳作	牛王之死	雷定茂（龍岩客）	牛王的故事

表 6-3-4、2013 客語文學獎現代詩組得獎作品

名次	作品	作者	文章要旨
第二名	猴哥	徐汎平	描寫親子的感情
第三名	出山・Hak 話	李台元	思念姐婆
佳作	送分一坵葵花田	王倩慧	描述火焰蟲
	一陣雨	吳曉苓	表現客家的生活

表 6-3-5、2013 客語文學獎散文組得獎作品

名次	作品	作者	文章要旨
第一名	落籜成竹	徐銀珍	闡釋人生的道理
第二名	秀蘭	黃秋枝	秀蘭故事
第三名	神豬——「福氣」	黃雪珠	神豬的故事
佳作	阿啾箭	王興寶	阿啾箭的故事

表 6-3-6、2013 客語文學獎短篇小說組得獎作品

名次	作品	作者	文章要旨
第一名	妻賢夫禍少，子孝父心寬	徐子涵	發揚客諺
第二名	婚事	彭歲玲	愛情故事
第三名	荷樹村个故事	劉俊合（揭西客）	外省客的故事
佳作	同伯公个約定	孫戎慧	伯公的故事